理解

现实

困惑

心理经纬度·学术丛书

双语者语言转换的认知神经机制：
以蒙汉双语为例

姜淞秀 著

中国纺织出版社有限公司

内 容 提 要

蒙语和汉语隶属不同的语系，两者句子的语序有很大不同，因此，需要探讨蒙语和汉语间的句内转换是否存在转换代价。如果存在转换代价，那么转换代价源于哪个加工过程？是否存在转换代价的非对称效应？若发现了非对称效应，那么非对称效应背后的机制又是什么？本书以蒙汉双语者为研究对象，分别从行为、眼动和脑电层面对蒙汉两种语言的句内转换的认知神经机制进行探究，深入探索句内转换代价在不同加工阶段的特点及其相关机制。

图书在版编目（CIP）数据

双语者语言转换的认知神经机制：以蒙汉双语为例 / 姜淞秀著. -- 北京：中国纺织出版社有限公司，2025.2. --（心理经纬度·学术丛书）. -- ISBN 978-7-5229-2451-9

Ⅰ.H212; H1

中国国家版本馆CIP数据核字第2025BZ6294号

责任编辑：关雪菁　李文潇　　责任校对：寇晨晨
责任印制：王艳丽

中国纺织出版社有限公司出版发行
地址：北京市朝阳区百子湾东里 A407 号楼　邮政编码：100124
销售电话：010—67004422　传真：010—87155801
http://www.c-textilep.com
中国纺织出版社天猫旗舰店
官方微博 http://weibo.com/2119887771
北京虎彩文化传播有限公司印刷　各地新华书店经销
2025年2月第1版第1次印刷
开本：710×1000　1/16　印张：15.5
字数：175千字　定价：88.00元

凡购本书，如有缺页、倒页、脱页，由本社图书营销中心调换

前　言

　　双语者的语言转换研究一直是心理语言学家和语言学家关注的焦点，研究者以词汇为研究对象，分别从语言产生和语言理解两个层面进行研究，实验结果皆发现了转换代价，但是其表现形式不同。由此研究者提出不同的理论以期对实验结果进行解释。现实生活中，双语者真实的语言转换往往是以句子为载体进行，与以往印欧语系间的研究不同，蒙语和汉语隶属不同的语系，两者句子的语序有很大不同。汉语简单陈述句的语序是主谓宾，而蒙语简单陈述句的语序是主宾谓。那么蒙语和汉语间的句内转换是否也会存在转换代价？如果存在转换代价，转换代价来源哪个加工过程？是否也存在转换代价的非对称效应？若发现了非对称效应，其背后的机制又是什么？全书从四个部分对以上问题进行阐述。

　　第一部分是第一章，对双语的概念、双语产生的原因及双语者的类型进行了区分，同时阐述了双语者双语系统间的相互作用。

　　第二部分是第二章和第三章。语言转换时同样会涉及词汇识别，即通过视觉或听觉获取语言信息后，从心理词典的词汇层通达概念层的过程。因此进行双语语言转换研究的必然前提是搞清双语者两种语言的词典存储方式。第二部分主要阐述了双语者词汇识别的概念和模型、双语者词汇表征的计算模型。

第三部分是第四、五、六章，重点阐述了语言转换研究所涉及的问题，包括非目标语言的加工机制、语言转换的转换代价的非对称性及其来源的相关理论、语言转换的认知神经机制。

第四部分是第六章和第七章，从实证研究的角度深度探讨了语序对蒙汉双语者句子转换的影响机制以及蒙汉双语者进行任务转换时的双语优势效应机制。

本书由聊城大学博士启动基金项目（321051724）资助出版，感谢家人对我的支持，感谢中国纺织出版社有限公司关雪菁主任和刘宇飞博士为本书出版付出的努力。鉴于本人笔力有限，加之双语转换研究内容繁杂，难免会出现不妥和错误之处，恳请广大读者和专家批评、指正。

姜淞秀

2024 年 10 月

目 录

第一章 双语概述

第一节 双语 / 2
第二节 双语者 / 6

第二章 双语者的词汇识别

第一节 单语词汇识别的概念及计算模型 / 12
第二节 双语词汇表征的计算模型 / 51

第三章 双语的非目标语言的加工机制

第一节 双语的非目标语言加工理论模型 / 70
第二节 影响因素 / 74

第四章 双语者的语言转换研究概述

第一节 语言转换的概念、来源及分类 / 88
第二节 语言理解层面的转换代价的非对称性研究 / 89
第三节 语言产生层面的转换代价的非对称性研究 / 94
第四节 句子层面的语言转换研究概述 / 99

第五章　语言转换的认知神经机制

第一节　实时研究技术 / 108

第二节　语言相关 ERPs 成分 / 110

第三节　语言转换的神经机制 / 112

第六章　蒙汉双语者的句内语言转换研究

第一节　研究缘起 / 118

第二节　研究一　语序一致的句内转换研究 / 123

第三节　研究二　语序不一致的句内转换研究 / 155

第四节　蒙汉双语者句内语言转换研究总讨论 / 177

第七章　双语者的双语优势效应

第一节　抑制的双语优势效应 / 204

第二节　任务转换的双语优势效应 / 207

第三节　任务转换条件下蒙汉双语者优势效应的 ERPs 研究 / 209

第四节　任务转换条件下蒙汉双语者优势效应的 ERPs 研究总讨论 / 226

第一章
双语概述

第一节　双语
第二节　双语者

第一节　双语

一、双语定义和分类

双语（Bilingualism）泛指经常使用两种语言的现象，也称为双语现象，是我国乃至全球普遍存在的一种现象和技能。我国拥有56个民族，是一个多民族、多语言、多方言、多文种的国家，我国有130多种语言，约30种文字；55个少数民族中，除回族和满族通用汉语外，其他53个少数民族都拥有自己的语言，有的民族甚至可能同时使用两到三种语言（《中国语言文字概况》，2016）。汉外双语教学和民汉外三语教学日益成为我国双语制度的一种形式。对双语的深入研究，将为教育双语制的发展和完善提供理论基础，为国家培养双语兼通的人才，有利于国家各民族的繁荣昌盛。

著名语言学家Weinreich的著作《接触中的语言》(*Languages in Contact*)中对Bilingualism和Bilingual做出定义："The practice of alternately using two languages will be called bilingualism, and the person involved, bilingual"（刘和平，2005）。而国内不同学者对Bilingualism这一术语的译名不同且定义也不同，例如：双语、双语问题、双语现象、双重语言制、双语式等。双重语言制（黄长著等，1981）是指个人或语言（方言）集团成员，在家庭言语影响下说两种话，或者通过正规语言教育掌握一门外国语或外族语的现象。康家珑等（1997）认为，双语现象是指在一个社会中存在着两种或两种以上的民族语言变体；而刘育红等（2008）则认为双语现象是指与双语者习得、使用两种语言有关的现象和规律；景体渭等（2003）认为双语式是个人（或用语言群体）掌握两种语言，并使用两种语言进行正常交际的方式。上述研究者虽然对Bilingualism的译名和定义略有不同，但是观点大体是一致的，即双语是指个人或集体使用两种语言的现象。

为了更好地对双语进行研究，多数研究者更关注于双语的分类，所研究的关注点不同，其分类也会不同，比较常见的分类如下：(1)社会双语和个体双语。Fishman等(1965)为了更好了解一个地区内语言现象与其政治、经济、教育、文化等的相互关系，提出社会双语这一分类，强调从国家或地区角度研究一个国家或地区使用多种语言的现象。与之相对的个人双语是从个体角度研究个体使用两种的现象。(2)主要双语和次要双语。研究根据语言习得环境的不同进行的分类，认为主要双语是指在家庭中自然习得的语言，而次要双语是指在学校等社会环境中通过正规的教育学习获得的外语。(3)接受性双语和产出性双语。前者强调第二语言多为语言理解层面，但语言产生可能无法进行，也就是说可以理解第二语言，但是不一定会用第二语言进行表达。后者是指不仅可以理解两种，而且也能够用所掌握的语言进行交流。(4)初期双语、支配性双语和隐性双语。研究者认为第二语言的习得是一个动态的发展阶段，初期双语强调学习者以编码的形式接触第二语言，经过接受性双语到产出双语阶段后，可能达到支配双语阶段，即可以完全熟练支配第一语言和第二语言。若一段时间后，学习者由于某些原因不再使用其中一种语言，以至于该语言的理解或表达出现困难，则进入隐性双语阶段。(5)削减性双语、附加性双语和生产性双语。研究者根据二语习得后对文化产生的影响进行的分类，削减性双语是指习得二语后，接受并认同该语言的文化，削减了对母语文化的认同，即双语间的文化系统处于竞争关系。附加性双语是指二语习得后并未对母语文化产生威胁，而是获得了新的文化认同，双语间的文化系统处于互补的关系。生产性双语是指二语的习得使双语间的文化系统处于相互融合的关系，从而产生一种新的认同。(6)归属性双语和成就性双语。归属性双语也叫早期双语，强调双语是在青春期前习得的。成就性双语也叫晚期双语，强调11岁以后习得二语的现象。

二、双语产生的原因

双语现象产生的历史原因相对复杂,大体可归纳为以下几个原因:

(一)同一国家或地区由于政治和地理环境的原因使得多民族杂居

同一国家不同民族彼此生活在特定的环境里,使其母语具有一定的封闭性和排他性,但由于通商、联姻等途径加速了各民族语言间的接触和交流,而语言承载着文化,通过语言可以更好地进行文化交流和融合,于是双语现象逐渐产生。

我国在历史发展的长河中,各民族文化虽有一定动态地变化,但始终群居于相对较固定的居住区,其语言和文化获得较好地沿袭,从而获得较完整地保留。但是总体上我国依然以中原文化为轴心,汉文化为主体,这必然促使少数民族文化与汉文化的融合。双语现象作为纽带和桥梁可以更好地促进各民族间的交流和融合。

(二)国家实行双语制度

双语制度指的是一个国家或地区实行的语言制度或政策(余惠邦,1997)。我国是多民族、多语种国家,少数民族语言文字是各民族日常生活的主要交际工具,同时也承载着各民族的悠久历史和绚丽文化,在发掘和继承各民族历史文化中起着重要的作用,是汉语言所不可替代的。故建国后制定了中国的语言文字平等政策,并在实践过程中逐渐将其作为一种法规和语言制度有层次地完善起来。

我国的双语制度主要有三种模式:(1)以民族语言为主,同时开设汉语言课程;(2)以汉语言为主,同时开设一门民族语文课。这两种模式皆以培养民汉兼通的双语人才为目的。(3)随着改革开放和全球化的发展,逐渐形成汉外双语、民汉外三语的双语制度(余惠邦,1997)。

双语制度的实施有利于各民族间、各国间的相互合作和交流,有利于培养少数民族双语人才,进一步促进各民族地区的繁荣发展,有利于国家稳定和民族团结。

三、双语与双言的异同

言语活动中还存在一种特殊语言现象：语言使用者在不同情况下使用同一语言的两种变体，这种现象称之为双言（Diglossia）。我国汉语内部并存7大方言，分别为：（1）官话。通用于我国北方各省区、贵州、四川、云南及华中地区的部分县市，官话方言大致分为：东北-北京官话、北方官话、中原官话、兰银官话、西南官话、江淮官话（曹语庭，2014）。（2）粤语。也称白话，是汉语方言中保留古音特点和古词语较多的方言，通用于广东、香港、澳门、广西和海南等地。（3）吴语。也称江浙话，分为北部吴语和南部吴语，前者以苏州话为代表，分布于江苏省中部、南部的大部分区域、上海市及浙江省湖州、嘉兴、宁波等一带，后者分布于台州、浙江金华、丽水一带。（4）闽语。通用于福建、台湾、广东东部及西南部、海南、浙江南部等部分地区。（5）湘语。也称湖南话，通用于湖南、广西、四川、贵州等，湘语由于受到官话及赣语的影响，其内部分歧逐渐增加，出现了新湘语和老湘语并用现象。（6）客家话。通用于长江以南地区，东南亚华侨也有较多使用客家话。（7）赣语。也称江西话，通用于江西大部分地区、福建西部、湖南东部、湖北东南部等地区。这7大方言在语音、词汇、语法等方面与普通话差异较大，而南方各方言间也不言语互通，各地区为了相互交流，往往需要掌握"共同语言"，从而使其除了会说此地区方言外，还会说普通话或其他方言，即"双言现象"。

"双语"和"双言"是两个不同的概念范畴，其学科定义、社会功能层面皆不同。双语强调的是使用不同的语言，使用母语和外语、民族语和国家通用语等属于双语现象，由于全球化、"一带一路"、双语制度的实施，我国双语多用于重要国际会议、文化交流、双语教学、国际贸易交流等方面。双言强调的是使用同一种语言的不同变体，各地的方言就是汉语言的不同变体，使用普通话和方言就属于双言现象。双言一般存在"高级变体"和"低级变体"，前者一般用于政府公告、演说等正式公共场合，后者则多用于日常生活中的闲谈、民间文学戏曲等非正式场合。双语中不同语言间语音、语法、词汇等存在差异，而双言中不同变体间语音、语法、词汇等方面虽有差异但也存在较大的相似性，其根本差别主要体现在功能差异上，这有别于双语。但在早期很多研究者并未将两者进行区分，来采用"双语双方言"为统称，将双言归并到双语中，例如：陈思泉（2000）认为在语用领域大多情况不存在"纯双语"或"纯双方言"现象，因此将双语和双方言综合起来，称为双语双方言。它是一个"模糊语言"的概念，可能指多语多方言，也可能指多语多方言交叉使用过程中更为复杂的语言现象。但仍有较多学者认为应将双语和双言现象分开，例如严学宭（1986）认为我国广泛存在双言和双语现象，应加以区别并分别进行研究。而且研究发现双语和双言都是词汇分离表征和语义共享表征，但双言者的两种变体间的语音和字形相似性大，故其变体间的自动激活与竞争更大（王悦等，2012）。

综上，双语和双言既有相似性又有差异性，既不能完全混淆两者概念和关系，也不能完全割裂。目前研究者多关注于双语研究，而双言研究相对较少，未来应进一步探索双言转换的认知神经机制。

第二节　双语者

一、双语者的定义和分类

双语者（Bilingual）的概念并非那么明确，例如：Bloomfield（2001）认为双语者是指能像本族语者一样讲好两种语言的人；Siguan 和 Mackey（1987）认为一个双语者是能在各种情况下把一种语言和另一种语言使用得一样好的人；Richard 等人（2000）认为双语者是指能用两种语言听说读写的人，但是一般而言，一个双语者往往是一种语言好于另一种语言；Johnson 等（2001）认为双语者是能把两种语言说得一样好的人。由此可见，由于双语使用情况的复杂性，研究者们对其的理解也不同。除此之外，语言能力是动态发展的，一语并非一直比二语优势，这也导致可能一语和二语相同的双语者间的机制会不同，因此对双语进行研究时，对于双语者的选择需要考虑：（1）双语习得的历史背景。包括习得的年龄和如何习得等。（2）所掌握语言的数量和语言掌握的熟练度。包括掌握的语言数量，各语言的听说读写的相对熟练度、语言间的相对熟练度。（3）双语使用的功能和模式。包括各语言日常使用的场景、使用的时间和频率。（4）人口学变量。包括性别、年龄、社会经济情况、受教育程度等。

以所考虑的双语的不同使用情况为标准，双语者的分类也不同。根据双语习得方式，仅考虑双语习得年龄，可分为早期双语者和晚期双语者，前者强调 6 岁之前习得第二语言，后者强调 6 岁之后习得第二语言。仅考虑双语习得的顺序可分为同时性双语者和继时性双语者，前者是指双语同时习得的个体，而后者是指三岁之前第一语言习得后，第二语言在 3 岁后才开始习得的个体。若同时考虑双语习得的环境可分为紧凑型双语者、并列型双语者和从属型双语者。紧凑型双语者强调早期（一般为 6 岁之前）从家庭中同时习得两种语言。并列型双语者强调在青春期之前从家庭或者学校等社会环境中习得第二语言。从属型双语者强调在成年后开始从社会环境中学习第二语言，且以母语为媒介进行学习，第一语言为优势语占主导地位。

根据双语的相对熟练度，可分为熟练双语者和非熟练双语者，前者是指两种语言水平都是熟练的，根据听说读写的熟练度又可分为全面型熟练双语者、阅读型熟练双语者和听说型熟练双语者。而非熟练双语者则强调两种语言中一种语言的熟练度优于另一种语言。若从双语间熟练度的平衡性考虑，则分为平衡双语者和非平衡双语者，前者是第一和第二语言的熟练程度相当，在大多数情况下，平衡双语者一般是早期双语者，同时习得这两种语言。后者则表明两种语言的熟练程度不同。

二、双语者语言系统的假设

双语者的两种语言系统的发展关系目前有两种理论假设：一种是混合发展假设（One Hybrid System），强调整体双语观，认为两种语言处于一个语言系统中；另一种是独立发展假设（Independent Development Hypothesis），强调单一双语观，认为两种语言系统是独立的。早期研究多认为双语儿童只有一个语言系统，例如 Volterra 等（1978）观察双语儿童的双语混用现象提示双语儿童在语言习得前阶段其大脑只有一个语言系统。但是后期随着研究的不断深入，研究者发现双语儿童初始阶段就可分成两个独立的语言系统，例如 Bosch 等（2001）发现 4~5 个月大的西班牙语-加泰罗尼亚语双语儿童已有区分两个节奏相近的语言感知能力；Poulin-Dubois（2001）发现双语婴儿在牙牙学语的阶段就发展了不同的系统。而有研究者尽管支持独立发展假设，但是认为两种语言系统间可以相互影响，例如叶彩燕（2004）通过建立香港双语儿童语料库，记录了儿童 1~3 岁粤英双语的发展过程，结果发现了英语对粤语影响的句法转移现象，表明双语儿童的两种语言系统间存在相互作用。

【参考文献】

教育部（2023）.中国语言文字概况.取自 https://www.gov.cn/xinwen/2016-12/19/content_5149979.htm#1.

敖锋，胡卫星（2010）.双语词汇识别中的联结主义模型.解放军外国语学院学报（社会科学版），33（4）：12-16.

陈思泉（2000）.双语双方言研究的学科思考.学术研究，（9）：116-124.

曹语庭（2014）.汉语七大方言辅音体系之初考及其研究意义.青年文学家，2，120-121.

黄长著等译（1981）.语言与语言学词典.上海：辞书出版社.

景体渭，景超（2003）.中国社会的双语现象浅析.吉林师范大学学报，（1）：98-100.

康家珑，萧世民（1997）.双语现象与语用心理.吉安师专学报，（2）：54-57.

刘和平（2005）.口译理论与教学.北京：中国对外翻译出版公司.

刘育红，黄莉（2008）.译员：并列双语者抑或合成双语者？西安外国语大学学报，16（2）：5.

王慧莉（2008）.中英双语者语码转换的认知神经机制研究［博士论文］.大连理工大学.

王悦，陈俊，张积家（2012）.方言与普通话并用：双言心理研究述评.心理科学进展，20（8）：1243-1250.

叶采燕（2004）.粤英双语儿童早期的语法发展.当代语言学，（1）：1-18+93.

余惠邦（1997）.论中国的双语制.西南民族大学学报（人文社科版），（5）：40-45.

严学宭（1986）.中国的双语现象.教育展望（中文版），（2）：99-105.

Bloomfield, L. (2001). *Language*. Beijing: Foreign Language Teaching and Research Press.

Bock, K., & Levelt, W. (1994). Language production: Grammati*cal encoding.* In M. A. Gemsbacher (Ed.), *Handbook of psycholinguistics* (pp.945-984).New Youk, NY: Academic Press.

Bosch, L. and N. Sebastian-Gallés. (2001). Early language differentiation in bilingual infants. In J. Cenoz & F. Genesee (Ed.), *Trends in Bilingual Acquisition* (pp.71-93). Amsterdam: John Benjamins.

Brysbaert, M., Stevens, M., Mandera, P., and Keuleers, E. (2016). How many words do we know? Practical estimates of vocabulary size dependent on word definition, the degree of language input and the participant's age. *Frontiers in Psychology*, 7: 1116.

Collins, A. M., & Quillian, M. R. (1969). Retrieval time for semantic memory. *Journal of Verbal Learning and Verbal Behavior*, 8 (2): 240-247.

Collins, A. M., & Loftus, E. F. (1975). A Spreading-Activation Theory of semantic Processing. *Psychological Review*, 82 (2): 407-428.

De Groot, A.M.B. (1992). Determinants of word translation. *Journal of Experimental*

Psychology: Learning, Memory, and Cognition, 18: 1001-1018.

Fishman, J. & Vladmir, N. (1965). The ethnic group school and mother tongue maintenance in the United States. *Sociology of Education*, 37 (4): 306-317.

Johnson, K. & Johnson, H. (2001). *Encyclopedic Dictionary of Applied Linguistics: A Handbook for Language Teaching*. Beijing: Foreign Language Teaching and Research Press.

Kroll, J.F., Curley, J. (1988) Lexical memory in novice bilinguals. The role of concepts in retrieving second language words. In M. Grunenberg, P. Morris, & R. Sykes (Ed.). *Practical aspects of memory* (pp.389-395) London: John Wiley and Sons.

Kroll, J., & Stewart E. (1994). Category interference in translation and picture naming: Evidence for asymmetric connections between bilingual memory representations. *Journal of Memory and Language*, 33: 149-174.

Potter, M.C., So, K., Eckardt, B.V., & Feldman, L.B. (1984). Lexical and conceptual representation in beginning and more proficient bilinguals. *Journal of Verbal Learning and Verbal Behaviour*, (23): 23-28.

Richards, J., Platt, J., Platt, H., Hijazi, M., & Tomeh, R (2000). *Longman Dictionary of Language Teaching & Applied Linguistics*. Beiiing: Foreign Language Teaching and Research Press.

Siguan, M., & Mackey, W. F. (1987). *Education and Bilingualism*. London: Kogan Page.

Volterra, V., & Taeschner, T. (1978). The acquisition and development of language by bilingual children. *Journal of Child Language*, 5 (2): 311-326.

第二章

双语者的词汇识别

第一节　单语词汇识别的概念及计算模型

第二节　双语词汇表征的计算模型

第一节 单语词汇识别的概念及计算模型

词汇识别（Word Recognition）是指通过对词形或语音感知通达到语义的过程。词汇识别涉及两个最主要的问题：词汇的存储和词汇的通达。关于词汇的存储，心理学家提出心理词典的概念，并提出不同的存储组织方式。

一、心理词典的概念

心理词典（Mental Lexicon）也称内部词汇，是长时记忆系统中关于词汇知识的组织和表征。心理词典中的每个词条储存着语音、正字法、语义及其在句子中的语法用法相关的信息。当个体进行语言理解和产生时会不断使用心理词典，激活所需的词汇以理解或表达意思，激活词条的过程被称为词汇通达（Lexical Access）。

心理词典具有以下特点：(1)心理词典的容量大。Brysbaert等人（2016）估计英语母语者大约认识2.7万~5.2万个单词。心理词典中不仅包括语言学内容，还包括对词汇理解的个人经验等信息。(2)心理词典的词汇提取速度快。正常人的语速是每分钟100~150个单词，约为每秒2.5个单词。这意味着说话者必须知晓自己要说什么，并从心理词典中选择想要的词汇将其组合起来，然后以极快的速度表达出来。而听话者则必须能够分析语音并在几毫米内将语音与单词及其语义进行匹配。基于这样的特点可知，词汇在长时记忆系统中一定是基于某种规则进行组织和存储的。

二、心理词典的存储组织方式

目前多数研究者一致认为关于心理词典的组织的主要思想是将其设置为相互关联的元素间的语义网络。这些元素是概念或语义，一般用节点进行表示，它们通过彼此间的各种关系相互连接。而以何种关系形成的语义网络即为心理词典的组织方式。

（一）层次网络模型

Collins 等人（1969）提出了层次网络模型（Hierarchical Network Model），该模型以种属关系组成语义网络。种属关系表明网络中不同层次的概念可能具有哪些特征。Collins 认为存储语义信息的空间是有限的，因此为了符合认知经济性，同一层次的共同特征只在网络中的高一级的节点上存储是有益的。例如，"鸟会呼吸"这一信息被存储在动物这一层级上，是因为所有动物都会呼吸。Collins 等人用语义验证任务对其模型进行测试，该任务给被试呈现一系列形式为"An A is a B"的句子，要求被试尽快判断句子的真伪。通过被试对句子的反应时可以测量心理词典中不同词汇间的"距离"，从而可以反映心理词典的组织情况，结果发现判断"A bird is an animal（鸟是动物）"或"A bird can breathe（鸟能呼吸）"花费的时间长于判断"An animal is an animal（动物是动物）"或"An animal can breathe（动物能呼吸）"花费的时间。Collins 等人称其为范畴大小效应，即 B 在层次结构中的位置比 A 越高，反应时越长。但是 Collins 等人假设同一层次的概念之间是等级关系，例如：Robin 和 Ostrich 都是 Bird 的下位从属词，两者的关系是等级关系。但是研究发现对于判断"A robin is a bird（知更鸟是鸟）"花费的时间要短于判断"A ostrich is a bird（鸵鸟是鸟）"所花费的时间，该效应称为典型性效应，显然层次网络模型无法解释典型性效应。

（二）激活扩散模型

Collins 等人（1975）放弃了这种以严格的种属关系构建的层级结构，修正并发展了以语义关系或语义间的典型性和关联度组织的语义网络，即激活扩展模型（Spreading Activation Model）。该模型依然以节点表示概念，连线表示概念间的相互连接，线的长短表示概念间的关联度，越短表示关系越密切。概念的激活是通过扩散激活的过程进行的，即激活始于单个节点，然后平行扩散到整个网络，激活的强度会随着距离的增加而减弱，这样可以确保关系密切的概念比关系疏远的概念更易被激活。但该模型存在一定的局限性，对于词的语音、句法和正字法方面关注较少。Bock 和 Levelt（1994）提出较新的激活扩散模型，该模型既包含词汇方面的信息也包含概念方面的信息，模型假设词汇存在三个不同的层级：概念层（Conception Level）、词目层（Lemma Level）、词位层（Lexeme Level）。概念层由代表的概念的节点组成，节点通过各种关系与其他节点相连；词目层包含词汇的句法方面的信息，例如动词的句法规则等；词位层包含词汇的语音信息。

三、词汇通达模型

（一）英语视觉词汇通达模型

词汇识别需要在心理词典中激活相对应的语义，即词汇通达。词汇通达受很多因素的影响，例如：词频、正字法结构、语音特征、句法结构、是否歧义等。为了更好地解释这些现象，心理学家和语言学家提出了多种模型。

1. 词汇发生模型

Morton（1969）提出了最早的激活模型之一，即词汇发生模型（Logogen Model）。词典中的每个单词都有一个特定的词汇发生器，用于规定词汇的各种属性（语义、正字法、语音等）（图 2-1）。词汇发生器通过感官输入或上下文信息这两种方式激活。当检测到输入刺激的正字法或语音特征时，就与词汇发生器相匹配。词汇发生器的功能就如记分牌一样，逐渐积累信息，一旦积累的信息超过预先指定的阈值时，该词汇就被识别出来。

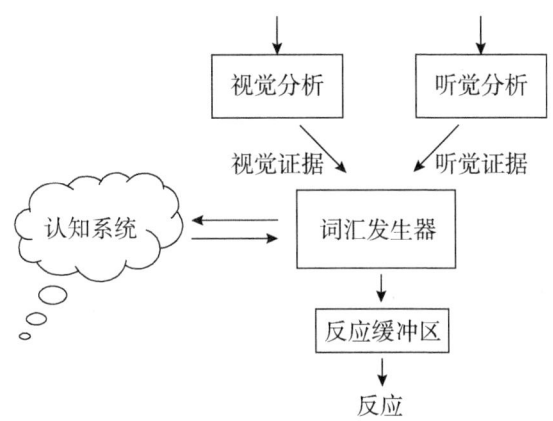

图 2-1 词汇发生模型的主要成分及其关系

该模型是一种直接模型,即输入信号中的每个元素都对通达过程本身作出贡献:这个过程被视为累积的,输入中的每个音素都会影响整个过程中的下一步处理,直到没有进一步的输入可用,或需要识别存储的形式。从某种意义上说,这可以看作是一种单词检测器模型,因为输入中的每个音素都代表了特定单词存在的进一步证据,一旦证据积累到足够多,就可以检测到。但它的运作实际上分为两个层次:最初,它充当音素检测器,构建或跟踪音素序列,直到遇到与该序列匹配的单词。可以说,更直接的操作模型(如输入的音位分析和词汇通达过程之间的模型)是让装置在每个分析点对输入序列的词汇身份进行概率猜测,那么它就真正是一个单词检测器模型。福斯特对这种装置的描述如下(虽然他是从视觉模式来说明的,但这种描述的性质也适用于听觉模式):

这种理论的本质是对于每个单词都有一个单独的检测器,该检测器会选择性地调整到该单词特有的感知特征。因此,单词 Dog 的检测器会在一定程度上被任何具有首字母 D、中间字母 O 或尾字母 G 的字母序列激活。它也会被具有与这些字母相似的字母序列激活,尽管程度较小。它也可能被任何恰好具有三个字母的序列激活,并且被两个和四个字母的字符串激活程度较小。因此，每个检测器都有自己的调谐曲线，并且对各种输入做出响应（Forster，1976）。

这个解释将分析器的选择性调整响应特性的概念扩展到词汇项存储形式的层面。这种类型的单词检测器模型有两个版本，在过去几年中产生了相当大的影响：一个称为词汇发生模型（Morton，1969），源自视觉单词识别的主要框架（如搜索模型），但也旨在涵盖听觉识别；另一个是群组模型，专门针对口语单词识别现象制定。对于 Morton（1979）来说，词语识别的核心问题是语境的作用，因为在支持语境中识别一个词语比在孤立语境中识别一个词语更容易。这表明，有趣的话语中的词语识别（例如参与者 A 和 C 在与 B 说话时所要求的那样）不仅仅是一系列非常快速执行的孤立词语识别行为。相反，正如该领域的许多实验所调查的那样，孤立的单词识别被认为是一种缺乏上下文支持的特殊处理情况。若只关注词语识别的特殊情况，则不能够建构正常运行的系统。

存在两种语境，一种是单词本身的局部语境，另一种是话语的大语境。上下文语言和非语言语境是一个重要的考虑因素，因为它们有利于某些缺少物理刺激特征的词汇通达。在这个模型中，关于某个特定单词出现的证据可能来自所有形式，这些输入彼此之间存在"共谋"关系，即一种输入的缺陷可以通过参考其他输入中可用的信息来弥补，它们结合起来降低了 Morton 所说的通达形式的识别阈值。单词检测系统不仅依赖于特定的语言信号属性，还能够从所有可用的输入通道中获取单词出现的线索，并对其效果进行求和。这是一个寻找任何形式的证据的系统，以证明某个单词已经出现。

词汇发生模型的核心就是词汇发生器本身，词汇发生器不像字典条目（Morton，1979），而是对感官和语义输入做出反应的调谐感知装置。正是在词汇发生器中，感觉和上下文输入相互作用，并产生对认知系统和反应通道的输出（在单词被命名的情况下；在反应意识到单词含义的情况下，如在理解过程中，这可能被认为是对认知系统输出的一部分）。因此，该系统基本上适应单词的听觉和视觉属性，及其出现的上下文信息。词汇发生器与认知系统存在双向联系：词汇发生器中随时发生的事情构成认知系统输出的一部分，而认知系统输出的内容与其他类型的知识可以一起反馈到词汇发生器系统中以帮助调节其性能。

2. 搜索模型

Forster（1976）提出了搜索模型（Search Models），该模型将词汇分为正字法、语音和语义三个不同部分。这三个部分与词汇识别包括两个阶段，第一个阶段是搜索阶段，每一部分的搜索都按照词频排序，从词频最高的词条开始，依次向下进行直到词频最低的词条。Forster将其比作翻开字典后，按照该页词频顺序依次进行寻找词汇。因此，词频高的词汇比词频低的词汇更易被搜索。该阶段搜索的不是词条本身，而是一个抽象的位置标记，该标记可以告知心理词典中对应词条的存储位置。一旦搜索到相匹配的项目，位置标记就会被激活。第二阶段是提取阶段，根据位置标记就可以将相对应词汇提取出来，同时还能提取出该词的其他属性，如句法功能等。第二阶段只能在第一阶段结束后进行，因此该模型是串行加工模型。桂诗春（2000）用图书馆中寻找图书的过程类比该模型的第一阶段目录搜索。目录中的条目排序方式与书架上图书的排序方式不同（例如，目录中的图书可能按字母顺序排列，而目录中的图书会按照不同主题分门别类地放在大楼的不同楼层），因此这个阶段搜索到的不是图书本身，而是一个抽象的位置标记（图书索引号），告知在哪个楼层、哪个房间、哪个书架上可以找到这本书。只有找到这个标记，才可以实施第二阶段。第二阶段利用索引号找到图书。这两个阶段是串行的，不可能以混合或并行的方式查阅目录和去书架上找书，故在实施第二阶段前，必须成功进行了第一阶段。

鉴于词语既可以用书面形式也可以用语音形式通达，既可以进行语言产生也可以进行语言理解，因此词语的通达方式必须是可以系统地按语素的属性或按语言形式（正字法或音韵学）进行检索的。在搜索模型中实现这一点的方法是在搜索阶段建立这些不同的通达方式，我们把它比作目录系统；因此该模型有三个目录或通达文件：正字法、语音学和语义－句法。这些通达文件与一个统一的主文件相连接，主文件的功能是代表词库中所有词条的所有方面，包括它们的语音、正字法和语义－句法属性。这样，一旦通达了主文件中的一个词条，模型就可以对它做出任何反应，例如说这个词、写这个词、理解这个词。因此，这些词条的通达文件信息仅限于通达文件所要服务的模式，如正字法通达文件包含单词的字母结构（以便引导搜索到文件中的正确位置），但不包含语音或语义－句法信息，其他通达文件也同样仅限于其模式。

这个模型可以解释这样一种直觉，即一个适当的词典必须允许通达的多样性，同时存储具有统一性。该模型做出了以下预测：（1）高频词比低频词的通达速度更快，即所谓的频率效应。该模型通过搜索过程的混合性质来解释这一现象。最初，听觉信号的刺激特性会将搜索引向正确的区域，或相关通达文件的"二进制文件"，但随后对该"二进制文件"的搜索是按照堆叠在其中的词条的频率顺序进行的，从最上面的高频词条开始向下搜索。受刺激驱动的搜索阶段的确切性质尚不清楚；它可能主要基于首元、首元和尾元、音节结构、重读音节质量，或这些因素的混合。（2）在词性判断任务中（例如，判断"darip"是否是英语中一个单词？），拒绝非词所需的时间要比接受真词所需的时间长。只要有关的非词在语言的音位结构模式中是可能的，这个预测就源于所谓的"词汇效应"（即与非词不同，真词由于具有词条而具有的优势）。在这一模型中，对于非词来说，语音学上合法的刺激属性会将搜索引向听觉通达文件中的"正确"二进制文件，但在该二进制文件中的搜索将是穷尽性的且毫无结果的，因为匹配的词条并不存在。正如福斯特（Forster，1976）所说，"应该牢记，整个系统是为访问熟悉的形式而设计的，而不是对陌生的形式进行分类。如果日常语言处理经常需要我们识别非词，那么毫无疑问，我们会发展出更有效的程序。"

3. 双重编码竞争模型

Meyer 和 Ruddy（1973）设计了一项任务，要求被试根据字母串的拼写或发音将字母串进行预先指定的范畴归类，例如语音任务中预先指定范畴的问题为 "Does this sound like a fruit？（这听起来像是一种水果吗？）"，然后先后出现 "Pear（梨）、Pair（一对）或 Tail（尾巴）" 等词，要求被试分别做出是与否的回答；而视觉词汇任务中预先指定范畴的问题为 "Is this a fruit？（这是水果吗？）"，同样会先后出现不同的视觉呈现的词汇。Meyer 等发现在语音任务中对范畴词汇（如 Pear）的 "是" 的反应比其在视觉词汇任务中的反应更快；相反地，在视觉词汇任务中对非范畴词汇（如 Tail）的 "否" 的反应比其在语音任务中更快。对于假成员（Pair）在语音任务中 "是" 的反应比范畴词汇的 "是" 的反应慢。同样地，在视觉词汇任务中对于假成员 "否" 的反应比非范畴词汇的 "否" 的反应慢。

Meyer 和 Ruddy（1974）以及 Meyer 和 Gutschera（1975）提出双重编码竞争模型来解释他们的研究结果。他们认为词汇通达时字素编码和音素编码总是同时进行的，而且每种表征都被用于并行搜索词汇，因此任何一种表征都可能先于另一种表征找到匹配项。语音任务和视觉词汇任务之间的结果差异在于 "做出反应的停止规则"。在语音任务中，被试可以根据字素搜索或音素搜索的成功结果做出 "是" 的回答，而不能仅根据字素搜索的否定结果做出 "否" 的决定，因为视觉词汇任务中不像水果的物品在语音任务中听起来却像水果（例如，Pair）。相比之下，在视觉词汇任务中，如果要避免错误，则 "是" 的决定只能基于字素搜索的结果，而 "否" 的决定可以基于字素或音素搜索做出，因为听起来不像水果的物品不能拼写成水果，而拼写不像水果的物品也不能是水果。考虑到假成员（Pair）在语音任务中 "是" 的回答需要等待音素搜索的结果，而在视觉词汇任务中，"是" 的回答需要等待字素搜索的结果。因此，双编码竞争模型可以正确预测观察到的结果。每当可以根据字形搜索或音位搜索做出决定时，只要搜索分布重叠，平均反应时间就会比只等待其中一个搜索结果的反应快。因此，在语音任务中，对范畴成员做出"是"的反应更快，而在视觉词汇任务中，对非范畴成员做出"否"的反应更快。对假成员的正确反应只能根据两种搜索之一的结果做出，因此比范畴词汇和非范畴词汇的反应慢。因此，Meyer 及其同事得出结论认为，当需要根据单词的语义做出判断时，就会出现语音双重编码现象。

Meyer 和 Gutschera（1975）报告的另一个实验也值得关注，因为它可能更类似于词汇判断任务。在这个实验中，他们让被试按照"Is this a word？"和"Does this sound like a word？"的问题对字母串进行分类。实验再次使用了三种类型的刺激，例如"Bone""Nale"和"Heak"，要求被试对第一个问题分别做出"是""否"和"否"的回答，对第二个问题分别做出"是""是"和"否"的回答。这项任务的结果与上述任务的结果有些不同。主要区别在于这两项任务中对范畴词汇的"是"的决定是相同的。他们指出，如果发生了语音重新编码，而且音素搜索有时在字素搜索之前完成，那么对范畴词汇的"是"的决定之间的差异应该很明显，就像在之前的任务中一样。由于没有观察到这种差异，而且与前一个实验中的视觉词汇任务相比，语音任务的决策时间要慢得多，Meyer 和 Gutschera 认为，这些结果表明这项任务中的视觉词汇的决策是仅基于字形信息进行的，因为可以根据熟悉程度做出决策，而且语音任务只需要进行音素重新编码。如果这个观点是正确的，那么在视觉词汇任务中对 Nale 和 Heak 的"否"回答应该是相同的，因为两者在字形上都是不熟悉的。研究确实发现了这两种非词间的差异并不显著，但发现假词比非词慢 53 毫秒，这与 Colthart 等人（1977）的研究结果相同，这种差异可能反映了假词和真词间由于某些字形相似性而干预了对假词的判断。

4. 双路径模型

Colthart 等人（1977，1978）通过一系列的实验验证了双重编码竞争模型，并发展出双路径模型（Dual Route Model）。该模型认为词汇通达有语音通道和视觉通道两个路径。通过语音路径通达词汇将涉及一系列的子技能：字素分析、字母-音位转换规则、整合语音表征和语义通达。首先应用字素分析进行字母分割，这个过程包括将视觉词汇的字母串分析为与单个音素相对应的字母或字母组（如 SH 两个字母分析为一个音素），然后应用字母-音位转换规则来理解单词的语音表征，这个过程涉及在工作记忆保存音素编码和将音素整合为完整语音表征的子过程。一旦个人基于对口语形式的词汇经验和知识获得了单词的语音表征，即可通达单词的语义。图 2-2 描述了从分析单词的正字法形式到应用字素-音素规则、获取单词的语音表征，最后通达单词语义的过程。简单来说，语音路径包括"读出单词"或"解码单词"来通达语义。

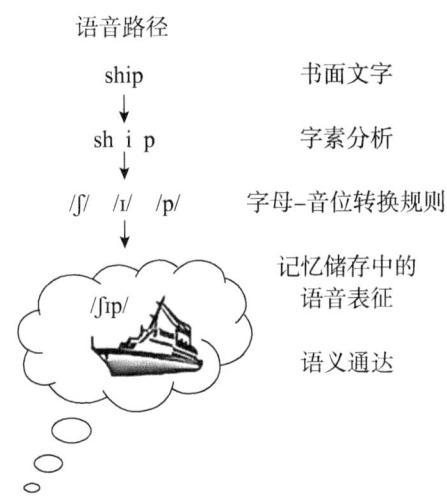

图 2-2　双路径模式中的语音路径通达语义的示意图

Coltheart（1978）提出，不符合常规字素解析或字母-音位转换规则的英语单词（即拼写不规则的单词，如 Sword）无法进行语音编码。而必须使用替代的视觉路径来访问这些单词的语义。视觉路径独立于语音加工，允许读者从读者的词汇库中形成单词的书面形式和单词语义之间的直接关联。正字法形状、字母提示和字母模式的合法性可用于通达记忆库中单词的正字法表征。然后使用整个单词的正字法表征来通达单词的语义。因为不涉及字母－声音关系，所以单词的视觉形式与其语义之间的关联是任意的，必须死记硬背（Ehri，1992）。图 2-3 说明了视觉词汇到记忆中的正字法表征以及随后通达词汇语义之间的直接联系。

在阅读不熟悉或低频词时主要通过语音路径进行词汇通达，而通过练习这些单词变为熟词或阅读高频词时，就可以通过视觉直接通达它们的语义（即视觉路径）。熟练阅读者灵活性高，因此可以根据阅读材料的性质和阅读目的选择路径（即语音路径还是视觉路径）。在双路径模型中，只有在使用语音路径通达语义时才需要语音意识，即理解单词如何分解成更小的部分将有助于理解字母如何映射到语音上（字素－音素转换过程），并允许读者解码单词。例如，阅读"Diastematomyelia（脊髓纵裂）"这个单词，需要意识到单词可以分解为音节（音节意识）、音节由单个音素组成（音素意识）、哪些音素映射到特定的字素以及音素混合技能都有助于解码单词。

图 2-3　双路径模式中的视觉路径通达语义的示意图

双路径模型认为不了解单词语音结构的读者可以通过视觉路径通达语义，即通过死记硬背记住特定正字法表征特定词汇，进而通达语义。例如阅读识字卡的教学实践中就存在这样的例子：给儿童呈现识字卡，老师发音的同时儿童会多次重复看到和听到这个单词，孩子无须了解单词的音位结构也可以了解到卡片上字母的视觉模式与特定单词相关。Barry（1994）所描述的熟练拼写的双路径模型基本上反映了词汇通达的两种路径。他认为儿童可以通过语音路径或视觉路径来拼写词汇，拼写的语音路径包括分割目标单词，并根据单词中各个音在拼写中的表征，应用从音素到字素的转换过程。单词的拼写是通过音位信息和字母－音位关系的知识组合而成的。鼓励儿童倾听单词的开头音、将单词分解成几个部分并在拼写时发出单词的读音的教学策略与语音路径理论是一致的。这种路径有助于成功拼写具有规则字母－音位对应关系的单词，如 Hot（热），但对于不规则拼写的单词，如 Yacht（帆船），则需要视觉路径。拼写的视觉路径包括从记忆中存储的正字法表征中检索整个单词。当听到或想到一个作者希望拼写的口语单词时，该单词的正字法表征就会被激活。然后书写者必须进行书写、打字或大声拼写字母顺序等操作，以与单词的正字法表征相匹配。整个单词的视觉形式只是从记忆中检索出来的，并不涉及单词的发音。观察单词、想象单词、然后拼写单词等教学策略与拼写的视觉路径理论是一致的。

解释熟练阅读者如何进行视觉词汇的语义通达的双路径理论一直被广泛用于阅读和阅读障碍的研究中，但这一理论受到了研究者们的质疑。尽管如此，该理论对后来单词识别模式的发展仍有很大影响，并为一些教学实践提供了理论依据。

5. 修正双路径模型

Ehri（1992）对 Coltheart 的双路径模型提出质疑，他认为双路径模型缺乏视觉路径对单词识别的语音加工。大多数不规则单词只是部分不规则。例如，在单词 Sword 中，只有 W 不遵循字母－音位对应关系规则。而了解 S 或 S 的字母 – 音位关系可能有助于促进对单词的识别。Ehri 认为以任意的方式记住每个新单词的正字法，即死记硬背这种方式会增加记忆负荷，因此通过视觉路径习得词汇是低效的。他建议读者可以利用单词提供的拼写和发音之间的规则来帮助记忆，从而减少记忆负荷（Ehri，2005）。

鉴于双路径模型的缺陷，Ehri（1992）对双路径模型中的视觉路径进行修正，加入了语音成分，这一新的路径被称为视觉 – 语音路径（Visual-Phonological Route）。根据字母 – 音位对应知识和正字法信息，单词的视觉形式与记忆中存储的语音表征之间会形成特定的联系，并且这种联系是直接的，无须使用语音路径中的字母 – 音位转换规则或语音重编码。简单来说，读者"看到"单词的发音，然后在单词的正字法和语义之间建立直接联系。这表明在记忆中与单词语义相关联的不是单词的任意视觉线索，而是将单词的视觉形式与记忆中的语音联系起来的字母 – 音位线索。而这种联系的建立是因为读者在阅读不熟悉的单词时，使用了先前的语音重编码知识，通过语音途径阅读了该单词。也就是说，首先通过语音路径学习认读单词，并使用字母 – 音位转换策略解码单词。在积累了解码单词的经验后，阅读者学会了即时识别单词，不再需要对每个单词进行解码。然而，这种视觉识别需要借助单词中的语音线索（如最初的音素线索），而不是单靠单词的正字法来通达语义。而且假设一旦儿童掌握了字母和音位之间联系的知识，就会利用这些线索，来获取存储的单词正字法表征。

这一模型强调了语音加工技能在阅读过程中的重要性，并具有重要的教育意义。根据 Ehri（1992，2005）的观点，任何单词的解码在一定程度上都需要语音加工知识。因此，语音认知能力不足的儿童不仅难以通过语音路径识别书面单词，也无法达到与年龄相适应的视读水平。当阅读文章的复杂程度增加时，这种困难就会变得尤为明显，因为在不使用语音信息辅助记忆的情况下，视觉记忆单词的要求会变得难以承受。即使到了小学二年级，如果儿童在阅读中不利用语音线索，而仅仅依靠词的正字法认读，那么他们的阅读能力很可能是最差的（Stuart，1995）。鼓励儿童"看单词、说单词、听单词中的语音，然后拼写单词"的拼写策略与 Ehri 的修正模型是一致的，即鼓励儿童根据一些语音线索来获取单词的视觉形式。

6. 联结主义模型

Seidenberg 和 McClelland（1989）的联结主义模型（Connectionist Models），又称为并列分布加工模型（Parallel Distributed Processing Model，PDP），其在解释单词识别方面做得非常出色。该模型是为了解释词汇判断任务和单词命名任务而开发的。该模型具有 8 个方面：（1）一组加工单元。任何并列激活模式都是从一组加工单元开始，指定的加工单元集及其代表的内容通常是分布加工模型的第一阶段。这里的单元表征小的、类似特征的实体。在这种情况下，整体模式才是有意义的分析层级。一个单元的工作仅仅是接收相邻单元的输入，并根据接收到的输入计算出输出值，然后发送给相邻单元。该系统本质上是并行的，因为许多单元可以同时进行计算。加工单元包括输入单元、输出单元和隐藏单元。输入单元接收来自所研究系统外部的输入。这些输入可以是感官输入，也可以是模型所嵌入的处理系统其他部分的输入。输出单元向系统外发送信号。它们可能直接影响运动系统，也可能仅仅影响我们正在建模的系统之外的其他系统。隐藏单元是指其唯一的输入和输出都在我们所建模的系统内的单元，外部系统无法"看到"它们。（2）激活状态。由一个 A 实数向量 $a(f)$ 来表示，它代表处理单元集的激活模式。该向量的每个元素都代表其中一个处理单元在某一时刻的激活状态。（3）每个单元的输出功能。单元间的相互作用通过向邻居发送信号来做到这一点，它们之间的信号的强弱，也就是对邻近单元的影响程度，由单元的激活程度决定。与每个单元相关联的一个输出函数将当前的激活状态映射到输出信号。（4）单元间的联结模式。单元间的相互联结构成了系统的知识表征，并决定了系统将如何对任意输入做出响应。每个单元都对与其相连的单元的输入做出了加法权重。在这种情况下，单元的总输入量就是每个单元单独输入量的加权和。也就是说，所有输入单元的输入量只需乘以一个权重，然后求和即可得到该单元的总输入量。在这种情况下，只需指定系统中每个联结的权重，就能表示联结的总体模式。正权重代表兴奋性输入，负权重代表抑制性输入。当需要表征更复杂的抑制/兴奋组合规则时，则使用一组联结性矩阵来表示联结模式，每种类型的联结性都有一个联结性矩阵。（5）通过联结网络传播激活模式的传播规则。将代表单元输出值的输出向量与连接矩阵相结合，为输入单元的每种输入类型生成净输入。例如，如果有抑制性和兴奋性两种联结，那么兴奋性净输入通常是该单元兴奋性输入的加权和。（6）将输入单元的输入与该单元的当前状态相结合，以产生新的单元激活水平的激活规则。影响特定单元的每种类型的净输入相互结合并与单元的当前状态相结合，以产生新的激活状态。设置一个阈值函数，即净输入必须超过某个值才能产生新的激活。通常，新的激活状态取决于旧激活状态以及当前输入。（7）一种学习规则，用于根据经验改变联结模式。（8）系统必须在其中运行的环境。该模型将环境表示为输入模式空间上的时变随机函数。也就是说，提出者假设在任何时间点，任何可能的输入模式集合都有可能影响输入单元，这个概率函数通常取决于系统输入的历史以及系统的输出。

  Seidenberg 和 McClelland 模型类似于早期的识别跟踪模型（Identify Tracking Models）。该模型中采用分布式表征方式，并不是单一表征，也就是说并非带有表征单个单词的词素的词典，单词并不是通过结点的方式来识别，而是通过其在网络中分布的独特正字法激活模式来识别的。

  该模型很大程度上取决于正字法的特征，并试图展示词汇处理系统在受到拼写到声音学习机制的影响时是如何发展的。常规和不规则单词是通过字母-音位对应关系的经验来学习的。没有查找单词的机制，没有词典，也没有一套音系规则。关键特征是，有一个单一的程序可以从正字法表征中计算音系表征，适用于常规单词、特殊单词和非单词。

该模型认为，口语和书面语之间的关系是通过正字法、语音和语义处理器所代表的分布式活动模式逐渐学习的。例如，在阅读"Shop"这个单词时，书面词汇（正字法模式）需要生成适当的语音表征。这种转换是通过正字法、语音和语义单元之间的兴奋和抑制相互作用实现的，也就是说，单词中的字母、字母所代表的语音和个人的词汇知识之间的联系是必要的。在词汇学习的早期阶段，语音知识有限，Shop 的正字法形式可能会激发任何以 [s] 开头的语音表征。随着学习过程中特定字母和音位之间联系的加强，以及语音信息被激活的增加，只有正字法中与语音表征（如 Ship、Shoe、Show）相近的联系才会被激活。最后，随着继续学习和获得 Shop（商店）这个词的完整语音表征，正字法、语音和语义活动模式之间的正确连接将得到加强，从而促进对所有其他连接的抑制。此模型有一组输入单元，用于翻译刺激的正字法，还有一组输出单元，用于表示刺激的音系。输入单元连接到一组隐藏单元。隐藏单元的唯一输入和输出位于被建模的系统内，并且不与外部系统联系。隐藏单元连接到音系输出单元。连接输入和输出的权重（关联强度）根据反向传播规则进行调整，该规则经过调整以减少输出单元和"正确"发音之间的差异。反馈（校正）调整输出和正确目标之间的关联。在学习开始之前，输入和输出单元之间没有先验权重。权重由反向传播过程中的反馈确定。在模型开发的训练阶段，模型提出者向模型输入了 2897 个单音节英语单词，输入速率反映了它们在语言中的使用频率。该模型产生了与常规单词、高频例外单词（例如 Have）和新非单词相对应的音系。

此外更重要的是，该模型捕捉到了词汇研究中的频率与规律之间的相互作用。这种相互作用表明，对于高频词正字法和音系之间的对应关系并不重要。然而，对于低频词，拼写与语音之间的对应关系影响很大。词汇通达的双路径模型适应了这种相互作用，它假定高频词的通达路径是直接路径而不是间接路径（Andrews，1982；Monsell et al.，1992；Paap &

Noel，1991；Seidenberg et al.，1984）。例如："Have"属于高频词，即使发音错误，即产生不符合规则的语音之前就已经实现了其词汇的通达。相反，低频词的词汇通达的速度较慢，从而受到语音中介的干扰。双路径模型的关键点在于，低频介导反应的输出可以被间接路径产生的语音信息所覆盖。该模型认为随着不断练习，目标激活（"正确"发音）与网络计算的实际激活之间的差异会越来越小，语音单位的激活都会越来越接近目标值。对于高频词来说，常规对应关系不会产生影响。但是，对于低频的特殊单词，目标单元和激活单元之间的误差幅度要大于低频的常规单词。

该模型还考虑到了发音中一些有趣的邻域效应。如前所述，英语中字母与音位对应关系的一致性受到单词邻域（单词之间只有一个字母或一个音素的差别）的影响。Jared 等（1990）的研究表明，有规律的单词（如 Mint）会表现出一致性效应，尤其是当高频邻近词（如 lint）的拼写与发音模式一致时，这种效应会比低频邻近词（如 Pint）的拼写与发音模式不一致时更明显。联结主义模型可以很好地处理邻频效应，该模型根据词频和对应关系预测语音。

Harm 和 Seidenberg（1999）扩展了早期的联结主义框架，研究了语音信息在早期阅读学习中的作用，并探讨了语音障碍如何干扰阅读学习。他们通过损害计算机模型中学习单词语音结构的语音单元（即语音意识），证明计算机阅读非单词和将学习结果推广到未经训练的单词的能力较弱。语音单元的严重受损会导致计算机在阅读非单词和不规则单词时出现明显的困难，而且计算机模型也无法从中恢复过来。

联结主义模型也可用于解释拼写成绩不佳的原因。Brown 和 Lossemore（1994）在他们的联结主义框架计算模型中证明，通过减少代表单词语音形式的活动与代表单词正字法形式的活动之间的连接数量，发现计算机模型的拼写成绩与阅读障碍儿童的成绩非常相似。

联结主义模型对于理解语音意识在阅读和拼写中的作用有很大的意义。

联结主义模型与 Ehri（1992）修改过的双路径模型和类比模型是一致的。这些模型认为，熟练的读者会利用有关单词语音结构的知识来识别拼写规则和不规则的书面单词。大多数不能在单词的正字法和语音形式之间建立快速联系的儿童往往都不能成为流利的阅读者。在阅读的早期阶段，通过死记硬背直观地学习单词可能是一种成功的方法，但随着文章复杂程度的增加，学习单词的任意视觉形状并将其与单词的含义联系起来（没有任何语音信息的提示来帮助记忆）就变得难以控制了。如果熟练的阅读者是通过正字法、语音和语义信息网络之间的紧密联系来通达词汇语义的，那么教学实践应致力于加强那些在识别书面词汇有困难的儿童的正字法、语音和语义间的联系，即语音意识知识的加强可以让儿童在阅读和拼写时利用语音信息与正字法和语义信息建立联系。

7. 交互激活模型

McClelland 和 Rumelhart（1981，1982）根据阅读时语境对于词汇通达的影响提出了交互激活模型（Interactive Activation Model.）。该模型假设词汇通达是在一个系统中进行的，并且该系统存在多个加工层级，包括视觉特征层、字母层、词汇层以及为词汇层提供"自上而下"输入的更高层级的加工（图2-4）。词汇通达涉及并行加工，即同时加工多个字母，并且可以在多个层级上同时进行加工。例如：字母层面的加工可能与词汇层的加工和特征层的加工同时进行。该模型还假设词汇通达是一个交互过程，也就是说，"自上而下"或"概念驱动"的加工过程与"自下而上"或"数据驱动"的加工过程同时起作用，共同决定词汇的通达。从这个角度来说，信息同时向两个方向流动——从较低层级流向较高层级，又从较高层级流向较低层级。较高层级的信息可以反馈并影响较低层级的信息加工，这一假设解释了较高层级单元（如单词）的知识如何影响较低层级单元（如字母）的信息加工。

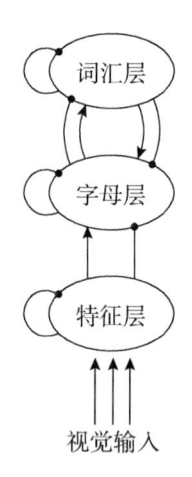

图 2-4 交互激活模型示意图

该模型假设每个层级都有一组节点，每个节点都与其他部分节点相连。一个节点所连接的节点称为其邻居，每个联结都是双向的，联结分为兴奋性联结和抑制性联结。若两个节点彼此相互包含对方，则该联结为兴奋性，如单词 The 的节点包含首字母 T 的节点，反之亦然。如果两个节点相互不一致，那么它们之间的关系就是抑制性的，如单词 The 的节点和单词 Boy 的节点不一致。联结可能发生在层内或相邻层之间，非相邻层级之间没有连接。单词层内的连接是相互抑制的，因为在同一时间同一地点只能出现一个单词。单词层和字母层之间的连接可能是抑制性的，也可能是兴奋性的（取决于字母是否在适当的字母位置上是单词的一部分）。提出者将与某一节点具有兴奋性连接的节点集合称为兴奋性邻居，将与某一节点具有抑制性连接的节点集合称为抑制性邻居。

每个节点都有一个瞬间激活值，任何激活值为正的节点都被认为是活跃的。如果没有来自邻近节点的输入，所有节点都会衰减到非激活状态，即激活值为零或低于零。这种静止水平值可能因节点而异，并对应一种先验偏差（Broadbent，1967），是由节点的长期激活频率决定。如高频词的节点比低频词的节点具有更高的静息水平。当一个节点的邻居处于激活状态时，它们会根据与该节点的关系，通过兴奋或抑制来影响该节点的激活。这些兴奋性和抑制性影响通过模拟加权平均的方式结合在一起，产生对该单元的净输入，该输入可能是兴奋性的（大于零），也可能是抑制性的。一个节点的净输入驱动该节点的激活上升或下降，这取决于输入是正的还是负的。输入对节点的影响程度受节点当前活动水平的调节，以防止输入对节点的驱动超过某些最大值和最小值。节点越活跃，相互排斥的节点越不活跃，系统就越有可能报告视觉输入包含该节点所代表的单元。激活水平超过阈值的节点会激发与其一致的其他节点（例如，首字母 t 与单词 take 一致），并抑制与其不一致的其他节点。

该模型假设词汇通达的过程如下：词汇呈现在视觉系统中时，特征层节点会被直接激活，每个特征节点都会激活所有与之一致的字母节点，并抑制所有与之不一致的字母节点。某个特征节点越活跃，就越能激活或抑制与之相连的字母节点。兴奋和抑制性影响开始作用于字母级节点，在字母层上，特定序列位置上的所有字母节点被假定为通过相互抑制而彼此竞争的状态。某些字母节点的激活水平被推高到其静息水平之上。其他字母节点则主要接受抑制性输入，并被推低至静息水平以下。这些字母节点开始向它们一致的单词节点发送激活，并抑制它们不一致的单词节点。随着单词层节点的激活，活跃的单词节点都会与所有其他单词节点竞争，并向与其一致的字母节点发送反馈。如果输入的特征与一组特定字母的特征接近，而且这些字母与组成特定单词的字母一致，那么系统发送正反馈，并迅速汇聚到合适的字母组和合适的单词上。否则，它们就会相互竞争，没有一组字母或一个单词会得到足够的激活。在这种情况下，各个激活单元可能会相互抑制对方。一旦出现一串字母启动这一过程，该过程就会一直持续下去，直到达到渐近激活模式，关闭输入（单个单元的激活衰减到静止水平），或者出现新的刺激（通常是掩蔽刺激），从而推动系统进入新的稳定状态，并消除之前刺激的残留痕迹。

8. 组合激活模型

Seidenberg（1989）为了解释词汇结构的每个方面如何影响单词识别提出该模型（图 2-5），此模型中将心理词典分为两个主要部分，即 O 系统（正字法系统）和 P 系统（语音系统）。O 系统包含字母（Letters）、字母簇（O-clusters）和整个单词的正字法表征（O-words）。P 系统包含三个类似的表征层级，即音素（Phonemes）、音素簇（P-clusters）和整个单词（P-words）的语音表征节点。每个单词的完整发音规范都在其 P 节点上表示。对于多音节词，P 节点包含音节重音和其他超音段信息。有关低级信息（如字母或音位特征）的表征，该模型并未进行考虑。

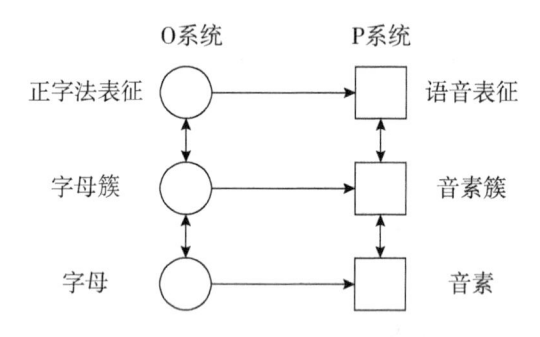

图 2-5 组合激活模型示意图

节点以各种方式连接，在每个系统中，连接反映了不同层级节点之间的部分—整体关系，因此两个系统都是分层级的。连接的强度反映了整个词典中出现的频率。例如，字母 M、I 和 N 的节点将连接到字母集群 Min；字母 M、U 和 N 的节点将连接到字母集群 Mun。这些连接仅反映部分-整体关系。但是，在 Min 的情况下，连接会更强，因为这种组合在英语中出现的频率比 Mun 高。系统之间的连接反映了不同代码之间的关联；连接强度又反映了发生频率。从 O 系统到 P 系统的连接可以是一对一的，也可以是一对多的。例如，Min 字母簇将连接到表征发音"Min"的音素簇；它还将连接到发音"Mine"的音素簇，这反映了 Min 有两种发音（Mint、

Mind）的事实。但是，与发音"Min"的连接将更强，因为这种发音出现的频率更高。

这种连接结构可以通过以下理论解释。O 系统内的连接编码正字法冗余（即，有关正字法词汇中字母和字母模式的频率和分布的事实）。P 系统内的连接编码有关词汇的音系结构的事实（即音系单元的频率和分布）。O 系统和 P 系统之间的连接编码有关正字法－语音对应关系（即从拼写到发音的映射，其一致性各不相同）的相关事实。

该模型的加工方式类似于联结主义模型，其基本加工假设为在词汇识别过程中，激活会通过连接在心理词典网络中方式扩散，该模型主张侧重扩散激活的整体特性，而非联结主义模型强调扩散过程的特定参数的作用。系统内的扩散激活与系统间的扩散激活不同。在每个系统内，各层级间的连接是双向的，故激活既可流向某个节点，也可从某个节点流出。与联结主义模型不同的是，该模型假设不同层级间的连接是兴奋性的，而同一层级节点间的连接是抑制性的。O 系统和 P 系统间的连接是单向的，激活从 O 节点传向相应的 P 节点，但不可反向传播。

该模型的加工方式类似于交互激活模型，当刺激出现时，刺激相关信息被提取并激活系统中的节点。激活通过连接流动扩展，每个层级激活多个备选选项，这些选项间存在竞争。一旦某个节点赢得竞争，就可通达词汇。该模型的心理词典结构决定了 P 系统内的激活比 O 系统内的激活进行得慢，其原因在于 O 系统内的节点必须先被激活，然后再激活扩展到相连接的 P 节点。

该理论将单音节词的正字法冗余和音系规律的影响与更复杂词的音节结构的影响联系起来，其特征主要表现为：（1）有关音节结构的信息并不直接表征在与识别相关的词汇部分中。没有与这些单元相对应的结构层级，也没有解析规则。（2）该理论可以解释实证文献中的许多不一致之处。在给定的实验中是否观察到音节效应不仅取决于刺激词的音节结构，还取决于它们的频率以及从正字法冗余的角度来看音节的突出程度。该理论还可解释一系列与视觉词汇识别相关的问题，包括音位规律、正字法冗余、频率和任务的影响。

9. 分解表征模型

Taft 等（1975，1976）根据一系列实验结果提出分解表征模型（Decomposed Representation Model）。该模型反对以整词表征进行的词汇通达，而是发现在识别具有前缀词汇时需要将该单词分解为其组成的词汇，即其前缀和词干，其中词干是进行词汇搜索的目标。因此该模型进行词汇通达时，首先进行词缀剥离，即剥离单词的词缀，留下词干作为词汇通达的单位；其次在特定模态通达心理词典过程中，以裸词干作为通达单位进行检索过程。该模型进一步扩展到复合词的实验结果中，提出者认为：（1）无论多音节词是否是单词，都可以通过其第一个音节的表征来访问该词的词条。词条中的信息规定了第一个音节后面可以跟的字母的可能组合。（2）无论单词拥有多少个词素，多音节词的存储都是相同的。（3）为了确定单词的第一个音节，需要从左到右对所有字母组合进行词汇搜索，直到找到合适的词汇条目。从左到右的搜索首先将前缀分离为初始音节，但当发现第一个音节是前缀时，搜索将从前缀后的第一个字母重新开始。也就是说，将"第一个音节"一词理解为"前缀后的第一个音节"。从而使例如"Mishap（灾祸）和 Happen（发生）"、"Inspect（检查）和 Spectator（观众）"等这样的词汇存储在一起，即存储在词汇条目 Hap 和 Spect 中。

这种模型具有一定的优势：（1）将许多不同单词的词干只存储一次从而符合认知经济性。（2）按词干组织允许语义相关的单词，使心理词典是按正字法或音位组织的情况下也彼此相邻，例如 Rejuvenate 和 Juvenile 即使在按字母顺序排列的列表中也可以作为相邻的条目存储。

10. 扩大的处理词素模型

扩大的处理词素模型（Augmented Addressed Morphology model，AAM）是混合通达模型中比较经典的模型之一。Caramazza 等（1988）通过一系列实验结果发现在可分解词形结构的非词和不可分解词形结构的非词之间，不仅存在加工差异，而且还存在更丰富的衔接关系，因此根据其研究结果提出了这一模型。该模型不同于整词通达模型中强调整词表征是词汇通达的唯一单元，也不同于分解表征模型强调词素、词干和词缀是词汇通达的唯一单元。扩大的处理词素模型假设词汇系统由几个独立但相互关联的单元组成，包括正字法、音系的输入和输出词汇单元。在每个组件中，词汇条目都以形态分解的形式表征，也就是词干和屈折词缀独立表征。对于正字法输入词典（以及音系输入词典），对词汇表征的通达可以通过整词通达程序（对于已知词）或词素通达程序（对于新词）进行。通达机制被认为是一个并行激活系统，其中存储的正字法表征的激活程度取决于字母串和正字法表征之间的字形相似性。该模型强调字母串既激活整词表征，又激活组成单词的词素。例如，刺激"Walked"将激活 Walked、Walk- 和 -Ed 表征，以及正字法相似的表征，如 Walks、Walking、Talked、Walked、Winked 等。最先达到预设阈值的正字法表征将激活其对应的词汇条目。在此示例中，假设正字法表征 Walked 首先达到此阈值，从而依次提供形态分解的词汇表征"Walk- 和 -Ed"即 Walked 的词素。同时该模型假设整词正字法表征的激活比组成单词的组合词素的激活进行得更快。因此，尽管在"Walked"刺激下，正字法表征 Walked、Walk- 和 -Ed 都可以达到阈值，但如果 Walked 出现在通达系统中，那么它将在 Walk- 和 -Ed 的组合的词素表征激活之前达到阈值。而如果"Walked"是新词，那么唯一达到阈值的正字法表征将是 Walk- 和 -Ed。

扩大的处理词素模型明确规定了形态规则词和非规则词之间的区别，

该模型准确地预测了规律词和非规律词在重复启动效应上的差异。也就是说，扩大的处理词素模型预测到如果重复启动效应的位置在正字法输入的水平上，那么先前呈现的刺激只会启动那些词干相同的形态相关词。这是由于扩大的处理词素模型假定一个词的正字法词干变体在正字法输入词库中是独立存在的。举例来说，呈现由词干 Cors- 和词缀 -Ero 组成的刺激词"Corsero（意大利语动词 Correre 意为"跑"的远过去时变位）"时，不会启动由词干 Corr- 和词缀 -Eranno 组成的词"Correranno（意大利语动词 Correre 的第三人称复数将来时形式）"，因为词干 Cors- 和 Corr- 在正字法输入词库中的表征并不比任何一对形态上不相关的词的词干独立。

（二）汉语视觉词汇通达模型

汉语通常被称为"孤立"的语言，每个词只由一个词素构成。根据现代汉语的统计分析（Zhou，1995），在131万个词的语料库中，单词素、单音节词约占12.0%（按类型）和64.3%（按标记）。然而，汉语的复合词形式非常丰富。在使用中，双音节词约占73.6%（按类型计算）和34.3%（按标记计算）。大多数双音节词都是复合词，但也有少数词缀词和单音词。

汉语属于表意文字，而英语等印欧语系属于表音文字。汉语词汇通达既与字母词的识别存在一定差异，也与其有相似之处，故印欧语系相关的词汇通达模型未必适用于汉语词汇通达。大量研究者致力于汉语词汇通达研究，以构建相应的汉语词汇通达模型。

1. 分解存储模型

张必隐（Zhang，1992）使用字符频率、词频和形态结构不同的词汇作为实验材料，通过三个词汇判断任务提出汉语视觉词汇的分解存储模型（Decomposed Storage Model）。张必隐认为汉语所有的双字词都是以分解形式存储的，也就是以字/词素的表征为存储单位，词素结构决定了双字词的字间关系，词素结构包括词类汉字的语法类别、两个汉字在词库中的距离和强度等。同时词和字的频率也对中文词的存储有影响。

不同于英语的分解表征模型，汉语词汇的分解存储模型认为汉语词汇通达时不需要进行词缀的剥离加工，而是通过单词的词干进行通达，即采用词干优先策略。但是两个词干间的不同关系将导致词干通达加工的差异，例如修饰词的两个词干并非同等重要，因此修饰词的词汇通达只能通过其第二个词干进行。通达过程通过促进和抑制激活进行，双字词的不同类型激活过程也存在差异。例如在并列词中，当字类相同时，两个字可以是名词词素、形容词词素、副词词素等。同类连接是正连接，即会激活两个字。在修饰词中情况则不同，词类和主要词素类必须一致。如果存在不一致，则通过形态结构检查两者关系，并抑制非法关系。在修饰词和补充词中，两个字的重要性并不相同。在修饰词中，第二个字是主要词素，而在补充词中则相反。如果修饰词的第一个字是主要词素，则该词将是补充词。如果第一个字符与第二个字符同等重要，则它将是并列词。在这种情况下，必须抑制它。因此，修饰词中不同位置（第一个或第二个）的相同字对识别速度的影响不同。

该模型假设在双字词中字与字之间存在不同的关联性，其中一些关联性比其他关联性更强。在并列词中，两个汉字在识别过程中会被调用。在修饰词中，只有主字会被调用。在正字法词典中，这三个词干可以构成汉字网络的"头部"。在并列词中，"头部"可以与同等重要的词干相关联，并且这些词干必须属于同一类。如果不是这种情况，形态结构信息会抑制这种关联。在正关联中，两个汉字之间的关联强度不同。不同的关联强度反映了并列词的词频不同。频率较高的双字词会比频率较低的双字词建立更强的关联。在并列词中，两个字同等重要，第一个字或第二个字都可以充当中心词。在修饰词中，两个字的重要性并不相同，第二个字是主要词素。形态结构信息会促进第二个字的激活，抑制第一个字的激活。因此，只有第二个字才能在词典中充当中心词，也只有第一个字才能与第二个字产生联想。与并列词一样，两字间也有不同的强度。两个字之间的强度反映了单词的不同频率。找到首字后，就会检查两个字的关联强度，关联越强，就会越早检查，越早被激活，达到阈值。

2. 多层聚类表征模型

周晓琳（1995）以汉语双音节复合词为听觉实验材料，通过一系列实验建构了汉语双音节复合词的词汇表征模型，即多层聚类表征模型（Multi-Level Cluster Representation Model）。此模型基于交互激活模型框架，并结合了交股模型的一些基本概念，认为词汇是一个多层次的层级网络，不同的表征层级对应着基本语言单位，如特征、音节、词素和词汇。该模型中的词汇表征是基于整词的，即汉语双音节词在心理词典中以整体形式表征。在词汇通达中，语音输入最终投射到整词表征的层级上。形态结构也以两种不同的方式在模型中明确地表征，也就是说汉语双音节词的形态结构既有词素层级的表征，也有词汇层级的表征（图2-6）。在词素表征层级上，不同的词素被表示为不同的节点。具有相同音系形式的节点（即同音词素）构成词素簇，其中的成员在词汇加工中相互竞争。这些词素节点连接到包含这些词素的复合词的全词表征。也就是说，无论是在第一个还是第二个组成位置上的一个特定的词素与包含这个词素的所有复合词都相连。不仅共享首音节的单词被激活并在口语单词识别中相互竞争，而且以这些共享音节结尾的单词也是如此。

该模型的基本加工机制是通过词汇的相关部分传播激活。每个单词或词素节点都有一个正常的静止水平，这部分取决于它在语言中的使用频率，以及一个"激发"阈值。语音输入会激活与输入一致的所有节点。使用频率越高的节点被激活得越快，因此达到阈值的速度就越快。节点的实时激活状态受与其相连的其他表征级别的节点的输入影响。当节点的激活水平达到阈值时，它会将一定比例的激活水平发送到与其相连的所有节点。

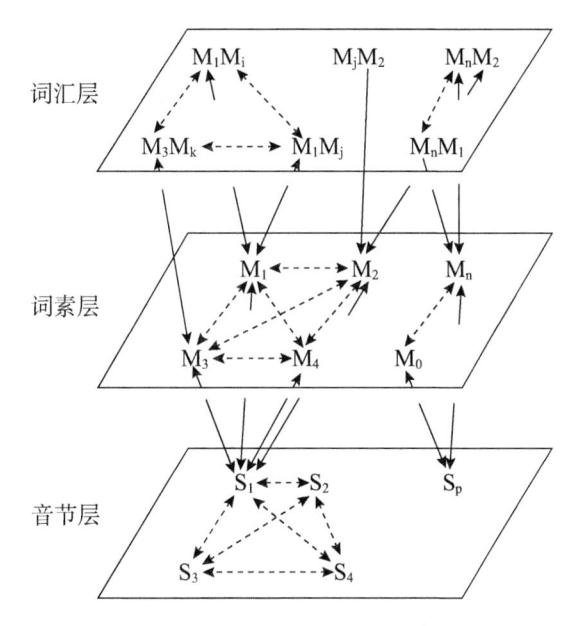

图 2-6 多层聚类表征模型示意图

因为提出者假设在词汇表征和词素表征之间只存在层间双向兴奋性连接，所以词汇加工中存在自下而上和自上而下的影响。当激活节点发出的激活到达目标节点时，它会添加到该节点的当前激活水平。当后者节点的激活水平达到阈值时，它也会向与其连接的节点发出激活，包括它从中接收扩散激活的节点。激活的扩散只发生在词汇识别过程中，识别加工完成后，这些节点的激活水平会回落到正常的静止状态。

该模型有一个重要的特性：共享同一词素的单词彼此之间并不直接相连。相反，它们通过词素层级的同一词素表征进行连接的。例如，在图 2-6 中，两个单词表征 M_1M_i 和 M_1M_j 在词汇层级上没有连接（它们之间彼此连接的虚线表示它们是同类竞争者，而不意味着它们在这个层级上存在在形态或词汇上的关联）。它们通过词素表征层级的同一词素节点 M_1 间接连接。共享首词素的 M_1M_i 和 M_1M_j 之间的词汇层级关系，与首词素不同但同音的 M_1M_i 和 M_3M_k 之间的关系并没有差异，这使系统能够明确地捕捉具有同音词素的词汇之间的关系。像 M_1M_i、M_3M_k 和 M_jM_2 这样的词汇通常被认为在形态上不相关，而 M_1M_i 和 M_3M_k 之间的关系被认为与两个以相同音节开头的单词素词汇之间的关系（例如 random 和 ransack）类似。在该模型中这两类词汇的加工方式不同，除了词汇层级的竞争外，像 M_1M_i 和 M_3M_k 这样的词对在词素层级也是竞争对手。因此，具有首字母同音词素的单词之间的抑制启动效应既归因于集群成员之间的词汇层级的竞争，也归因于同音词素之间的词素层级的竞争。具有首字母同音词素的词汇之间的促进启动效应或零效应反映了词汇层级和词素层级激活之间的相互作用，以及它们随着目标和启动成分位置的变化而变化的方式。

当启动词中的关键音节出现在第二个成分位置时，它会激活所有相应的同音词素，包括用作目标词的第一个或第二个成分的词素。由于词汇的激活扩散，启动词（M_jM_2）中使用的关键词素（M_2）的激活水平高于其他同音词素（M_1、M_3）。但是用作目标词的第二个成分的同音词素（M_1）仍然被激活，因此目标词（M_nM_1）也是如此。这种残留激活显然具有高度的促进作用。即使在启动词（M_2）中遇到的词素也具有更高的残留激活，但它无法影响加工，因为与其连接的单词不会被目标词的首音节激活。相反，当关键音节是目标的第一个音节时，使用同音词素作为启动词，其激活水平上残留的差异会减慢对目标词的识别。启动（M_jM_2）中使用的关键词素（M_2）的较高激活水平将倾向于干扰以词素 M_1 开头的目标词的识别。一方面是启动对目标的预激活，另一方面是来自以启动中使用的关键词素（M_2）开头的单词的竞争，这种冲突导致启动效应的抵消。为了解释重复启动实验以及配对启动任务中的零效应，必须假设不同单词和词素的激活中的这些小差异增量具有较长的半衰期。

3. 内外连接模型

彭聘龄使用汉语复合词进行一系列词汇判断任务，其结果无法通过扩大的处理词素模型和交互激活模型进行解释，故提出内外连接模型（Inter/

Intra Connection Model，IIC）模型以更好地解释汉语复合词的词汇通达（Peng et al.，2001）。内外连接模型假设通达表征是混合形式（图 2-7），即整词单元和词素短语都存储在词汇表征中且处于同一层级上，整词单元和词素单元之间存在层内联结，且在包含同一词素的不同整词上也存在联结，不同整词和词素之间的联结强度不同。彭聃龄的实验发现表面频率和累积词素频率都会对汉语复合词的反应时间产生影响，表明汉语复合词的整词单元和词素单元都可以用于词汇通达表征，且词汇的表面频率越高，其整词与词素间的联结强度越高。

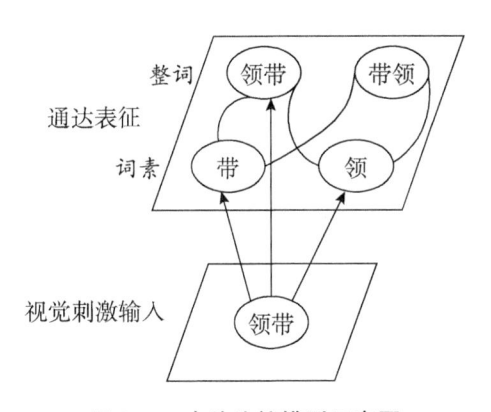

图 2-7 内外连接模型示意图

此外内外连接模型还假设联结强度和联结形式受词素含义与其所属整词之间的关系决定，即透明度。整词单元与词素单元间的联结具有促进和抑制两种形式。整词和词素间的强语义关系即为透明词，透明词（强语义关系）的整词单元与词素单元之间存在促进性联结且联结强度高，而不透明词（弱语义关系）的整词单元与词素单元之间存在抑制性联结且联结强度弱。

内外连接模型假设词汇的视觉输入通过层级间的联结直接映射到通达表征上，其中整词和词素都可能被激活。由于激活过程是交织在一起的，因此无法确定哪个先得到激活，也无法区分为两个不同的加工阶段。也就是说不同类型的汉语复合词可能有不同的激活模式,例如逆序词可以通过整词单元和词素单元两方面的激活,而其逆序形式则只能通过词素单元进行激活。该模型认为词素单元的激活虽然不一定是词汇通达的必需过程,但是在词汇的识别中具有重要作用。如果词汇视觉输入后先激活词素单元,接着激活整词单元,则经过该通路的激活的速度慢,而随着词素单元的激活,与之关联的整词单元也将被激活并做进一步的精细加工,因此词素通路主要起激活作用,而整词通路的作用与词的精细加工有关,尤其是对词的最终决策起关键作用。在整个词汇通达过程中,词素通路的激活作用先弱再强随后逐渐减弱,而整词通路的作用持续稳定,呈现上升过程。

内外连接模型只需在正字法水平上表征词素的位置信息,即可在词的通达过程中发挥作用,其表征的经济性优于多层聚类表征模型,而且词素的位置信息的加工可由正字法直接表征至整词单元,节省了在词素表征层的加工,减少了模型加工的复杂性,其计算简易性也优于多层聚类表征模型。

4. 多层级交互激活模型

Taft 和 Zhu(1997)提出汉语的多层级交互激活模型(The Multilevel Interactive-Activation Framework),模型中包括正字法单元、音系单元和语义单元,且单元间存在联结。正字法单元包括笔画、偏旁部首、词素、整词层级,各层级相联;而音系单元与词素层级相联。笔画是指构成汉字的线条和点(也可以将其视为"特征"),笔画单元将其激活提供给含有该笔画的部首单元,而部首单元将其激活传递给包含该部首的词素单元,同样的词素单元则激活包含该词素的整词单元,最后激活相应的语义。当一个单词以视觉方式呈现时,激活会通过笔画层级传递到其他正字法层级,也可能通过相关的音位单元传递到语义单元。单元之间的联结强度会受到该联结的使用频率的影响,因此,高频词汇通过更强的联结激活,比低频单词激活得更快。

根据任务要求，可以在此加工系统的不同层级对词汇做出反应。如果进行词汇判断任务（即"刺激项是否是真词？"），反应在逻辑上可以仅基于词汇水平是否存在正字法表征，但也有可能基于是否存在语义表征。语音信息也可能在此过程中被激活，除非词汇判断不仅基于此类语音信息的存在而做出反应，否则与真词同音的无意义单词将被判断为该单词。另一方面，如果任务要求命名刺激，则语音信息将成为反应的基础。

语义的表征被视为一组单元，每个单元代表一个语义基元。这些基元不一定要用词语来描述。一个复合词会激活一组这样的语义单位，其组成成分也是如此。一个复合词的透明度实际上可以用与该词相关的语义单元和与其成分相关的语义单元的重叠度来描述，即重叠越多，透明度越高。也就是说，不透明词的含义与其成分的含义无关，而完全透明的词的含义完全包含在其成分含义的组合中。当一个复合词出现时，它会通过其组成词素的表征激活整个单词的表征，与每个表征相关联的语义都会被激活。如果语义和词素含义之间没有重叠（即：如果该词不透明），词素单元中的激活将重置为基线，因为它激活的语义单元只会与整词相关联的语义单元竞争。

（三）听觉词汇通达模型

不同于视觉词汇，听觉词汇的语音具有几个特点：（1）语音的时间特性。语音是一种随时间延长的信号，且语音输入的每个连续部分并非独立于其他部分。（2）音素的左右上下文效应。语音中每个音素受到其左右音素的影响，从而可能导致协同变化。（3）缺乏边界和时间重叠。音素经常表现出时间上的重叠性，正是由于连续音素的重叠，对于单个音素的识别会产生困难。因此听觉词汇识别不能依赖于将音素流准确分割成单独的单元。（4）音素受整体因素的影响。每个音素的线索不仅会受到左右上下文的显著影响，还会受到更多整体因素的影响，如语速、形态和韵律因素，词中的位置和话语的重音轮廓以及说话者的特点，声道的大小和形状、说话声音的基频和方言变化等。(5) 语音信号中的噪声和不确定性。如果语音在语义上连贯、句法结构良好，那么即使在并非理想的环境下，如嘈杂的市场，人们也可以正确地感知语音。

鉴于语音的特征，心理学家和语言学家针对听觉词汇识别构建了不同的词汇通达模型。

1. 交股模型

交股模型（Cohort model）也叫群集模型，是由 Marslen-Wilson 和 Welsh（1978）提出的，用以专门解释听觉单词通达。该模式也是一种复杂的直接通达模型，该模型认为词汇通达需要 3 个阶段：(1) 初始接触阶段：根据对输入的声学语音分析，激活一组词汇候选词。这组词被称为词首群组。(2) 词汇选择阶段：从群组中选择一个词做进一步分析。随着语音信息不断地输入，符合输入的词汇得到进一步激活，而不符合的词汇的激活水平则急剧下降。当词汇的群集中只剩下一个词汇与输入的信息完全匹配时，目标词汇得到了识别。(3) 整合阶段：将选定的词汇项目整合到正在进行的语义和句法上下文中。例如：听到一个单词的发音是 [bæg]，听到第一个音素 [b] 时，将激活许多以 B 开头的词（如 Bed，Bag，Book，Bat，Bee 等），随着第二个音素 [æ] 的出现，单词 Book，Bee 等的激活水平急剧下降，进而从群集中移除。当第三个因素 [g] 出现时，则 Bed, Bat 等单词的激活水平下降，并被淘汰出候选群集，最终剩下单词 Bag，即完成了对 [bæg] 的通达。

该模型可以精确地说明激活水平。他们使用了一项追随任务，要求被试倾听连续朗读的小说中的一段话，并要求被试用自己的语言如实地复述听到的这段话。被试事先不知道原始朗读中的某些单词发音存在错误。被试的追随任务通常跟随在段落之后，在语音输入和言语输出之间的延迟时间相当稳定，大约为两到三个单词。当原文中出现发音错误的单词时，他们倾向于用以下两种方式之一来处理：（1）在将近 50% 的时间里，他们流利地还原了该单词，而追随延迟模式没有受到干扰。（2）在将近 40% 的时间里，他们准确地重复了该单词，伴随着追随延迟模式的增加。

研究发现当满足以下条件时，大多数被试都可以对发音错误的单词进行流畅的复原。（1）音位失真本身很小。（2）失真位于最后一个音节。（3）单词可以从上下文信息高度预测。相比之下，大多数被试复述时无法发音复原的情况：（1）音位失真较大。（2）形式相对不受上下文约束。如实复述的情况下，单词中第一个音节和最后一个音节之间的差别非常小。考虑到单词位置对流利复述的影响，Marslen-Wilson 和 Welsh 建议对词汇发生模型做如下修正："在词汇通达过程的所有早期阶段，所有词汇记忆元素（其对应单词以特定声音序列开头，可能定义为输入的最初 150~200 毫秒）都将被完全激活。然后，该初始单词候选队列中的每个元素将继续监视后续输入信号。与词素不同，这些元素被认为能够主动响应输入信号中的不匹配。也就是说，当输入与元素的内部规范相差足够大时，该元素将从单词候选池中移除……原始队列的大小将逐渐减少，直到最终只剩下一个信号候选。此时，我们可以说该单词已被识别。"（Marslen-Wilson & Welsh，1978）

因此，该模型只需考虑两种激活程度：零激活或完全激活，而不是以某种未知比例部分和零碎地激活词汇发生器，这与各种输入的匹配程度无关。群组中所有成员的完全激活都基于输入的第一个音素。因此，随着刺激的不断输入，无须将激活逐渐加到各个阈值，而是逐步消除完全激活的项目。词汇通达速度取决于群集中候选单词的声音结构特征，通达不是由刺激序列的结束决定，而是由群集中最后一个候选单词的淘汰决定。

综上，可以发现群集模型具有 4 个基本假设：（1）词汇通达过程具有严格的序列性，词首的语音信息即第一个音素最重要，决定了词汇群集的候选池。（2）当群集中的某个词汇的激活水平急剧下降到某一程度时，此词汇即刻被移除到候选池外。（3）当群集中只剩一个词汇时，而后续刺激输入与此词汇不符时，该语音刺激将被判定为非词。（4）词汇信息可能对通达过程产生影响，但只能发生在词汇通达之后，即词汇的早期加工是自下而上的过程。

2. 轨迹模型

轨迹模型（Trace Model）由 McClelland 和 Elman（1986）年提出，该模型主要由大量单元组成，分为三个水平：特征、音素和单词层级。每个单元代表了一个假设，即关于特定感知对象（特征、音素或词汇）发生在话语开始的特定时间点上。因此，轨迹模型使用局部表征。轨迹模型使用语音波重叠部分的信息来识别连续的音素，该模型显示出对音素进行分类感知的倾向，且分类感知的程度会随着必须比较的刺激之间的时间而增加。轨迹模型结合了来自多个不同维度的特征信息，并在音素识别中展现了线索权衡。此外，通过词汇层面的反馈来增强语音流中的信息，以做出关于音素的决策。

图 2-8、图 2-9 和图 2-10 展示了轨迹模型中的一小部分单元。这三个图中的每一个都复制了同一组单元，分别展示了模型的不同特性。图中，每个矩形对应一个独立的处理单元。单元上和边上的标签表示每个单元所代表的口语对象（特征、音素或词汇）。每个矩形的左右边缘表示该单元跨越的输入部分。

在特征层，有多个特征检测器组，每个检测器组用于检测语音的几个维度。每个检测器组对时间中的几个连续时刻（或时间片）分别进行检测。在音素层，每个音素都有一个检测器。每个音素检测器有一个副本，以每三个时间片为中心。每个单元跨越六个时间片，因此中心相邻的单元跨越的时间片范围是重叠的。在词汇层，每个词都有检测器。每个词的检测器每三个特征切片有一个副本。在这里，每个检测器跨越的特征切片范围与单词的整个长度相对应。同样，具有相邻中心的单元会跨越重叠的切片范围。

模型的输入，以激活模式的形式应用于特征层的单元，并以连续的切片形式顺序呈现给特征层的单元，就像是真实的语音流一样。图 2-8 显示了短语 Tea Cup（[tikʌp]）在三个维度上的模拟语音输入。在任何时刻，输入都只到达特征层的一个切片中的单元。因此，图 2-8 中的显示可以直观地看到在连续的时间点上应用于网络的连续切片的输入。因为输入会随着时间切片而移动，所以所有的单元都在持续地参与加工。整个单元网络被称为"轨道"，因为口语输入留下的激活模式是三个加工水平上输入分析的

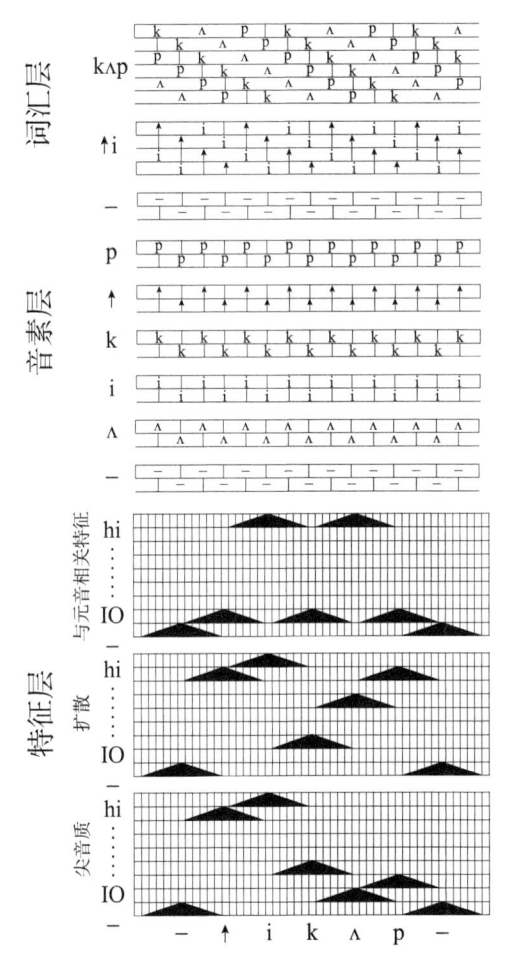

图 2-8　轨道模型对 [tikʌp] 输入模拟示意图

踪迹，然而，这种踪迹与许多踪迹不同，因为它是活动的，是由加工元素的激活组成，并且加工元素随着时间的推移继续相互作用。

加工通过"轨道"中的单元的兴奋和抑制相互作用进行的，不同水平上相互一致的单元具有相互兴奋的连接，而同一水平上不一致的单元具有相互抑制的连接。所有连接都是双向的。因此，以特征片段 24 为中心的音素 [k] 的单元（图 2-9）具有与特征单元的双向兴奋连接，如果输入包含以时间片段 24 为中心的该音素，则这些特征单元将被激活。它还与时间片

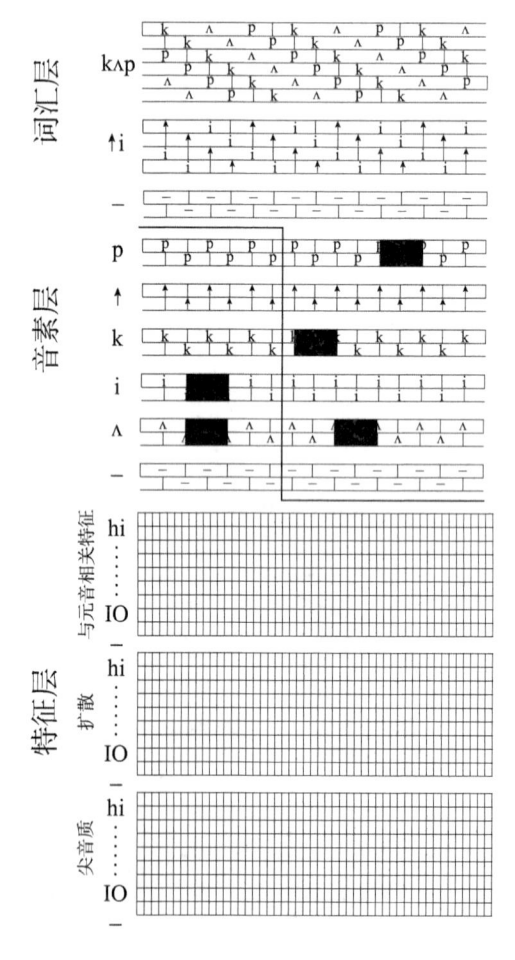

图 2-9 轨道模型——以时间切片 24 为中心的音素 [k] 的单元的连接示意图

段 24 中包含 [k] 的单词水平的所有单元具有双向兴奋连接。图 2-9 所示表明了特征层和词汇层单元的连接。同一级别上的单元是相互不兼容的,以至于它们所代表的输入模式在时间上会相互重叠,故会产生相互抑制。即同一级别上的单元相互抑制的程度与其时间跨度或窗口的重叠程度成比例。在特征层上,单元只代表单个时间片的内容,因此它们只与代表同一维度上其他值的单位竞争(图 2-10)。然而,在音素和词汇层上,可能存在不同程度的重叠,因此也会相互抑制。切片 24 中的 [k] 和其他音素层单元之

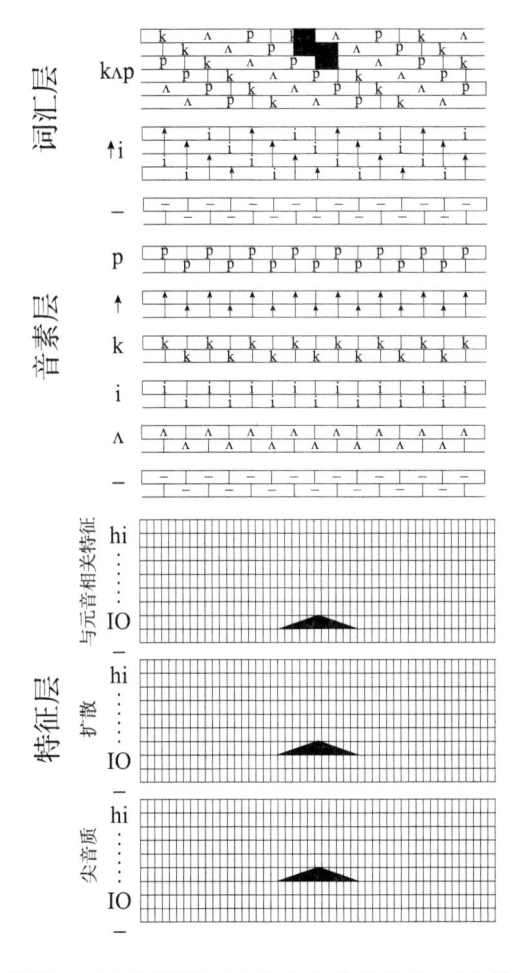

图 2-10 轨道模型——以时间切片 24 为中心的单词 [kʌp] 的单元的连接示意图

间的相互抑制程度如图 2-9 所示，由另一个单元的矩形上的阴影量表示。类似地，切片 24 中开始的 [kʌp] 单元与其他词汇层单元之间的相互抑制程度如图 2-10 所示。

该模型是一个同步模型，即所有单元都会根据上一个更新周期计算出的激活量，来更新它们的激活量。每个单元都会受到兴奋和抑制之和的影响。每种影响都是影响单元的输出与它和接收单元之间的连接权重的乘积。如果净输入是正的，它就会促使该单元的激活水平上升，上升的比例与离固定的最大激活水平的距离成正比；如果净输入是负的，它就会促使该单元的激活水平下降，下降的比例与离固定的最小激活水平的距离成正比。激活也会衰减回静态激活水平，所有单元的静态激活水平固定为 0。如果激活度小于或等于 0，则单元的输出为 0；否则，输出等于其激活度。

当输入进入特征层时，"轨道"中各单元的激活度会上升或下降。在任何时候，都可以根据当时的激活程度做出决定。决策机制可以被定向为考虑位于任意水平中相邻切片的一个小窗口内的单元集。这一组中的单元就构成了备选反应集，由该单元所代表的项目特征来指定（注意，如果这一组中包含多个相邻切片，那么备选反应集中的多个单元可能会与同一个公开反应相对应）。单词识别反应被假定为基于词汇层的输出，而音素识别反应被假定为基于音素层面的输出。

该模型能够利用"轨道"中某一部分的音素单元激活情况来调整连接强度，从而确定哪些特征将激活相邻部分的哪些音素。通过这种方式，该模型可以像人类一样调整协同发音对音素声学特性的影响。

第二节　双语词汇表征的计算模型

双语者是指习得两种语言的人，双语者如何存储词汇以及词汇如何识别是心理学家和语言学家关注的重点。而单语的词汇组织方式和词汇识别模型为双语词汇表征和词汇识别模型提供了构建基础。

一、双语者心理词典的组织方式——双语词汇表征模型

与单语者不同，双语者由于习得两种语言，导致其存在两种语言的心理词典，因此在研究双语者词汇识别时，首要问题是第一语言和第二语言的心理词典是如何组织的，两个心理词典是相互独立还是相互共享，换言之就是两者的词汇是存储在不同的语言系统还是共存于同一语言系统。若两者是独立的，则表明第一语言和第二语言各自存在相互独立的词汇层和概念层；若两者是共享的，则表明第一语言和第二语言虽然词汇层彼此独立，但是概念层相互共享，也就是说两种语言输入的信息激活了各自的词汇层，然后激活进入共享的概念层而完成词汇识别。根据这两种组织方式，Weinreich 将心理词典分出三种类型：复合类型（Compound Organization）、并列类型（Coordinate Organization）、从属类型（Subordinate Organization）。复合类型的心理词典中，第一语言和第二语言的翻译对等词共享同一个概念层/表征，第二语言的词汇层与概念层直接联结；并列类型的心理词典中，第一语言的概念层和第二语言的概念层相互独立；从属类型的心理词典中，第二语言的心理词典从属于第一语言，因此只有一个概念层，且第二语言的词汇层并未与概念层相联结，第二语言的词汇层与第一语言的词汇层相互联结，并通过第一语言的词汇层实现第二语言的词汇层与概念层的联结。

（一）层级模型

根据这样的分类关系，研究者们提出了不同的双语者心理词典的理论模型。根据词汇层与概念层的联结方式不同，Potter 等（1984）提出了词汇联结模型（Word Association Model）和概念调节模型（Concept Mediation Model）。词汇联结模型中，第一语言的词汇表征直接与第二语言的词汇表征相联结，若要通达概念层，第二语言的词汇表征需要先激活第一语言的翻译对等词的词汇表征，然后再通达到概念表征，进行概念的提取。相反地，概念调节模型中，每种语言的词汇表征直接与共享的概念表征相联结，但是两种语言的翻译对等词的词汇表征并不是直接联结。

为了测试这两种模型，Potter 等（1984）比较了双语者将第一语言翻译为第二语言以及用第二语言命名图片所需的时间，Potter 认为图片命名总是需要概念加工。如果翻译与图片命名相同，那么可以认为翻译也需要概念上的调节。这两种模型对图片命名和翻译有不同的假设。词汇联结模型假设第二语言命名图片比翻译花费时间更多，因为图片命名时需要两个额外的步骤，即第一语言词汇提取和概念提取。相反的，概念调节模型则假设两种任务所花费的时间相当，因为两个任务涉及相似的加工过程。Potter 的研究中，实验一要求高熟练汉－英双语者进行这两个任务，结果发现翻译与图片命名所需时间相同，所以支持概念调节模型。实验二要求非熟练的法－英双语者进行这两个任务，结果发现与实验一的结果相似。因此实验结果支持概念调节模型。但是实验二的结果完全是反直觉的，因为非熟练双语者更多地依赖翻译对等词，因此有研究者分析实验二结果的原因，认为实验二中的被试的熟练度可能只是比实验一的被试的熟练度低，但是超过了第二语言学习的早期阶段。因此 Kroll 等和 Chen 等（1988）采用了 Potter 相似的任务，选取了熟练度更低的双语者，结果发现翻译比图片命名所需的时间更少，支持词汇联结模型。这些结果表明随着熟练度的提高，双语者的心理词典存储特点由词汇联结逐渐变为概念调节的特点。

根据双语者心理词典存储方式随熟练度变化的特点，Kroll 和 Stewart（1994）提出了修正层级模型（Revised Hierarchical Model），该模型整合了词汇联结模型和概念调节模型，与这两个模型不同，修正模型提出两个关键的假设：（1）第一语言和第二语言的词汇层都与概念层联结，但是第一语言的词汇层与概念层联结更强，而第二语言的词汇层与概念层的联结相对较弱；（2）第一语言的词汇层与第二语言的词汇层相互联结，但第二语言的词汇层与第一语言的词汇层的联结强于第一语言词汇层到第二语言的词汇层。这种非对称特点很好地反映了晚期双语者习得第二语言时，第二语言心理词典与第一语言心理词典联系的动态变化。在第二语言学习的早期阶段，第二语言的学习往往通过第一语言的翻译对等词的词汇层与概念层的联结进行，因此建立了第二语言的词汇层与第一语言的词汇层的强联结，随着第二语言熟练度的增加，学习者开始直接建立第二语言词汇层与概念层的联结，但是除了平衡双语者，其第二语言词汇层与概念层的联结还是比第一语言词汇层与概念层的联结弱。根据这个模型可以预测：进行翻译任务时，从第一语言翻译到第二语言由于两者的词汇层联结较弱，需要经过概念层再通达到第二语言的词汇层；而从第二语言翻译到第一语言，由于两者的词汇层联结较强，因此不需经过概念层的调节，故从第一语言翻译到第二语言花费的时间将更多。针对这一假设，Kroll 和 Stewart（1994）选取相对熟练的荷英双语者，实验材料为一组具有相同语义范畴的荷兰语和英语单词以及一组随机的荷兰语和英语单词，要求被试将荷兰语翻译成英语以及英语翻译成荷兰语，结果发现只有从荷兰语（第一语言）翻译成英语（第二语言）时受到了语义范畴干扰，也就是说翻译语义范畴相同的词比随机排列的词所需的时间更多。由于第一语言翻译成第二语言需要概念层的调节，所以更容易受到同一概念范畴的干扰。

（二）分布式特征模型

上述研究往往都是基于脱离语境（Out-of-Context）的任务进行的，因此所提出的理论也都是基于这个基础之上。而现实中两种语言中有些词往往没有精确的翻译对等词，例如抽象词。为了调节不同语境下共享和独立语义的可能性，De Groot 及其同事（1992）提出了分布式特征模型（Distributed Feature Model）。这个模型的关键假设是两种语言间概念共享的程度依赖于词汇的分类。双语间的具体名词和同源词往往比抽象词和非同源词更相似，往往存在比较精确的翻译对等词。该模型假设翻译对等词间的重叠程度决定了双语词汇间的翻译时间或者识别两对翻译对等词是否正确的时间。

二、双语词汇识别计算模型

双语词汇识别除了关注双语者的两种语言是否存储于同一系统还是分别存储于各自的系统这个问题之外，还关注双语词汇识别时两种语言的词汇提取是串行的还是并行的（敖锋，胡卫星，2010），因此研究者基于这两个问题，通过人工神经网络模型建立了许多计算模型。

人工神经网络（一般称为"神经网络"）是对人脑完成特定任务或感兴趣功能所采用的方法进行建模的机器，它是由大量的简单处理单元互联构成的大规模、非线性的并行分布式处理器，具有自适应性、自组织性、可存储经验知识与实时学习的特性。

双语词汇识别的人工神经网络模型就是通过双语成年者的语言系统以及该系统的发展过程而构建的，其模型方式分为局部式网络模型和分布式网络模型。

局部式网络模型往往赋予其中的神经元（处理单元）一定的特征，其处理单元间的连接强度并不会随着学习而变化，而是根据理论分析的结果预先设置好。因为这种模型不能根据学习经验发生变化,所以研究者的重点是探讨成年双语者的词汇识别系统的静态结构。该模型的优势是由于每个单元的活动都有明确的解释,所以其所有的网络状态很容易被理解。根据模拟对象的类别,局部式模型可分为:(1)视觉词汇的模型,如双语交互激活模型(Bilingual Interactive Activation Model,BIA);(2)听觉词汇的模型,如双语词汇提取交互模型(Bilingual Interactive Model of Lexical Access,BIMOLA);(3)多层面的词汇表征模型,如双语交互激活模型+模型。

分布式网络模型是通过各个整体(例如,单词)来表征单个处理单元,而不是通过独立的特征(例如,字母)来表征,处理单元的连接强度根据学习经验而改变,通过学习来建立不同信息间的映射。这种模型网络的连接强度最初是随机的,通过一个学习规则来改变其连接强度,从而形成稳定的映射关系。分布式模型的一个特点是包含输入(input)层、输出(output)层、隐藏(hidden)层,隐藏层可以通过学习发展内在表征来协调输入层和输出层的复杂关系。因为这种模型可以根据经验发生变化,所以更易应用到语言习得和语言优势语的改变方面。但是隐藏层的表征结构较难预测和解释,故这类模型在理论上比较模糊。双语词汇识别的分布式模型研究较晚,比较经典的模型有三种:(1)双语单网络模型(Bilingual Single Network Model,BSNM);(2)双语简单递归网络(Bilingual Simple Recurrent Network,BSRN);(3)双语处理自组织模型(Self-Organizing Model of Bilingual Processing,SOMB)。

(一)双语交互激活模型

双语交互激活模型(Bilingual Interactive Activation Model,BIA)由Dijkstra 和 Van Heuven(1998)基于英-荷双语建立的局部式模型,具体基本结构(图2-11左图)。BIA模型包含4个节点层:特征层、字母层、词汇层、语言节点层。特征层包含 14 个视觉特征；字母层每个位置包含 26 个字母；词汇层则包含英语和荷兰语的四字母的词汇；语言节点层包含两个节点，英语和荷兰语各分配一个节点。视觉输入进入该模型后，先通过特征层识别每个位置具有哪些特征，在每个位置上具有某一特征的字母会被激活，而未具有这一特征的字母则被抑制（如图 2-11 左图，箭头代表着联结的激活，圆点则代表着联结的抑制）；每个位置上的字母会激活相同位置上具有同样字母的词汇，同时抑制相同位置上不具有同一字母的词汇。

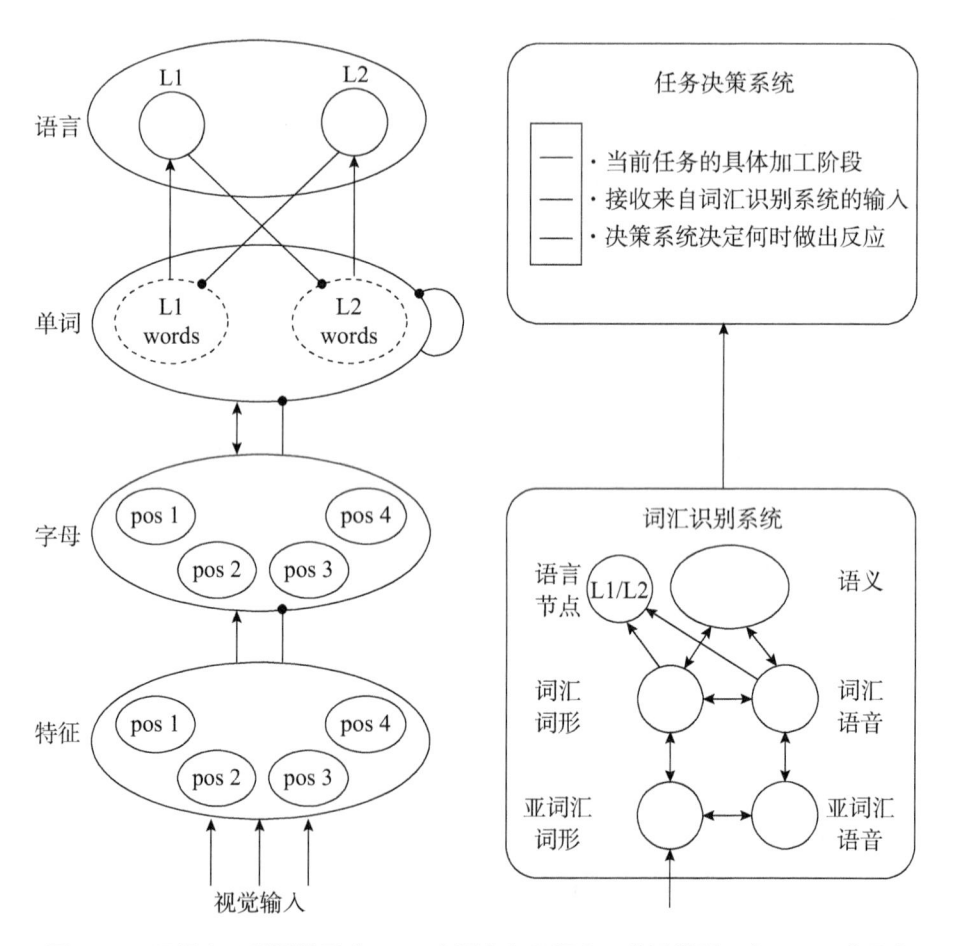

图 2-11　双语交互激活模型（BIA，左图）和双语交互激活模型+（BIA+，右图）

BIA 模型最重要的特点是词汇层上的所有节点都是相互联结的,并且彼此间可以相互抑制,这种抑制或竞争称为侧抑制(Lateral Inhibition)。而且激活的单词汇将激活信息反馈到字母层中组成它的字母。BIA 模型中两种语言的心理词典是共享的,所以字母层的字母会同时激活两种语言的词汇,即词汇识别时是非选择性通达。而为了实现非目标语言词汇的通达,除了侧抑制实现两种语言词汇间的抑制外,BIA 模型还引入了"语言节点"这个概念。语言节点层有两个语言节点,语言节点选择一种语言激活的词汇,同时会抑制另一种语言激活的词汇,这种是一种自上而下的抑制。

BIA 模型对视觉词汇输入的模拟通过激活过程和抑制过程两者的交互作用进行,BIA 模型存在三种有助于这种交互作用的过程:(1)激活在整个网络中向上流动,从特征层到字母层,然后到词汇层,最后到语言节点。每一层只有与上一层的输入相符时才会被激活,否则就会被抑制。(2)词汇层上,来自两种语言的词汇彼此竞争以获得激活。(3)激活也会在整个网络中反馈式地向下流动。语言节点向下抑制非目标语言的激活,词汇层可以促进组成所激活的单词的字母的激活。所以字母和词汇的加工并非孤立的加工,而是在包含向下激活这些字母和词汇的情况下进行。每次循环,激活都在层级间流动,几次循环后,与输入相同或相似的字母和词汇被激活,然后与输入最匹配的词汇节点达到识别阈限值。

语言节点执行 4 个主要功能,前两个功能是作为语言表征,后两个功能则作为非语言功能机制。(1)作为语言标签(Language Tags/Labels),用来指出一个词汇属于哪个语言。词汇识别时语言标签会被激活,标志着激活的词汇属于哪种语言。语言节点可以抑制激活程度弱的语言而表现出激活程度强的语言,如第一语言的激活程度比第二语言强,结果因为来自语言节点的自上而下地抑制,使得第一语言词汇将更强地抑制第二语言的词汇。(2)从语言内词汇表征中累加激活。由一个词汇引起的语言节点的激活会影响下个 Trial 的词汇激活。(3)根据不同的任务要求调节语言的激活。

（4）可以收集来自词汇识别系统之外的背景激活。

BIA 模型可以很好地模拟掩蔽启动、词汇邻居效应、跨语言间的同形异义词效应以及语言转换等部分实验结果。

（二）双语词汇提取交互模型

双语词汇提取交互模型（Bilingual Interactive Model of Lexical Access，BIMOLA）由 Léwy 和 Grosjean（1997）根据单语者的轨迹模型提出的，用来模拟双语者的语音知觉。BIMOLA 模型包含听觉特征层、音素层、词汇层。两种语言的听觉特征层是共同的，而语音层和词汇层则由各自的语言组织的，拥有各自单独的词典。听觉输入信号激活了两种语言所共享的语音特征，接着语音特征激活相应的音素。音素层内存在侧抑制和子集激活（Subset Activation），子集激活意味着当相应语言的音素通过语音特征被激活时，语言特征会同时给该语言子集的其他音素一个积极的信号，但是激活的音素同时会通过侧抑制来抑制该语言的其他音素。最后，激活的音素会激活相应的词汇，词汇层内也存在侧抑制和子集激活。

该模型与 BIA 模型都认为两种语言的词汇是同时激活的，但是两者也具有很大的不同。(1) BIA 模型认为两种语言的心理词典是共享的，而 BIMOLA 模型则认为两种语言的心理词典是独立的，这就意味着词汇识别时第一语言的词汇只有第一语言的其他词汇与之竞争；同样地，第二语言的词汇也如此。(2) 与 BIA 模型相反，BIMOLA 模型假设存在子集激活，以使目标语言在非目标语言激活之前获得激活，即词汇的识别过程为语言特定选择过程。(3) 为了解释语音知觉的语境效应，BIMOLA 模型通过使用"全局语言信息（Global Language Information）"这个概念作为自上而下的语言激活机制来激活目标语的词汇，而 BIA 模型则通过语言节点来实现，但只能抑制非目标语言的词汇而不是激活目标语言。BIA 模型和 BIMOLA 模型采用不同的心理词典结构以及自上而下的控制机制，来反映视觉词汇识别和语音识别的不同认知需求。

(三)双语交互激活模型+

2002年,双语交互激活模型+(Bilingual Interactive Activation Model+,BIA+)(如图2-11右图)由Dijkstra和Van Heuven(2002)提出,该模型是BIA模型的扩展模型,增加了语音和语义表征。语言节点层依然被保留,但是其作用不同于BIA模型。除此之外,该模型新增了任务/决策系统用于控制和调节。

BIA+模型包含两个系统:识别系统和任务图式系统(任务/决策系统),其作用在于区分语言背景(例如句子背景的语义和句法效应)和非语言背景(例如被试的预期和决策)的不同影响。识别系统内的词汇激活水平并不受任务/决策系统的影响,即不受非言语信息的影响。

与BIA模型相同,BIA+模型也假设双语间的心理词典是共享的,词汇通达的过程是非选择的方式,即两种语言会同时激活。BIA+模型增加的语音和语义表征表明双语的词汇识别不仅会受到跨语言的正字法相似性的影响,而且也受到跨语言语音及语义相似性的影响。

BIA+模型中识别系统中包含6个节点层:亚词汇正字法层、词汇正字法层、亚词汇语音层、词汇语音层、语义层、语言节点层。一个字母串或词汇输入后,激活相应的亚词汇层,亚词汇层的图式方式为起点(Onset)—过程(Nucleus)—讫点(Coda),简称ONC,例如单词Strand,起点为STR,过程为A,起点为ND。根据输入串的相似性以及静态激活水平,亚词汇层会向上同时激活相应的一些词汇正字法候选项,静态激活水平依赖于主观频率、近因使用情况、第二语言熟练度等影响。因为第二语言词汇比第一语言词汇的主观频率低,所以第二语言词汇的激活速度比第一语言的稍微慢些。接着,激活的正词法词汇会激活其相应的语音和语义表征。由于语音和语义表征也依赖主观频率、熟练度等,所以第二语言的语音和语义表征会比第一语言的语音和语义表征稍微延迟激活。这种时间延迟假设会产生两种结果：（1）第一语言到第二语言的跨语言效应一般大于第二语言到第一语言。（2）某些任务决策（例如要求对第一语言正字法词汇反应）会使得跨语言的语音和语义效应消失。之后，激活的词汇会继续向上激活相应的语言节点。BIA+ 模型中的语言节点只具有 BIA 模型中语言节点的语言表征作用，即指出词汇是哪种语言。语言节点的激活完全依赖其他表征的激活，如当前输入的词汇和之前句子背景。而非言语功能中的任务因素和背景（任务要求、指导语、被试预期）的预先激活则通过不同的加工过程实现。最后，识别系统向任务/决策系统提供激活词汇的信息，任务/决策系统不能影响识别系统中词汇的识别过程。任务/决策系统会明确当前任务的加工步骤、接受来自识别系统中持续的信息输入、做出进行任务反应的决策标准。任务/决策系统主要解释跨实验、被试期望而产生的差异。BIA+ 模型撤除了 BIA 模型中语言节点到词汇节点间自上而下的非对称性抑制来解释跨实验、语言转换效应，而是通过任务/决策系统可以改变决策标准来进行解释。

（四）双语交互激活模型 -d

Grainger 等（2010）将 BIA 模型和修正层级模型进行了整合，扩展为发展性的双语交互激活模型，即 BIA-d 模型。同时对 BIA 模型本身进行了新的诠释，该模型认为整个网络中存在内源性和外源性两种控制：内源性控制通过自上而下地激活或者由词汇是哪个语言的期待而引起的语言节点地激活来实现；外源性控制就是通过词汇引起的自动化的自下而上地激活和由语言节点对词汇表征进行的随后地抑制。这种假设可以说明语言产生和语言理解方面的语言转换研究结果上的差异。

BIA-d 模型基于词汇习得和二语晚期学习存在限制的一般性考虑上进行的模拟。最初，第一语言的心理词典呈分布式，即 L1 每个词形与某些语义特征以及在词形上相似的词形相连，并且语义上不兼容的词形间存在相互抑制性连接。根据 BIA-d 模型，二语晚期学习者以课堂的学习方式进行语言学习时存在两个阶段：监督性学习和无监督性学习。早期学习阶段，由于学习者往往通过相对应的一语翻译对等词来学习某个二语词的新词形。这将导致二语词形表征、相应翻译对等词的一语词形表征、相应的语义表征以及表示新词形是二语词信息的表征（即语言节点或者语言标签）的同时激活。因此，二语习得的早期阶段需要最大化地利用一语翻译对等词的词形表征的激活来学习二语（监督性学习），同时产生低激活水平的二语的语言节点。根据赫本理论，二语词形和一语翻译对等词词形、相应的语义表征以及二语的语言节点间的联结将随着学习逐渐增强。当二语词形表征达到某一关键的激活水平时，则不需要通过一语的翻译对等词进行学习，这时将开始无监督性学习。二语词形和语义表征的联结将逐渐增强，同时随着二语语言节点到一语翻译对等词间的自上而下地抑制的发展，二语的自治能力（即不需要再经过相对应的一语对等词来通达到语义）增强。这种二语语言节点到一语翻译对等词间的抑制联结随着二语语言节点的增强、二语和一语间的词形联结的减弱而逐渐增强。

因此，BIA-d 模型假设晚期学习者进行二语学习期间会产生 4 种变化：（1）二语词形表征与语义表征的联结逐渐增强；（2）二语语言节点到一语词形间的抑制联结逐渐增强；（3）二语词形与一语词形间的联结最初逐渐增强，然后随着二语语言节点的增强以及通过一语学习二语过程的消失，这个联结逐渐开始减弱；（4）二语词形与一语和二语相似词形间的抑制联结逐渐发展。

随着二语熟练度的不断增强，二语词形与一语词形间的激活联结逐渐消失，最后形成的网络在功能上与 BIA 模型相同，只是多了一个语义表征层。

（五）双语单网络模型

基于 McClelland 提出的单语者词汇识别的分布式模型，Thomas（1998）将其扩展到双语者的词汇识别处理中，提出了双语单网络模型（Bilingual Single Network Model）。他认为双语者有单一的共同表征，两种语言都存储于内，每种语言通过语言特定的背景信息进行识别。研究中发现跨语言同形异义词加工困难，其原因是双语表征为共享表征，故存在跨语言干扰，实证研究也支持该假设。Thomas 通过构建两种人工语言来模拟词形和语义间关系的学习过程，该模型包含正字法输入层、内隐层、语义输入层以及语言背景层。正字法输入层与 BIA 模型相似，都通过特定位置对单音节词汇进行字母编码；而构建每种语言语义的表征则是以分布式语义特征设置；最后，用二进制向量编码语言信息。

词汇识别始于输入词汇的相应的字母处理单元的激活，然后激活被联结向上传送到内隐或内在加工单元，进一步地联结激活目标词的相应语义特征层。实际上，该模式就是通过两个阶段将激活从词形传送到语义。通过训练之后，需要借助主成分分析方法进行解释。

该模型可以解释跨语言启动效应、跨语言干扰效应等，但是由于该模型只包含正字法和语义信息，无法解释跨语言同形异义词的词汇判断任务，部分原因是词汇判断任务比较复杂，涉及多种信息的整合。同时该模型难以解释二语的习得过程。

（六）双语简单递归网络

French（1998）提出双语简单递归网络（Bilingual Simple Recurrent Network）来探索语序信息是否足以区分两种语言。该模型的输入类型是语言以一定概率进行转换的句子，其输入和输出层涉及所有单词信息的编码。该模型通过循环激活，依据句子出现过的词汇和语境信息加工每个词汇，该模型的任务就是预测句子的下一个词。因此，该模型必须习得每种人工语言的句子结构的表征。结果，他发现只要语言转换以足够低的概率发生，语序的差异就足以建立语言间不同的表征。

（七）双语处理自组织模型

Li 和 Farkas（2002）基于双语儿童的语料库，模拟了汉语和英语的语言理解和语言产出两个过程，提出了双语处理自组织模型（Self-Organizing Model of Bilingual Processing，SOMBIP）。由于该模型没有采用人工语言进行模拟，故获得了更多表征上细节，也更好地对实际数据进行模拟。该模型使用自组织映射及学习算法，来获得神经计算水平上大量的数据。SOMBIP 模型中，需要学习两种自组织映射：英语和汉语词汇的语音表征和两个映射间的联结。学习算法为赫比学习法。

模型中，语音表征加入了额外的一个向量，用来编码汉语的音调，该向量也可用来表征语言信息，区分两种语言。语义表征基于同现统计方法建立的，同时研究者认为双语心理词典中语义表征是单一的同一表征。尽管该模型是为了提高模拟的效度，但是由于同现统计方法的使用，造成了许多难以解释的结果。

【参考文献】

敖锋，胡卫星（2010）.双语词汇识别中的联结主义模型.解放军外国语学院学报（社会科学版），33（4）：12-16.

桂诗春（2000）.新编心理语言学.上海：上海外语教育出版社.

Andrews, S.（1982）. Phonological recoding: Is the regularity effect consistent? Memory and Cognition, 10: 565-575.

Barry, C.（1994）. *Spelling routes（or roots or rutes）*. West Sussex, UK: Wiley.

Bock, K., & Levelt, W.（1994）. Language production: Grammatical encoding. In M.A. Gernsbacher（Eds.）, *Handbook of Psycholinguistics*（pp.945-984）. Academic Press.

Broadbent, D. E.（1967）. Word-frequency effect and response bias. *Psychological*

Review, 74: 1–15.

Brown, G., & Loosemore, R. (1994). Computational approaches to normal and impaired spelling. In G. Brown & N. Ellis (Eds.), Handbook of spelling (pp. 319-336). West Sussex, UK: Wiley

Brysbaert, M., Stevens, M., Mandera, P., and Keuleers, E. (2016). How many words do we know? Practical estimates of vocabulary size dependent on word definition, the degree of language input and the participant's age. *Frontiers in Psychology*, 7: 1116.

Caramazza, A. Landanna, A., & Romani.C. (1988).Lexical access and inflectional morphology. *Cognition*, 28: 297-332.

Collins, A. M., & Quillian, M. R. (1969). Retrieval time for semantic memory. Journal of Verbal Learning and Verbal Behavior, 8 (2): 240-247.

Collins, A. M., & Loftus, E. F. (1975). A Spreading-Activation Theory of semantic Processing. *Psychological Review*, 82 (2): 407-428.

Coltheart, M., Davelaar, E. J., Jonasson, J. T., & Besner, D. (1977). Access to the internal lexicon. *Attention and Performance*, 6, 535-555.

Coltheart, M. (1978). Lexical access in simple reading tasks. In G. Underwood (Ed.), *Strategies of information processing* (pp. 151–216). San Diego, CA: Academic Press.

De Groot, A.M.B. (1992). Determinants of word translation. *Journal of Experimental Psychology: Learning, Memory, and Cognition*, 18, 1001-1018.

Dijkstra, A., Van Heuven, W. J. B. (1998).The BIA model and bilingual word recognition. In J. Grainger & A. Jacobs (Eds.) *Localist connectionist approaches to human cognition* (pp.189-225). Hillsdale, NJ: Erlbaum.

Dijkstra, T., Walter, J. B., & van Heuven, W. J. B. (2002).The architecture of the bilingual word recognition system: From identification to decision . *Bilingualism: Language and Cognition*, 5 (3): 175-197.

Ehri, L. C. & Robbins, C. (1992). Beginners need some decoding skill to read words by analogy. Reading Research Quarterly, 27: 12-28.

Ehri, L. C. (2005). Learning to read words: Theory, findings, and issues. *Scientific Studies of Reading*, 9 (2): 167-188.

Forster, K.I. (1976). Accessing the mental lexicon. In R.J. Wales & E. Walker (Eds.),

New approaches to language mechanisms（pp.257-287）. Amsterdam：North-Holland.

French, R.M.（1998）. A Simple Recurrent Network Model of Bilingual Memory.In M.A. Gernsbacher& S.J. Derry（Ed.）, *Proceedings of the Twentieth Annual Cognitive Science Conference*（pp.368-373）.NJ：LEA.

Grainger, J., Midgley, K., & Holcomb, P. J.（2010）. Re-thinking the bilingual interactive-activation model from a developmental perspective（BIA-d）. *Language acquisition across linguistic and cognitive systems*, 52：267-283.

Harm, M. W., & Seidenberg, M. S.（1999）. Phonology, reading acquisition, and dyslexia：Insights from connectionist models. *Psychological Review*, 106（3）：491-528.

Jared, D., McRae, K. & Seidenberg, M. S.（1990）. The basis of consistency effects in word naming. *Journal of Memory and Language*, 29：687-715.

Kroll, J. F., & Curley, J.（1988）. Lexical memory in novice bilinguals. The role of concepts in retrieving second language words. InM. Grunenberg, P. Morris, & R. Sykes（Eds）. *Practical aspects of memory*（pp. 389-395）, London：John Wiley and Sons.

Kroll, J. F, & Stewart, E.（1994）. Category interference in translation and picture naming：Evidence for asymmetric connections between bilingual memory representations. *Journal of Memory and Language*, 33：149-174.

Lewy, N. and Grosjean, F. A.（1997）. *computationual Model of Bilingual lexical access*. Switzerland：Neuchael university.

Li, P. & Farkas, I.（2002）. A self-organizing connectionist model of bilingual processing. *Advances in Psychology*, 134（02）：59-85.

Marslen-Wilson, W. D., & Welsh, A.（1978）. Processing interactions and lexical access during word recognition in continuous speech. *Cognitive Psychology*, 10（1）：29-63.

Meyer. D. E.. & Ruddy, M. G.（1974）. Functions of graphemic and phonemic codes in visual word-recognition. *Memory & Cognition*, 2（2）：309-321.

Meyer, D. E., & Gutschera, K. D.（1975）.*Orthographic vs. Phonemic processing ofprinted words*. Paper presented at the meeting of the Psychonomic Society, Denver, Colorado.

McClelland, J. L., & Elman, J. L. (1986). The TRACE model of speech perceptionCognitive. *Psychology*, 18 (1): 1-86.

McClelland, J. L., & Rumelhart, D. E. . (1981). An interactive activation model of context effects in letter perception. *Psychological Review*, 88 (5): 375-407.

Morton, J. (1969). Interaction of information in word recognition. *Psychological Review*, 76: 165-178.

Morton, J. (1979). Word recognition structure and process. In J. Morton & J. Marshall (Eds.), *Structure and process* (pp.108-156). Cambridge, MA: MIT Press.

Monsell, S., Parrerson, K., Graham, A., Hughes, C. H. & Milroy, R. (1992). Lexical and sub-lexical translations of spelling to sound: Strategic anticipation of lexical status. J*ournal of Experimental Psychology: Learning, Memory, and Cognition*, 18: 452-467.

Paap, K. R. & Noel, R. W. (1991). Dual-route models of print to sound: Still a good horse race. *Psychological Research*, 53: 13-24.

Peng, D., Liu, Y., & Wang, C. (2001). How Is Access Representation Organized ? The Relation of Polymorphemic Words and Their Morphemes in Chinese. In Wang, J. (Ed.). Reading Chinese Script (pp. 77-102). Beijing: Psychology Press.

Potter, M.C., So, K., Eckardt, B.V., & Feldman, L.B. (1984). Lexical and conceptual representation in beginning and more proficient bilinguals. *Journal of Verbal Learning and Verbal Behaviour*, (23): 23-28.

Rumelhart, E. . (1982). An interactive activation model of context effects in letter perception: Part2. the contextual enhancement effect and some tests and extensions of the model. *Psychological Review*, 89: 60-93.

Seidenberg, M., & McClelland, J. (1989). A distributed developmental model of word recognition and naming. *Psychological Review*, 96 (5): 23-68.

Seidenberg, M. S., Waters, G. S., Barnes, M.A. & Tanenhaus, M.K. (1984). When does irregular spelling or pronunciation influence word recognition ? *Journal of Verbal Learning and Verbal Behavior*, 23: 383-404.

Taft, M. &. Foster, K. 1. (1975). Lexical storage and retrieval of prdfixed words. *Journal of Verbal Learning and Verbal Behavior*, 14: 638-647.

Taft, M. & Foster, K. 1. (1976). Lexical storage and retrieval of polymorphemic and

Prefixed words. *Journal of Verbal Learning and Verbal Behavior*, 15: 607-620.

Taft, M., & Zhu, X. (1997). Submorphemic processing in reading Chinese. *Journal of Experimental Psychology Learning Memory & Cognition*, 23 (3): 761-775.

Thomas, M.S. (1998). Distributed representations and the bilingual lexicon: One store or two ? In J. A. Bullinaria et al. (Eds.), Proceedings of the 4th Neural Computation and Psychology Workshop.

Zhang, B.Y., Peng, D., L. (1992). Decomposed storage in the Chinese lexicon. In H. Chen, O.T.L.Tzeng (Eds), *Language Processing in Chinese* (pp.131-149). Amsterdam: North-Holland.

Zhou, X., & Marslen-Wilson, W. (1995). Morphological structure in the chinese mental lexicon. *Language and Cognitive Processes*, 10 (6): 545-600.

第三章
双语的非目标语言的加工机制

第一节　双语的非目标语言加工理论模型
第二节　影响因素

第一节　双语的非目标语言加工理论模型

通过双语者的词汇表征模型及早期的实证研究，大多心理学家认为两种语言的心理词典是共享的，即词汇层分离而概念层共享。即使是概念层的共享也必然会对双语者的两种语言的加工产生影响。因此，研究者往往从三方面进行相关研究：双语者进行词汇通达时（1）两种语言是否同时激活，即用目标语言时，非目标语言的状态如何？（2）如果两种语言同时激活，其非目标语言的激活将对词汇层还是概念层产生影响？抑或对两个层面都产生影响？（3）如果两种语言同时激活，其非目标语言将对目标语言产生何种影响？针对第一个问题，研究者进行了大量的研究，但其结论并未一致，产生了不同的理论观点。

一、特定语言通达假设

该假设认为识别视觉或听觉词汇时，以特定通达的方式，根据背景线索只激活一种语言的词汇，而非目标语言的词汇不会被激活。最早的Kolers（1966）及Macnamara（1967）的句子语码转换的研究发现双语者能够自动利用语言背景信息促进词汇识别加工。他们的结果发现当句子中包含两种语言的词汇时，其阅读时间长于只包含一种语言词汇的句子。因此，Macnamara（1967）提出了"Input Switch（输入转换）"假说，他认为"Input Switch"能够将即将到来的词汇信息直接指向/通达到正确的词汇系统，而这个"Input Switch"系统由语言背景信息设定，例如双语者正在听某一单语者说话，而这种语言背景信息将在双语者所期待的词汇到来时将其直接"带到"该语言的心理词典中。

这种选择通达假说获得一些研究的证实。Soares和Grosjean（1984）测试了语码混合（Code-Mixed）句子中的单个词汇的识别，结果发现与纯英语句子相比，在葡萄牙语句子中识别英语的时间更长。研究者认为目标词出现前的句子背景提供了词汇搜索加工的方向，语码混合句子中目标词前的背景指导词汇搜索葡萄牙语的心理词典，而当目标语出现时，最初仍会搜索葡萄牙语的心理词典，从而导致了词汇识别的时间变长。Scarborough 等（1984）要求西班—英语双语者对西班牙语、英语、非词进行词汇判断，只对目标真词做"是"的判断，其他词则做"否"的判断。实验假设认为若非目标语言词汇同时被激活，那么就会表现出词频效应（即高频的反应速度更快），且反应时快于非词；若非目标语言词汇未同时被激活，则无词频效应，且反应时与非词相同。研究结果发现非目标词无词频效应，且与非词反应时相同，故非目标语言未被同时激活，词汇识别只会通达到目标语言词汇。

随着脑成像技术的发展，事件相关电位技术（Event-Related Potentials，ERPs）也逐渐应用于词汇识别的研究中，Rodriguez-Fornells（2002）要求加泰罗尼亚语 - 西班牙语双语者和西班牙单语者判断西班牙词汇的首字母是元音还是辅音，且要求不对加泰罗尼亚语和非词进行反应，结果发现在目标语词汇的 N400 成分上，双语者和单语者都表现出词频效应，而非目标语方面则未表现出词频效应，表明非目标语并未获得语义通达。

在句子语境限制的相关实验中，有研究者给荷兰 - 英语双语者播放包含一语或二语语码转换的句子并要求被试对句子进行生物性判断，结果发现转换和未转换条件下语义不一致都引发了 N400 效应，而转换条件下语义一致引发的 N400 效应早于不一致情况下的效应，且转换条件下无论一致还是不一致情况均出现一个晚期正成分（Late Positive Component，LPC），这些结果表明无论句子上下文是否语义契合，双语者都会激活跨语言同音词的语义，但是在二语的句子中，同音词的目标语义比非目标语义激活更早，目标语言的语义激活的优先性在二语转换到一语和从一语转换到二语的情况中都存在，而目标语言的语义激活的优先性可能有助于减轻跨语言词汇竞争的不利影响（Fitzpatrick & Indefrey，2014）。

综上所述，这些研究都支持语言选择通达假设，但是仍有较多研究对此存在争议。跨语言同形异义词和同源词经常被用来探索双语词汇通达是语言选择还非选择加工。Dijkstra 等（1998）选取荷－英双语者进行英语词汇判断任务，实验材料包括跨语言同形异义词、同源词和控制词，结果同形异义词和控制词间无显著差异，表明非目标语词汇并未激活，词汇识别为特定语言选择加工，但是同源词却表现出促进效应，这符合非选择通达假设。

二、非特定语言通达假设

非特定语言通达假设即非选择通达，是指一种语言激活时，另一种语言也会同时激活，双语者无法选择性地通达到某一语言。大部分双语词汇识别模型都支持非选择性通达，其中最经典的模型为 BIA 模型。De Moor（1998）重复了 Dijkstra 的研究，其结果与 Dijkstra 的研究相同。接下来的实验，De Moor 在跨语言同形异义词呈现后的试次（Trial）中呈现它的英语翻译对等词，如第（n-1）试次中呈现 Brand（火印），第 n 个试次中将会呈现 Fire（火焰）（荷兰语 Brand 的英语翻译对等词）。研究结果发现了虽小但可靠的翻译启动效应。Van Heste（1999）同样也发现了类似的效应。这些研究都支持非目标语尽管没有影响词汇判断任务但是依然被激活了。

随后，越来越多研究者通过跨语言同形异义词进行双语词汇识别时两语激活情况的研究。例如：de Groot（2000）通过三个实验证实了非选择通达假说。实验1，采用翻译识别任务，给荷-英双语者同时呈现一个词对，一个词为荷兰语，另一个词为英语，然后要求被试将词对进行是否是翻译对等词对的分类任务。该任务要求被试同时激活两种语言系统，若如此，那么跨语言同形异义词（例如 Glad-Slippery）可能会引发"否"的判断，因此克服这种"否"的判断，必然会消耗时间。实验1结果证实该假设，同时发现了词频效应，即跨语言同形异义词的词频更高时，反应时更长。实验2和3，采用词汇判断任务，一种情况要求被试判断字母串是荷兰语真词还是假词，另一种情况要求被试用英语来判断字母串是真词还是假词。实验2中，允许被试忽略指导语，即被试可以用荷兰语或者英语来判断字母串是否是真词，结果仅在用荷兰语判断情况下，出现了词频效应的抑制作用（即反应时更长）。实验3中，假词组中加入非目标语的真词，结果无论用何种语言进行判断，都发现了较大的词频效应的抑制作用。这些结果都证实了词汇识别时双语者的两种语言会同时激活，其词汇通达是非选择性的。研究者还发现了听觉形式的词汇通达也是非选择性的，Lagrou等（2010）要求荷-英双语者完成听觉形式的一语和二语词汇判断任务，结果发现了跨语言同形异义词的干扰效应，表明听觉通道的词汇识别依然是非选择性的。

除此之外，研究者也采用同源词进行相关的研究。Lemhöfer等（2004）采用词汇判断任务，要求荷-英双语者无论是荷兰语还是英语只要呈现的词是真词就按"是"，否则就按"否"。结果发现同源词的促进效应，即相比非同源词，其反应时更快。

上述研究中的两种语言一般是脚本（Script）相似的语言，当两种语言为脚本不同的语言，如汉语和英语时，词汇识别是否也是非选择性通达呢？王瑞明等（201）采用长时重复启动范式设计了4个实验，实验1和2要求被试进行词汇判断，而实验3和4要求被试进行概念判断。结果实验1和3都发现无论是英语还是汉语都出现了长时重复启动效应，证实了即使两种不同脚本语言其词汇识别时也会同时激活，表现为非选择性通达。

非选择性通达也得到较多ERPs研究的证实。Thierry和Wu（2004）要求汉-英双语者进行语义相关任务，实验材料为一组英语词对，其中一部分英语词对的汉语翻译对等词彼此重复（例如：英语词对"Post-Mailbox"，其汉语翻译对等词为"邮箱－邮件"),而另一部分英语词对的汉语翻译对等词彼此不重复(例如:英语词对"Bath-Shower",其汉语翻译为"洗澡－淋浴"),结果发现具有重复的汉语翻译对等词的英语词对的 N400 更大,表明加工英语词时自动激活了汉语词。Martin 等(2008)要求威尔士—英双语者进行简单的词长判断,即词长是否超过 5 个字母,实验 1 中,给被试呈现英语和威尔士语词汇,但只对英语词进行判断;实验 2 中,则只对威尔士语进行判断。实验材料包含语义相关、语义无关、语言重复、语言转换四种条件,结果发现这两个实验中,无论哪种语言,都发现 N400 的语义启动效应,表明尽管要求被试忽略非目标语言,但是非目标语仍被激活并对目标语言的加工产生了影响。孟迎芳等(2016)通过双语即时切换范式,发现了进行语义判断任务时,无论切换何种方向,都发现了明显的语义启动效应和 N400 差异,说明非目标语言自动激活。

第二节　影响因素

尽管看似众多研究得出双语词汇识别特定选择通达和非选择通达两种结论,但是由于大多数研究并未考虑被试的二语熟练度、习得年龄、二语习得环境、语言背景等因素,往往造成研究结果的不一致。而且近年来,有研究者通过实验发现双语者进行词汇通达时并非完全支持非选择通达理论,而是在某些情况下词汇通达呈现部分选择性。下面将简要介绍几个对双语词汇识别产生影响的因素

一、一语和二语间的相对熟练度

从以上的概述中可以知道,双语词汇识别研究一般通过操纵两种语言

间正字法拼写、语音或语义间的相似度来研究词汇识别中两种语言的通达情况,即用同源词(正字法拼写和语义相似或相同)、跨语言同形异义词(正字法相似而语音和语义不同)以及跨语言同音异义词(语音相似但正字法拼写和语义不同)作为实验材料和控制材料进行比较,如果同源词、跨语言同形异义词和同音异义词与控制材料的反应时和正确率不同,说明词汇识别中某个阶段两种语言会同时激活,因此支持非选择性通达假说;若无差异,则说明并未同时激活,因此支持选择性通达。

Van Hell 和 Dijkstra(2002)测试了两组荷-英-法三语者,一组法语熟练度比另一组更高,两组的荷兰语和英语的熟练度相似。研究使用词汇判断任务,给被试呈现荷兰语,并包含三种情况:英语同源荷兰词、法语同源荷兰词和非同源词。结果发现两组被试的英语同源荷兰词比非同源词更快,但是只有法语高熟练的被试的法语同源荷兰词具有促进效应。研究表明加工一语词汇时同时激活了非目标二语和三语,但是要获得同源促进效应其非目标语的熟练度必须达到一定水平。Brenders 等(2011)为了进一步考查二语熟练度的确会影响词汇识别的同源效应,选取来自英语班五、六、七、九年级的母语为荷兰语的儿童,实验任务为词汇判断任务,实验材料为一语和二语同源词和非同源词。结果显示四组被试的二语同源词都发现了同源效应,但是一语没有发现。该研究证实了只有非目标语的熟练度足够高的时候才会出现同源效应。

Haigh 和 Jared(2007)比较了英-法和法-英双语者的同音异义词效应,给英—法双语者呈现英语同音异义词,结果没有发现促进效应;而给法-英双语者呈现英语同音异义词时则发现了促进效应,表明当加工二语词时,一语的语音表征同时激活,但是当加工一语词时,只有二语熟练度达到某种程度时才能表现出同时激活的情况。

由此可见,二语的熟练度可以影响同源词、同形异义词及同音异义词的促进效应,进而影响到两种语言同时激活的状态。因此,从这个角度来说，也许由于研究中被试的熟练度的不同造成了双语词汇识别的这两种假说，故有研究提出了非目标激活融合假说，认为熟练双语者词汇识别时两种语言会同时激活，而非熟练的双语者只有在加工二语时一语会同时激活，而加工一语时二语不会自动同时激活。

二、二语习得环境

这里所说的习得环境是指二语学习者是否浸入在二语的环境中。研究发现浸入经验可能会影响跨语言翻译启动效应。Dimitropoulou 等（2011）发现二语不同熟练度的希-英双语者表现出相似的非对称启动效应，其被试都是居住在希腊。相反的，Kroll（2005）指出居住在二语环境的被试表现出趋向对称启动效应。同样的，其他研究也发现浸入在二语环境的被试进行词汇判断任务时，被试往往会表现出对称启动效应（Midgley et al., 2011）。浸入经验可能会加快词汇通达并且可以使二语词汇到概念的联结获得发展，从而导致启动对称性效应的增强。

长时间浸入在二语环境中会促进二语熟练度的增加，可能同时伴随着一语熟练度的减少（Linck et al., 2009）。近年来，一些研究发现即使在实验中这样短时间内集中地大量接触二语也会导致对一语总体的抑制，从而表现出对 L1 词汇加工速度的减少（Guo et al., 2011）。因此，由于 L2 变得更熟练或者集中浸入在二语环境中可能会使一语加工产生代价，从而影响一语词汇提取的效率或者可能使一语激活受到抑制。

二语的浸入环境会决定二语的接触程度，二语接触程度也会影响双语者语言的加工过程（Grant et al., 2015），且是语言影响大脑可塑性的重要因素（Tu et al., 2015）。二语的接触程度在词汇通达中会产生快速早期效应（（Baus et al., 2013），例如，Whitford 和 Titone（2012）采用眼动技术探索二语接触程度对词汇通达的影响，在自然段落阅读的条件下，一语和二语的词汇通达指标是阅读早期和晚期眼球运动测量的频率效应的大小，它们分别代表词汇的初始和后期加工（Roberts & Siyanova-Chanturia, 2013）。其研究的频率效应支持这样的假设：低频词比高频词产生更高的认知加工需要，即低频词需要较长的注视持续时间。他们的研究结果显示，频率效应在二语阅读中比一语阅读中更强，在早期的眼球运动测量中，频率与二语的接触程度间的交互作用不同，二语阅读中，二语接触程度越大，二语阅读的频率效应越弱，而一语阅读中，二语接触程度越大，一语阅读的频率效应越强，因此研究者们认为二语的接触程度对一语和二语的词汇识别的早期阶段都产生调节作用。de León Rodríguez 等（2022）采用事件相关电位技术和相关溯源分析，以 N1 和 P200 为二语接触程度对词汇通达影响的研究指标，要求低二语接触程度和高二语接触程度的高熟练双语者进行启动词和目标词间的语义判断任务，实验材料包括同语言条件和跨语言条件、语义相关和语义无关条件，实验结果发现当目标词以第二语呈现时，二语接触程度低的高熟练双语者进行语义判断的准确率低，而二语接触程度高的高熟练双语者进行语义判断时并未产生困难；启动效应方面跨语言条件下仅在 L2-L1 实验条件中发现了启动效应且 L1-L1 的实验条件下的启动效应无差异，即未产生转换代价，而在 L1-L2 实验条件下启动效应消失，即产生了转换代价；脑电指标方面仅在 N1 成分发现在一语和二语目标词加工过程中涉及的脑网络发生了变化，即低二语接触程度和高二语接触程度的词汇加工脑网络存在电位强度差异，这种差异主要表现在额上回、额中回、额内侧、扣带回、丘脑、左侧颞上回。特别是在左侧颞上回，二语接触程度高的高熟练双语者在一语的词汇加工中的激活强度更高，而二语接触程度低的高熟练双语者则在二语的词汇加工中激活强度更高。对于实验结果的解释，该研究者们认为跨语言条件所需的心理努力高于同语言条件，因此会产生转换代价。对于实验中的转换代价的不对称性，研究者认为共享的第二语言词汇表征到其对等的第一语言词汇表征间的更高的直接联结，而第一语言词汇表征到第二语言词汇表征的联结则并不强，因此即使是高熟练双语者，其双语词汇表征模型也符合修正层级模型。但是二语的接触程度的高低则影响双语者词汇通达时目标词汇和非目标词汇的激活，具体表现为：(1)在阅读加工中，N1成分与上下文效应（Mollo et al., 2018）和前词汇水平的正词法的自动加工有关（Lee et al., 2012）。而实验中二语接触程度高的高熟练双语者的N1成分的这一早期效应表现在前词汇水平的语音和正字法加工中。这一结果说明二语接触程度会调节词汇识别过程中的前词汇水平的语音或正字法加工，这一证据挑战了BIA+模型提出的非选择性通达的观点，而是提示双语者进行词汇加工时两种语言存在部分选择性通达（Hoversten et al., 2017），也就是说二语的接触性程度调节了两种语言的基本激活状态，使得其中一种语言相对更为活跃、更易激活，故会优先获得激活，而不是两种语言同时得到激活。

三、二语习得年龄

一些研究认为双语者的语言表征和加工需要考虑二语的习得年龄。例如：Silverberg（2004）的一项西-英双语的词汇判断研究，实验中第二语言英语作为第一语言西班牙目标词的启动词，结果发现英语"Nail（钉子）"和"Bull（公牛）"（西班牙语是"Toro"）都启动了西班牙词汇"Tornillo（螺丝）"，但是这样的启动效应只出现在早期熟练双语者身上，而晚期熟练双语者则只发现了跨语言形启动，如"Torture（拷问）"-"Tornillo（螺丝）"的抑制效应。研究者认为早期双语者概念水平共享，而晚期双语者则是在词汇水平上共享。

但是有研究者则发现习得年龄不是主要的影响因素，多数研究发现无论是早期还是晚期双语者其双语表征都是词汇表征分离、概念表征共享。卢植等（2010）选取早期熟练和晚期熟练的中-英双语者进行双语斯特鲁普（Stroop）色词命名实验，结果发现两者的语内和语间的色词 Stroop 效应无显著差异，表明无论习得年龄是早还是晚，两者的词汇表征和概念表征间的联结强度相同，并不会影响双语者的词汇识别。

尽管 BIA+ 模型假设无论 L2 的习得年龄如何，L1 和 L2 都共享概念表征，但是有研究发现习得年龄还是会对双语者的词汇识别产生影响。Van Assche 等（2006）也用眼动技术测试了荷－英双语者阅读句子背景中词形相同的同源词和词形不同的同源词，结果发现无论是早期阶段还是晚期阶段都存在同源效应，对其解释为所采用的被试二语熟练度低，且习得年龄晚。所以对于更为优势的一语，即使是在二语的高语义限制句中，被试也很难抑制一语。Klein 等（2006）检验了英－法双语的被动听力任务，结果发现相对晚期的双语者发现一语转换到二语时（如 Bed Bed Bed Bed Lit）会引起双侧颞上回和左侧额下回的激活，但是并未发现二语习得年龄和一语转换到二语的转换存在显著相关。

四、句子背景因素

之前研究都是孤立地呈现词汇来研究双语词汇识别时，词汇激活的情况。而有的研究者认为句子背景可能会对双语词汇识别时的激活产生影响，遂开始展开句子背景因素对其产生影响的研究，研究主要从语义限制性因素和句法限制性因素这方面入手。

Van Hell 和 De Groot（2008）从语义限制性方面探讨句子背景对词汇识别的影响。该研究选取了高语义限制性和低语义限制性的英语（二语）句子，例如高语义限制性句子"The best cabin of the ship belongs to the _____"；低语义限制性句子"The handsome man in the white suit is the _____"。给被试呈现这样的句子后，立即呈现一个同源词，如"Captain（队长）"或者非同源词，然后要求被试对其进行词汇判断任务，如果同源词比非同源词的反应时更快，那么就可以认为阅读二语句子时两种语言也是同时激活的。结果发现高语义限制性句子的同源促进效应消失，即高语义限制句子阅读之后，词汇判断任务中的同源词和非同源词的反应时无显著差异。故研究者认为高语义限制性句子的语义可以帮助目标词的预先激活，以至于同源促进效应被句子背景消除，也就是说由句子背景的语义限制所产生的自上而下的加工优于自下而上的词汇激活，从而表现出同源效应的消失。但是结果发现了低语义限制性句子的同源促进效应依然存在，研究者认为自下而上的词汇激活并没有被低语义限制性句子加工所制约，所以认为句子背景本身并不会影响词汇识别，而是语义限制性程度会对词汇识别产生影响。

Libben 和 Titone（2009）又采用眼动技术深入探索句子背景如何影响词汇识别。实验材料还是分为高语义限制和低语义限制句子，句子为二语句子，包含两个从句，第一个从句对目标词进行高语义或低语义限制，第二个从句则包含目标词，例如：高语义限制句"Because of the bitter custody battle over the kids, the expensive divorce was a disaster.（由于对孩子监护权的激烈争夺，这场昂贵的离婚是一场灾难）"；低语义限制句"Because they owned a lot of property around the world, the expensive divorce was a disaster（因为他们在世界各地拥有很多房产，所以昂贵的离婚是一场灾难）"，句中的斜体书写字为目标词，高语义限制句的第一个从句可以预测出目标词，而低语义限制句的第一个从句则无法预测出。目标词分为同源词和非同源词，研究者记录目标词的阅读时间，并进行同源词和非同源词的比较，同时研究者通过眼动指标来考查句子理解的早期阶段和晚期阶段的词汇通达情况。早期阶段的眼动指标为首次注视时间、首次通过时间（first pass duration）、眼跳次数。晚期阶段的眼动指标为回视路径时间、总阅读时间。结果发现高语义限制和低语义限制条件下，早期阶段都存在同源促进效应，该结果表明这种句子条件下，阅读的早期阶段其词汇通达都是非选择性的，词汇通达不受句子背景的影响。而晚期阶段，只有低语义限制句才存在同源效应，因此词汇通达的晚期阶段，法-英双语者的词汇通达受句子背景影响。

对于句法限制性的研究比较少，Gullifer等（2013）检验了高低句法限制句中词汇命名效应。所谓的句法限制，就是指某种句法是特定语言的还是非特定语言的，只属于某种语言的特定句法句子为高限制句法句，反之则为低限制句法句，因此属于特定语言的句法句子就可以作为该语言的线索。该研究的目标词依然分为同源词和非同源词，目标词为红色字体。要求被试阅读完整个句子后，命名目标词，结果发现低限制句法的句子存在同源促进效应，但是高限制句法的句子则不存在。

由上得知，高限制性句子会消除同源促进效应，但低限制性句子则不会，即阅读二语句子时一语也会同时激活。那么当阅读一语句子时，句子背景会对二语的刺激产生何种影响呢？Van Assche和Drieghe等（2011）通过眼动技术检验了晚期荷-英双语者阅读一语低限制性句子时的二语激活情况，结果发现了同源效应，虽然该效应比较小，但依然说明了阅读一语时二语会同时激活，同时也表明即使二语习得较晚，阅读一语句子时两种语言依然是同时激活的。

句子背景信息还可以为双语者提供语言归属信息，这可能会导致词汇通达到目标语言表征，进而提高词汇语义加工的效率（Casaponsa & Duñabeitia，2016）。例如阅读过程中，双语者对不同语言的正字法规则表现出敏感性，这可能将减少词汇搜索空间进而直接通达到相应的目标词汇。Hoversten等（2017）采用Oddball范式，通过事件相关电位技术要求西-英双语者对小概率出现的词汇进行反应。实验结果显示偏差刺激条件下，无论是真词还是假词都会引发更大的N2和P3成分，这两个成分说明正字法线索影响语言信息的激活，即限制跨语言信息的激活会促进目标语言的激活，从而有助于部分选择性通达。

综上可知，双语者进行词汇通达时是否会同时激活目标语和非目标语，并未获得一致定论，双语者类型、采用的研究范式、二语的熟练度、二语的接触程度、句子信息等都会对其产生影响，研究者进行相关研究时应考虑更多影响因素，为双语者词汇通达理论和研究提供新视角和思路。

【参考文献】

卢植，涂柳（2010）.二语习得年龄与高熟练度中英文双语者心理词典表征.外国语（上海外国语大学学报），（4）：47-56.

孟迎芳，林无忌，林静远，蔡超群（2016）.双语即时切换下非目标语言语音和语义的激活状态.心理学报，48（2）：121-129.

王瑞明，邓汉深，李俊杰，李利，范梦（2011）.中－英双语者语言理解中非加工语言的自动激活.心理学报，43（7）：771-783.

Baus, C., Costa, A., & Carreiras, M.（2013）. On the effects of second language immersion on first language production. *Acta Psychologica*，142：402-409.

Brenders, P., van Hell, J. G., & Dijkstra, T.（2011）. Word recognition in child second language learners: Evidence from cognates and false friends. *Journal of Experimental Child Psychology*，109（4）：383-396.

Casaponsa, A., & Duñabeitia, J. A.（2016）. Lexical organization of language-ambiguous and language-specific words in bilinguals. *Quarterly Journal of Experimental Psychology*，69：589-604.

de Groot, M., Delmaar, P., & Lupker, S.（2000）. The processing of interlexical homographs in translation recognition and lexical decision: Support for non-selective access to bilingual memory. *The Quarterly Journal of Experimental Psychology*，53（2）：397-428.

de León Rodríguez, D., Mouthon, M., Annoni, J. M., & Khateb, A.（2022）. Current exposure to a second language modulates bilingual visual word recognition: An EEG study. *Neuropsychologia*，164：1-13.

De Moor, W.（1998）. Visual word recognition in biling uals［Unpublished master's thesis］. Vniversity of Ghent Belgium.

Dijkstra, A., & Van Heuven, W. J. B. (1998). The BIA model and bilingual word recognition. In J. Grainger & A. Jacobs (Eds.), Localist connectionist approaches to human cognition (pp. 189-225). Hillsdale, NJ: Erlbaum.

Dimitropoulou, M., Duñabeitia, J., & Carreiras, M. (2011). Transliteration and transcription effects in biscriptal readers: The case of Greeklish. *Psychonomic Bulletin & Review*, 18 (4): 729-735.

Fitzpatrick, I., & Indefrey, P. (2014). Head start for target language in bilingual listening. *Brain Research*, 1542: 11-130.

Haigh, C., & Jared, D. (2007). The activation of phonological representations by bilinguals while reading silently: Evidence from interlingual homophones. *Journal of Experimental Psychology: Learning, Memory, and Cognition*, 33 (4): 623-644.

Hoversten, L. J., Brothers, T., Swaab, T. Y., & Traxler, M. J. (2017). Early processing of orthographic language membership information in bilingual visual word recognition: Evidence from ERPs. *Neuropsychologia*, 103: 183-190.

Grant, A. M., Fang, S. Y., & Li, P. (2015). Second language lexical development and cognitive control: A longitudinal fMRI study. *Brain and Language*, 144: 35-47.

Gullifer, J. W., Kroll, J. F., & Dussias, P. E. (2013). When language switching has no apparent cost: Lexical access in sentence context. *Frontiers in Psychology*, 4 (2): 1-13.

Guo, T., Liu, M., Misra, M., & Kroll, J.F. (2011). Local and global inhibition in bilingual word production: fMRI evidence from Chinese-English bilinguals. *Neuroimage*, 56 (4): 2300-2309.

Klein, D., et al. (2006). Bilingual brain organization: A functional magnetic resonance adaptation study. *NeuroImage*, 31: 366-375.

Kolers, P. A. (1966). Reading and talking bilingually. *American Journal of Psychology*, 79: 357-376.

Lagrou, E., Hartsuiker, R., & Duyck, W. (2010). Knowledge of a second language influences auditory word recognition in the native language. *Journal of Experimental Psychology: Learning, Memory, and Cognition*, 37 (4): 952-965.

Lee, C. Y., Liu, Y. N., & Tsai, J. L. (2012). The time course of contextual effects on visual word recognition. *Frontiers in Psychology*, 3: 1-13.

Lemhöfer, K., & Dijkstra, T. (2004). Recognizing cognates and interlingual homographs: Effects of code similarity in language-specific and generalized lexical decision. *Memory & Cognition*, 32 (4): 533-550.

Libben, M. R., & Titone, D. A. (2009). Bilingual lexical access in context: Evidence from eye movements during reading. *Journal of Experimental Psychology: Learning, Memory, and Cognition*, 35 (2): 381-390.

Linck, J., Kroll, J., & Sunderman, G. (2009). Losing access to the native language while immersed in a second language: Evidence for the role of inhibition in second-language learning. *Psychological Science*, 20 (12): 1507-1515.

Macnamara, J. (1967). The bilingual's linguistic performance: A psychological overview. *Journal of Social Issues*, 23 (2): 58-77.

Martin-Rhee, M. M., & Bialystok, E. (2008). The development of two types of inhibitory control in monolingual and bilingual children. *Bilingualism: Language and Cognition*, 11 (1): 81-93.

Midgley, P. J., Holcomb, P. J., & Grainger, J. (2011). When less is more: Feedback, priming, and the pseudoword superiority effect. *Brain Research*, 1386: 153-164.

Mollo, G., Jefferies, E., Cornelissen, P., & Gennari, S. P. (2018). Context-dependent lexical ambiguity resolution: MEG evidence for the time-course of activity in left inferior frontal gyrus and posterior middle temporal gyrus. *Brain and Language*, 177-178.

Roberts, L., & Siyanova-Chanturia, A. (2013). Using eye-tracking to investigate topics in L2 acquisition and L2 processing. *Studies in Second Language Acquisition*, 35: 213-235.

Rodriguez-Fornells, A., Rotte, M., & Heinze, H. J., Nösselt, T., & Müute, T.F. (2002). Brain potential and functional fMRI evidence for how to handle two languages with one brain. *Nature*, 415: 1026-1029.

Soares, C., & Grosjean, F. (1984). Bilinguals in a monolingual and a bilingual speech mode: The effect on lexical access. *Memory & Cognition*, 12: 380-386.

Scarborough, D., Gerard, L., & Cortese, C. (1984). Independence of lexical access in bilingual word recognition. *Journal of Verbal Learning and Verbal Behavior*, 23 (1): 84-99.

Silverberg, S., & Samuel, A. (2004). The effect of age of second language acquisition on the representation and processing of second language words. *Journal of Memory and Language*, 51 (3): 381-398.

Thierry, G., & Wu, Y. J. (2004). Electrophysiological evidence for language interference in late bilinguals. *Neuroreport*, 15 (10): 1555-1558.

Tu, L., Wang, J., Abutalebi, J., Jiang, B., Pan, X., Li, M., Gao, W., Yang, Y., Liang, B., Lu, Z., & Huang, R. (2015). Language exposure induced neuroplasticity in the bilingual brain: A follow-up fMRI study. *Cortex*, 64: 8-19.

Van Hell, J. G., & de Groot, A. M. (2008). Sentence context modulates visual word recognition and translation in bilinguals. *Acta Psychologica*, 128 (3): 431-451.

Van Hell, J. G., & Dijkstra, T. (2002). Foreign language knowledge can influence native language performance in exclusively native contexts. *Psychonomic Bulletin & Review*, 9: 780-789.

Van Assche, E., & Grainger, J. (2006). A study of relative-position priming with superset primes. *Journal of Experimental Psychology: Learning, Memory, and Cognition*, 32: 399-415.

Van Assche, E., Drieghe, D., Duyck, W., & Welvaert, M., & Hartsuiker, R. (2011). The influence of semantic constraints on bilingual word recognition during sentence reading. *Journal of Memory and Language*, 64 (1): 88-107.

Van Heste, T. (1999). Visuele woordherkenning bij tweetaligen: Visual word recognition in bilinguals [Unpublished master's thesis], University of Leuven, Belgium.

Whitford, V., & Titone, D. (2012). Second-language experience modulates first- and second-language word frequency effects: Evidence from eye movement measures of natural paragraph reading. *Psychonomic Bulletin & Review*, 19 (1): 73-80.

第四章
双语者的语言转换研究概述

第一节　语言转换的概念、来源及分类

第二节　语言理解层面的转换代价的非对称性研究

第三节　语言产生层面的转换代价的非对称性研究

第四节　句子层面的语言转换研究概述

第一节　语言转换的概念、来源及分类

　　语言转换（Language Switching）是指多语者（掌握两门及其以上语言）在进行口头交流、阅读和书写行为时从一种语言转换到另一种语言的现象，也叫语码转换（Code Switching）。Hans Vogt 第一次使用了"语码转换"这一术语来表示这种现象（Hans Vogt,1954）。后来，逐渐开始使用"语言转换"这一术语来表示这一现象。对于语码转换与语言转换并没有进行明确的区分，研究者们基本都混用这种术语，但是也有研究者进行了区分。Maartje 等（2011）认为语言间的转换对于第二语言学习的早期阶段是一种补偿策略，而对于平衡双语者则更多与高竞争有关，因此该研究者认为当第二语言学习者的第二语言未达到熟练水平，且并非每天使用时，倾向使用"语言转换"而非"语码转换"。Green 等（2013）认为语言转换多指一个对话/话语（Utterance）采用了某种语言，而另一个对话/话语则使用了另一种语言；语码转换则指一个话语中既包含了一种语言也包含了另一种语言。由于语言转换和语码转换的区别并未有统一的标准，因此本文将全部采用语言转换这一术语来表示语言间的转换这个现象。

　　语言转换按照语言的不同过程，可分为语言理解层面的语言转换和语言产生层面的语言转换。按照语言单位的不同可分为词汇层面的语言转换、句子层面的语言转换、语篇层面的语言转换，其中句子层面的语言转换按照嵌入语的位置不同可分为句内转换（Intra-Sentential Switching）和句间转换（Inter-Sentential Switching）。下面本文将根据不同分类分别阐述其相关的研究现状。

第二节　语言理解层面的转换代价的非对称性研究

语言理解是在语言感知的基础上，通过思维揭示语言意义的加工过程。由于语言的结构具有层次性，因此语言的理解同样也有层次性。词汇层面，也被称为词汇识别是指通过视觉或听觉获得语言信息后，从心理词典词汇层通达到概念层的过程。而句子层面的语言理解则包含三个阶段：（1）知觉阶段，在接受视觉或听觉通达的信息后，对这些信息进行表征。（2）解析阶段，通过思维揭示出语言材料的意义，这是语言理解的核心阶段。（3）反应阶段，即对语言刺激输入做出相应的反应。由此可知，句子理解是以全面理解词汇加工为基础的。词汇理解中涉及的"心理词典"这一术语，是指保存在人脑中的"词典"，它储存了大量的词条，每个词条包含了词汇层和语义层（概念层），词汇层又包含了语音和词形信息，心理词典中的词汇按一定的方式组织并存储在大脑中。词汇识别研究扩展到双语领域中主要研究双语者心理词典的关系如何，是独立的还是共享的，最常采用的范式是启动范式，例如目标词为"医生"，启动词为"护士"时比启动词为"面包"时，对目标词的反应速度会更快；在双语的词汇识别研究中，发现当启动词为"护士"，而目标词为"Doctor"比目标词为"医生"时其反应速度会更慢，即转换效应（Switching Effect），这种语言转换效应逐渐受到心理语言学家的关注，其相关研究也如雨后春笋般不断涌现。

一、语言理解层面的语言转换代价的来源

早期阶段，在双语词汇识别的研究中发现了一种特殊的效应——"语言转换"效应。例如，跨语言 Stroop 实验（Preston & Lambert, 1969），图-词干扰实验（Ehri & Ryan, 1980），跨语言 Flanker 任务（Guttentag et al., 1984）等。该阶段对于语言转换的研究多是用来探索双语者如何通达词汇

信息的，即双语者的两种语言系统是否同时激活。尽管多数研究者认为双语者的词汇通达是非选择性的，但是 Grainger（1987）认为双语者的词汇通达既可以非选择性也可以选择性，究竟如何通达，依赖于词汇本身。当词汇正字法是特定语言时，那么这种特定语言的正字法结构就会作为一种线索，从而促进双语者直接通达到恰当的语言系统中。因此 Grainger（1987）设计了两个实验验证其观点，实验 1 中，英语和法语词汇的正字法都是非特定语言的，即英语词汇存在于法语相似的词形结构，法语词汇也存在英语相似的词形结构，要求英-法双语者进行词汇判断任务，结果发现了转换代价；实验 2 中，英语和法语词汇的正字法都是特定语言，即英语词汇和法语词汇彼此之间不存在相似的词形结构，实验结果发现转换代价消失了。

（一）语言转换代价来源于心理词汇组织系统内部假说

据此，Grainger（1987）认为语言理解层面的语言转换效应依赖于特定语言正字法信息存在与否，非特定语言正字法词汇间存在转换代价，而特定语言正字法词汇间的转换代价消失，故提出转换代价来源于心理词典之内，受词汇本身特定所影响。该研究受到 Chauncey（2008）研究的支持，但是却有所不同。Chauncey（2008）通过 ERPs 技术，采用更内隐的范式，即跨语言掩蔽启动范式来探索语言转换机制。实验 1 中，掩蔽启动词呈现时间为 50ms，实验 2 中呈现时间为 100ms，实验材料为法语和英语的动物词和非动物词，且所有词汇都是特定语言的，要求被试对"是动物词的目标词"做反应，启动词与目标词都为语义无关词，结果实验 1 和 2 都发现了转换效应，对于一语，其转换代价主要表现在 N400 成分上，而对于二语，其转换代价主要表现在 N250 成分上，因此研究者认为转换代价来源于两种语言的词汇表征的自动激活，L1（启动词）-L2（目标词）条件下 N250 更负，其原因在于一语的激活更快，所以一语启动词对二语目标词的影响表现在早期的 N250 成分上；L2（启动词）-L1（目标词）条件下 N400 更负，其原因在于二语的激活较慢，因此二语启动词对一语目标词的影响体现在相对晚期的 N400 成分上。

虽然 Grainger 认为双语通达受词汇的正字法结构影响，而 Chauncey（2008）的实验则发现即使词汇都是特定语言的，转换代价依然存在，即双语通达是非选择性的，但是他们认为转换代价都是源于心理词汇组织系统（心理词典）内部。与之相反的观点则认为转换代价来源于心理词汇组织系统之外。

（二）语言转换代价来源于心理词汇组织系统之外假说

Thoma（2000）发现 Grainger 的实验 2 中，特定语言词汇都是真词，因此被试很容易发现这一特点，并采取相应的策略进行反应，从而使其转换代价消失。故 Thoma 在实验中加入了特定语言的假词，以防止被试采用相应的策略进行反应，结果显示，转换代价并未因存在特定语言词汇而消失，拒绝了转换代价来源于心理词典之内的假设，而是认为转换代价来源于心理词典之外。其相关理论如下：

1. 来自抑制控制模型的任务图式的抑制

Green（1998）提出了抑制控制模型（Inhibition Control Model，ICM），该模型认为计划（目标）开始产生的概念表征将依次激活词汇-语义系统（心理词典系统）和注意监管系统（Supervisory Attentional System，SAS）。SAS 主要用来控制特定语言加工目标任务图式的激活，因此，用一语命名图片的任务图式不同于用二语命名图片的任务图式，两者相互竞争，并独立于心理词典系统，处于心理词典之外。ICM 认为词条（Lemmas）通过语言标签来选择词汇，而任务图式的主要作用是激活目标语言的词条并抑制非目标语言的词条。因此当语言转换时，之前的非目标语言由于被抑制，当转换到非目标语言时，需要将其从抑制状态恢复到激活状态，因此导致了转换代价。

2. 来自执行功能的控制机制

Bialystok（2001）认为，熟练双语者在两种语言间转换时，往往会依赖一种控制机制系统动态地调节注意力以协调和管理两种语言。故认为熟练双语者存在一种非特定控制机制。Bialystok（2001）认为这种非特定控制机制是执行功能（Executive Function）的控制机制，主要是因为双语者的语言转换研究，研究发现双语者在进行语言转换任务时，往往存在语言转换代价，研究者普遍认为这种代价来源于心理词典之外，并且与执行功能有关。通过熟练和非熟练双语者的语言转换任务的表现进行比较发现，熟练双语者的转换代价为对称状态，而非熟练双语者的转换代价为非对称状态，研究者认为双语者的两种语言在使用过程中会同时激活，对于非熟练双语者而言因为两种语言的熟练度不同，导致抑制程度不同，故表现出语言转换的非对称效应。由于抑制控制参与到双语者的日常的转换活动中，研究者开始注意到双语与认知关系的研究，大量的研究发现熟练的双语者的执行功能的控制能力比非熟练的双语者及单语者高。因此，可以推测这种参与到双语者语言转换中的非特定控制机制是执行功能的控制机制。

二、语言理解任务中的转换代价的非对称性现象

语言转换的研究中，研究者发现了转换代价，即无论从一语转换到二语，还是二语转换到一语，相比于非转换的状态，其反应时和错误率都显著增加，表现出转换耗损。但是研究者同时发现这种转换代价针对不同的转换方向（一语转换到二语和二语转换到一语）其大小并不相等，呈现出转换代价的非对称性。而且这种转换代价的非对称性在语言产生转换和语言理解转换的表现形式各不相同。

祁志强等（2009）研究了汉英双语者语言理解与语言产生过程中的转

换代价的模式，他采用了词汇判断任务，给被试呈现真词或者假词，真词和假词都包含汉语和英语，实验序列包含转换和重复序列：当前词汇为英语，而下一个试次的词汇为汉语时就是转换序列，而下一个试次的词汇依然为英语时就是重复序列。实验结果显示反应时间和错误率都存在转换代价，且转换代价在英语的条件下显著，而在汉语的条件下则不显著。从此结果得出：从熟练的一语转换到非熟练的二语的转换代价大于从非熟练的二语转换到熟练的一语的转换代价。研究者使用BIA模型进行解释，当目标语言输入双语心理词典中时，会自下而上激活相应的词汇层和语言节点，其抑制强度受语言熟练度的影响，而一语对二语的抑制强度大，因此当从一语转换到二语时，二语需要克服之前的抑制再激活时需花费更长的时间，因此表现出一语转换到二语时转换代价更大。

张积家等（2008）以藏-汉-英三语者为被试，同样采用词汇判断任务，结果同样发现英语的转换代价大于藏语和汉语，而藏语和汉语词汇的转换代价相当。由此，研究者认为可能是语言熟练度导致语言转换代价的非对称性，当两种语言都是熟练语时两种语言间的转换代价呈现对称状态，而当两种语言中一种为熟练语而另一种为非熟练语时，转换代价就呈现出非对称状态，即从熟练语转换到非熟练语时转换代价更大。

利用更为精确的认知神经技术，可以更好地呈现出这一现象。Alvarez（2003）考查非平衡双语者（L2晚期）序列词汇阅读任务，包含语言内和语言间的重复。结果发现两种情况中，存在重复效应（成对词中第一个词出现时N400变小）；语言间的重复效应更小表明翻译对等词比同一语言重复更难加工。L2-L2的重复效应比L1-L1更大，表明存在熟练度效应。L1-L2的重复效应比L2-L1的大。作者认为是语言优势导致这一的结果。根据修正层级模型，L2启动词汇自动激活L1，所以L2-L1时加速了L1的加工。表明是语言熟练度而非习得年龄产生这样的效应。Moreno（2002）用ERPs实验考查英-西双语者的L1-L2效应。发现转换时LPC增强，越熟练的双语者 LPC 波峰出现越早，波幅越小。表明存在熟练度的效应。Van der Meij（2011）考查高低熟练西-英双语者的 L2-L1 效应。发现了转换代价，L2-L1 时 N250、N400、LPC 效应，高低熟练双语者都发现了 N400、LPC 效应，而只有低熟练双语者才存在 N250 效应。

研究们还发现二语的习得年龄也同样会影响双语者二语的加工，因此同样也会对语言转换产生影响，Proverbio（2004）考查同译者的语言转换的理解任务，要求被试阅读句子。反应时的数据依然发现一语转换到二语时的转换代价更大；ERPs 数据显示 N400 波幅方面也是一语转换到二语时的转换代价更大，重复序列则没有发现语言间的差异。研究者认为由于被试的二种语言都是熟练的，因此转换的非对称性不是由于 L1 和 L2 间的熟练度差异造成的，而是由于第二语言的习得年龄。被试都是晚期习得第二语言的，由于第一语言习得时间更早所以第一语言的词形可以直接激活语义，所以在第二语言句子中的第一语言词汇更易获得整合。

第三节　语言产生层面的转换代价的非对称性研究

语言产生过程主要是说话者利用语言表达心中所想的心理过程，是从概念层通达到词汇层的过程，虽然该过程与语言理解的过程相逆，但是同样涉及词汇是如何通达的，即如何选择目标语言的词汇，因此也获得了众多研究者们的关注。人们发现双语者在语言产生的过程中，能够非常流利地使用目标语言，即使听到的是一种语言，也可以用另一种语言进行表达，并且可以自由地转换两种不同的语言。他们在进行表达的时候是如何选择语言的呢？为什么熟练双语者可以自由转换，而非熟练双语者则不可以呢？语言学家和心理语言学家为此进行了深入的研究，皆发现了语言转换代价，但是其表现形式存在不同。

Meuter 和 Allport（1999）采用数字命名任务，要求双语者分别用两种语言大声阅读数字，数字书写在带颜色的方框中，不同的颜色对应不同的语言，例如：蓝色方框要求被试用英语命名，黄色方框要求被试用法语命名，并对颜色线索进行了被试间的平衡，实验包含转换序列和重复序列，其研究结果为无论是第一语言还是第二语言，转换序列时的反应时都比重复序列时的慢，表现出转换代价；重复序列时，第一语言的反应时快于第二语言的，而转换序列时，第一语言的反应时则慢于第二语言，也就是说转换代价呈非对称现象，且表现形式为从第二语言转换到第一语言的转换代价大于从第一语言转换到第二语言的，与语言理解过程中的转换代价的非对称性形式相反。

Jackson 等（2001）运用事件相关电位技术，同样使用数字命名，要求母语为英语的双语者使用两种语言进行数字命名，同时记录被试的脑电，行为结果为转换序列的反应时慢于重复序列，但是只有在重复序列时第一语言和第二语言的反应时存在差异，这与 Meuter（1999）的研究不同；而脑电结果对左侧额中区的成分——N320 进行分析：转换序列的波幅相比重复序列的更负，但是从一语转换到第二语言时波幅更负，而二语到转换到一语时则没有。

研究结果的不同可能是由于选取的被试的熟练度的不同而造成的，于是，Costa 等（2004）筛选了高熟练双语者和第二语言初学者进行了对比研究，研究者让非熟练的西班牙-加泰罗尼亚双语者和韩-西双语者用两种语言分别进行图片命名，这两组被试都难以从非熟练的第二语言转换到熟练的第一语言，但是当要求熟练的西班牙-加泰罗尼亚双语同样进行图片命名时，并没有出现这样的情况，即使是让熟练的双语者从非熟练的第三语言转换到熟练的第一语言，也没有发现上述的情况，反而发现第二语言和第三语言命名更快的趋势。这些研究结果揭示了熟练双语者的转换代价的表现形式为对称性的，而非熟练的双语者的表现形式为非对称性的，即从非熟练第二语言转换到熟练第一语言的转换代价更大。

一、熟练度对语言产生的转换代价的非对称性的影响

Costa 等（2004）的研究发现可能是熟练度的因素导致只有非熟练的双语者的转换代价是非对称性的，因此 Costa 等（2006）又进行了一系列研究，发现第二语言的习得年龄不仅会对语义表征、语音表征有影响，而且对句法加工、形态加工等都会有影响，因此 Costa 等在实验 1 中选取了熟练的西－英双语者，其习得平均年龄为 15 岁，为晚期习得双语者，要求被试用不同语言进行图片命名，研究发现存在转换代价，但是第一语言和第二语言的转换代价间无显著差异，与 Costa 等（2004）实验中的早期的、熟练西班牙－加泰罗尼亚的研究结果相似，且进行了对比分析，发现两组被试间的反应时差异不显著，这就说明了习得年龄并未对语言产生的转换代价产生影响。另外，Costa 等认为可能语言的相似性也会对语言转换产生影响，其原因在于语言相似性会影响双语者对两种语言的控制，语言越相似，两种语言的相互干扰越大，双语者使用目标语言而忽略非目标语言的时候，需要克服非目标语言的干扰就难，所需的时间就越久。最有依据的研究是词－图干扰的相关研究，当命名图片时，如果干扰词与图片的范畴相似，则命名时间更慢。Costa 等（2006）在实验 1 中又选取了早期的、熟练西－巴双语者，西班牙语和巴斯克语有很大的区别，而西班牙语和加泰罗尼亚语则非常相似，被试用不同语言进行图片命名时，发现转换时产生了转换代价，但是第一语言和第二语言的转换代价无显著差异，与西班牙－加泰罗尼亚双语组进行对比，也未发现显著差异，因此语言的相似性并未影响语言产生过程中语言转换代价的模式。随后的一系列实验中，Costa 主要针对熟练度进行操纵，实验 2 中选取熟练的西班牙－加泰罗尼亚双语者，

他们的第三语言英语的熟练度比较低，要求被试用加泰罗尼亚语和英语对图片进行命名，结果清楚地显示：熟练的三语者，即使第三语言是非熟练的状态，其转换代价与第二语言的转换代价也无显著差异，表现为对称状态。实验 3 中，研究者又让熟练的双语者用非常不熟练的第三语言和第四语言对图片进行命名，结果竟然发现从更不熟练的第四语言转换到相对不熟练的第三语言的转换代价更大。研究者认为可能只有当转换的语言间的相对强度达到一定阈限时，才会表现出非对称性，于是实验 4 中让熟练的西班牙－加泰罗尼亚双语者用西班牙语和刚学的语言进行图片命名，发现了转换代价，且转换代价表现出非对称性模式，从不熟练的新学语言转换到熟练的一语的转换代价更大，这些结果提示了语言的相对熟练度可能会导致非对称的转换代价。

二、转换代价及非对称性的理论解释机制

（一）抑制控制机制

Green（1998）提出抑制控制机制理论，认为双语者在语言产生过程中，所掌握的两种语言系统会同时激活，目标语言词汇的提取必然会受到非目标语言的影响，因此存在一种注意监控系统，让双语者的目标语言得以选择，而对非目标语言进行抑制。当语言转换时，抑制非目标语言，选取目标语言的词汇需要花费一定的认知资源，产生了耗损，形成了转换代价。该理论对非对称性的解释，主要源于两点：一是不同的语言熟练度，对其的抑制难度就不同，越熟练的语言，抑制的难度就越大，就会花费更强的资源对其抑制。在语言产生的转换研究中，非熟练语言存在一种"重复优势效应"，即用非熟练的第二语言进行图片命名时，重复序列中的命名时间比熟练的第一语言的更短、错误率更低，这是由于使用非熟练的第二语言时需要更强地抑制熟练的第一语言，这种强抑制很难让其重新激活，因此

当继续使用非熟练的第二语言进行命名时，由于第一语言还处于抑制的状态，无须花费时间对其进行抑制，故表现出这种重复优势效应；二是受到更强抑制的语言，重新被激活的难度就越大，花费的时间就会越多。非熟练双语者用非熟练的语言进行表达时，需要对熟练的语言进行很强的抑制，那么当转换到熟练语言时，需要花费更多的时间来克服之前的抑制以获得重新的激活，从而呈现出从非熟练语言转换到熟练语言时转换代价更大这一非对称性现象。

（二）任务重构和任务惯性理论

有研究者认为语言转换可能是任务转换的一个特例，因此试着用任务转换中任务重构观和任务惯性观进行解释（崔占玲，张积家，2010）。任务重构观认为转换代价是源于一种内源性的、自上而下的控制过程，为了当前任务重构任务设置所需的耗损。任务惯性观则认为转换代价源于自下而上的任务设置或规则的提取，以及对之前任务设置的抑制过程。研究者认为任务转换的转换代价主要来源于这两方面所产生的耗损，心理语言学家试图用这两种理论对语言转换的代价来源进行了解释：一方面，双语者使用语言时，两种语言会同时激活、相互竞争，目标语言词汇的提取，需要抑制非目标语言的激活，因此当转换到之前的非目标语言时，需要重构新的语言任务，重新激活之前被抑制的非目标语言，类似于任务重构观，故产生了转换代价；另一方面，由于之前被抑制的非目标语言处于抑制状态，因此需克服抑制的惯性状态，重新激活之前的非目标语言，耗费一定的时间，产生了转换代价。任务惯性观还假设当前任务为非优势任务时，需要应用更多的能量去抑制优势任务，当转换到优势任务时，克服之前更强的抑制所耗损的能量更多，所需的时间也更多，转换到优势任务时的转换代价也就越大，因此可以解释转换到熟练语言时的转换代价更大的问题。

（三）特定语言选择理论

众多研究者认为双语者进行语言加工时，两种语言会同时激活，而特定语言选择理论者与之相反，受特定语言词汇通达理论的影响，认为语言转换代价之所以受语言熟练度的影响，是因为熟练双语者直接只激活当前的目标语言，不会受到另一语言的影响。即使两种语言非常相似也不会产生干扰，熟练双语者采用一种非抑制的方式来管理和使用他们的两种语言，而不像第二语言初学者那样需要抑制控制的参与，因此熟练双语者的转换代价呈对称状态，但是 Costa（2006）实验4发现了熟练双语者使用熟练的第一语言和初学的第四语言进行命名时，非对称语言转换代价竟然出现了，因此该理论无法对这一结果做出很好的解释。

第四节 句子层面的语言转换研究概述

一、句内转换研究

句子中语言转换的研究主要采用的是阅读范式，最早的阅读范式通常是要求被试阅读混合两种语言的句子或文章，结果显示混合材料的阅读速度显著慢于非混合的、单一语言材料。目前，研究者多数采用快速系列视觉呈现范式（Rapid Serial Visual Presentation，RSVP）给被试呈现语言材料，句子中的每个词汇会以一定的速度连续地在屏幕上呈现，句子的最后一个词汇将发生语言类别的变化，研究者要求被试阅读句子，并在句子结束后进行目标词汇与句子语境是否符合的判断，或者在实验结束后以问卷形式进行测验来考查被试的阅读效率。

Li（1996）考查了中英双语者对镶嵌在汉语句子中的英文单词的加工

过程，结果发现中英双语者与英语单语者识别英文单词的速度一样，这表明被试从汉语转换到英语时并没有转换代价。

倪传斌等（2015）采用眼动技术，对比探究了高熟练水平与中等熟练水平的汉-英双语者，在句子层面阅读汉语非转换句、英语非转换句、汉语转换到英语的句子（L1-L2）和英语转换到汉语的句子（L2-L1）时的转换代价及其非对称性，并获得了如下发现：（1）二语转换到一语时（英-汉）存在转换代价；一语转换到二语（汉-英）时则未发现。（2）转换代价的非对称性效应为二语转换到一语（英-汉）大于一语转换到二语（汉-英）的转换代价。（3）二语转换到一语的转换代价和其非对称性效应，随着加工的深入呈现逐渐增加的趋势——加工早期和中、晚期阶段之间的增幅较大。（4）第二语言的熟练对转换代价和非对称性的影响不显著；对其加工过程中的变化趋势亦无明显影响。由此，可以推断能够解释单个词汇间转换的模型未必适合解释句内词汇转换的研究结果。

Moreno等（2002）使用ERPs技术比较了英-西双语者的句内语言转换和语言内词汇转换的阅读理解。他们试图考查词汇识别和词汇—语义加工的词汇水平上语言转换是否会产生代价，或者转换是否本质上是在影响后期决策的水平而不是词汇语义水平上的意外事件。Moreno等认为如果语言转换在词汇通达和语义整合水平上产生代价，那么转换的词汇会产生更大的N400，N400标志着词汇-语义整合。另外，如果双语者将语言转换视为一个意外事件，并且是形上的变化而非意义的变化，那么转换的词汇可能产生更大的LPC，LPC是句子水平整合的指标。高熟练英-西双语者阅读英语句子，句末词包括三种情况：转换到L2（如：Each night the campers built a fuego [fire]）；词汇转换（如：Each night the campers built a blaze）；非转换（如：Each night the campers built a fire. 译为每晚营员们都生火）。句子类型包括普通句子和高制约性的习语。结果发现词汇转换时，两种类型的句子都产生了N400；语码转换只在普通句子中产生了N400，而这个 N400 效应不同于传统 N400 分布，它是左侧偏额区的分布。对 L2 熟练度进行回归分析发现 L2 的熟练度与 LPC 更早的波峰潜伏期和更小的波幅相关。这些结果表明语码转换与语言内的词汇转换加工不同。Moreno 等（2002）认为语码转换代价不是源于双语者的词汇 – 语义系统，而是源于任务图式间的竞争。

Proverbio 等（2004）考查意 – 英同译双语者的句内语码转换的理解任务，句末词或者为语码转换词或者为同一语言的句义一致词或非一致词。要求被试阅读句子，并判断句末词是否使句义完整。反应时数据发现第一语言转换到第二语言的转换代价大于第二语言转换到第一语言的转换代价；ERPs 显示 N400 波幅的转换代价也是第一语言转换到第二语言时更大，重复试次没有发现语言间的差异。作者认为转换的非对称性不是由于第一语言和第二语言间的熟练度差异，而是由于第二语言的习得年龄。因为第一语言习得更早故第一语言的词形可以直接激活语义，当第二语言句子转换到第一语言后，由于第一语言直接激活语义，故句子更易获得整合。Maartje 等（2011）采用 ERP 探究了 L2 熟练度对句内语码转换的影响，被试为西 – 英双语者，其中 L2 为英语，其在上学后习得，根据自评量表将 L2 熟练度分为高熟练和低熟练。实验材料为英语句子，包括语码转换类型（句中的形容词为西班牙语）和非转换类型（句子全是英语），两种类型的句子为混合序列。要求被试阅读这些句子。结果发现语码转换时，两种熟练度双语者都发现了更大波幅的 N400 和 LPC，其中高熟练双语者的 N400 和 LPC 更大，且 N400 效应扩展到左侧前部电极，类似于 LAN。LAN 是研究词类句法违反时产生的左前负波，是由形态句法加工导致的。该研究者认为语码转换既产生了词汇 – 语义整合代价，也产生了句子水平的刷新和再分析代价。

Litcofsky 等（2013）考查了 L1-L2 和 L2-L1 两个方向的语码转换，包含三个实验，实验 1 为行为实验，实验 2 和 3 为 ERPs 实验。实验 1 和 2

的西—英双语者为习惯性语码转换者,其在日常生活中经常进行语码转换,两种语言的熟练度相近。实验材料为西班牙语句子和英语句子,各包含两种类型:语码转换(句子开头为西班牙语或者英语,句中开始转换到另一种语言)和非语码转换(句子全部是西班牙语或英语),句子为混合序列。行为实验的结果发现只有当L1-L2时才存在语码转换代价;ERPs的结果也验证了行为实验的结果,只有当L1-L2时才存在LPC,L1-L2和L2-L1的语码转换都未发现N400。实验3为了检验N400是否和熟练度相关,选取了L2低熟练度的双语者,日常生活中不经常进行语码转换。ERPs结果发现了N400效应,并且也只有当L1-L2时才发现了LPC效应。这些结果表明低熟练双语者或者非习惯性语码转换者可能经历更多词汇水平整合困难。

二、句间转换研究

语言转换在句子间的转换研究非常少。Philipp(2015)采用眼动技术对德-英双语者的句间转换任务进行考查。句子材料包含三个关键词:Horse vs. Dress;Right vs. Left;Large vs. Small。共8个不同句子,每种语言重复呈现。要求被试阅读句子后判断图片是否与刚阅读的句子匹配,研究指标包括眼动指标和句子阅读时间。研究结果发现:第二语言的第二个字和最后一个字的总注视时间比一语的长,且转换到L2比转换到L1有更高的转换代价。第二语言的句子的总阅读时间比一语的长,且转换到L2比转换到L1有更高的转换代价;图片—句子匹配任务错误率方面,第一语言句子的理解方面存在更大的转换代价,而第二语言的句子理解几乎没有转换代价。研究者采用BIA-d模型进行解释,由于L1的词汇有较高的激活基础,所以语言节点的外源性激活对于L1而言应该比L2更大,其阅读时间更短,转换代价更小。而句子阅读中,内源性效应应该主要反映在句子理解的总体（相对晚的）测量或文本整合。由于无关语言的抑制被假设为 L1 比 L2 更大（L1 有更强的激活需要更强的抑制），所以由内源性效应引起的语言转换代价应该 L2-L1 比 L1-L2 大。（因为转换到 L1 需要克服更强的对 L1 的抑制）。

Tarlowski 等（2013）对波—英双语者进行了图片描述的句间转换的研究。由于波兰语动词没有类似英语的现在完成时态，波兰英语学习者很难区分英语的现在完成时和过去时，所以英语的现在进行时对于波兰英语学习者更易理解，于是研究者的图片类型设计成两种时态——进行时态和现在完成时态，例如正在喝酒的图片和喝完酒的图片。给被试先呈现不同语言的听觉线索（"What？"和"Co？"），然后要求被试对图片进行描述，结果显示完成时态的图片描述中发现了转换代价的非对称效应，即从第二语言转换到第一语言的转换代价更大，而进行时态的图片描述中转换代价呈对称状态。研究者认为第一语言和第二语言激活水平的差异小时，会采取不断抑制第一语言的策略，所以会导致对称的转换代价和优势逆转；相对差异大时，用第二语言描述时就需要对第一语言进行较强的抑制，而用第一语言进行描述时则必须克服对第一语言的抑制，重新激活第一语言，从而产生了非对称的转换代价。

【参考文献】

崔占玲，张积家（2010）.汉英双语者言语理解中语码转换的机制－来自亚词汇水平的证据.心理科学，42（12）：173-184.

倪传斌，魏俊彦，徐晓东，肖巍（2015）.基于句子层面的双语词汇转换研究：来自眼动的证据.解放军外国语学院学报，38（1）：19-28.

祈志强，彭聃龄，许翔杰，柳恒超（2009）.汉－英双语者语言产生与理解过程中的切换研究.心理科学，32：356-359.

张积家，崔占玲（2008）.藏－汉－英双语者字词识别中的语码切换及其代价研究.心理学报，40：136-147.

Andrze, J., Tarlowski, Wodniecka, Z., & Marzecová, Z. (2013). Language switching in the production of phrases. *Journal of Psycholinguistic Research*, 42 (2): 103-118.

Alvarez, R., Holcomb, P., & Grainger, J. (2003). Accessing word meaning in two languages: An event-related brain potential study of beginning bilinguals. *Brain and Language*, 87: 290-304.

Bialystok, E. (2001). *Bilingualism in development: Language, literacy, and cognition.* New York: Cambridge University Press.

Chauncey, K., Holcomb, P. J., & Grainger, J. (2008). Code-switching effects in bilingual word recognition: a masked priming study with event-related potentials. *Brain and Language*, 105: 161-174.

Costa, A., & Santesteban, M. (2004). Lexical access in bilingual speech production: Evidence from language switching in highly proficient bilinguals and L2 learners. *Journal of Memory and Language*, 50: 491-511.

Costa, A., Laheij, W., & Navarrete, E. (2006). The dynamics of bilingual lexical access. *Bilingualism: Language and Cognition*, 9 (2): 137-151.

Ehri, L. C., & Ryan, E. B. (1980). Performance of bilinguals in a picture-word interference task. *Journal of Psycholinguistic Research*, 9 (3): 285-302.

Grainger, J., & Beauvillain, C. (1987). Language blocking and lexical access in bilinguals. *Quarterly Journal of Experimental Psychology*, 39: 295-319

Guttentag, R. E., Haith, M. M., Goodman, G., & Hauch, S. J. (1984). Semantic processing of unattended words by bilinguals: A test of the input switch mechanism. *Journal of Verbal Learning & Verbal Behavior*, 23 (2): 178-188.

Green, D. W. (1998). Mental control of the bilingual lexico-semantic system. *Bilingualism: Language and Cognition*, 1: 67-81.

Green, D. W., & Abutalebi, J. (2013). Language control in bilinguals: The adaptive control hypothesis. *Journal of Cognitive Psychology*, 25: 515-530.

Vogt, H. (1954). Phoneme classes and phoneme classification. *Word*, 10 (1): 28-34.

Jackson, G. M., Swainson, R., Cunnington, R., & Jackson, S. R. (2001). ERP correlates of executive control during repeated language switching. *Bilingualism: Language* and Cognition, 4 (2): 169-178.

Li, P. (1996). Spoken word recognition of code-switched words by Chinese-English bilinguals. *Journal of Memory and Language*, 35: 757-774.

Litcofsky, K. A. (2013). *Sentential code-switching and lexical triggering: A neurocognitive study.* Unpublished Master Thesis, Pennsylvania State University.

Meuter, F. I., & Allport, A. (1999). Bilingual language switching in naming: Asymmetrical costs of language selection. *Journal of Memory and Language*, 40: 25-40.

Moreno, E., Federmeier, K., & Kutas, M. (2002). Switching languages, switching palabras (words): An electrophysiological study of code switching. *Brain and Language*, 80: 188-207.

Philipp, A. M., & Huestegge, L. (2015). Language switching between sentences in reading: exogenous and endogenous effects on eye movements and comprehension. *Bilingualism: Language and Cognition*, 18 (4): 614-625.

Preston, M. S., & Lambert, W. E. (1966). Interlingual interference in a bilingual version of the Stroop color-word task. *Journal of Verbal Learning & Verbal Behavior*, 8 (2): 295-301.

Proverbio, A. M., Leoni, G., & Zani, A. (2004). Language switching mechanisms in simultaneous interpreters: an ERP study. *Neuropsychologia*, 42 (12): 1636-1656.

Thomas, M. S. C., & Allport, A. (2000). Language switching costs in bilingual visual word recognition. *Journal of Memory and Language*, 43: 44-66.

Van der Meij, M., Cuetos, F., Carreiras, M., & Barber, H. A. (2011). Electrophysiological correlates of language switching in second language learners. *Psychophysiology*, 48 (1): 44-54.

第五章

语言转换的认知神经机制

第一节 实时研究技术

第二节 语言相关 ERPs 成分

第三节 语言转换的神经机制

第一节　实时研究技术

一、眼动技术

眼动技术（Eye Tracking）就是通过一定的仪器设备记录眼球运动的技术，这里的眼球运动是指主动性的运动，是刺激通过视觉系统到达中枢皮层，通过皮层的作用，下行到脑干眼动核启动眼球运动，这种主动性遵循活动的任务性，通常是对信息的选择性注意过程。

眼动包含：注视、眼跳和追踪运动（Pursuit Movement），注视就是将中央凹对准某一刺激，且时间超过100ms，从而使被注视的刺激在中央凹中得到充分的加工并形成清晰的像。眼球在注视的过程并非是静止的，常伴随自发性的高频微颤、慢漂移和微跳，这是为了保证刺激在视网膜中的成像位置不断变换以防止视网膜适应所带来的视像消失。眼跳速度很快，个体一般并未意识到，眼跳主要为了对信息进行搜索并选择。追踪运动往往存在于被注视的物体与眼睛有相对运动的时候，为了保证更好地注视刺激物体，获得相关信息，眼睛会跟随一起移动。

眼动技术应用范围非常广泛，视觉信息加工、阅读研究、消费心理、工程心理等领域的眼动研究发展迅猛。阅读方面的研究成果尤为丰硕，其研究指标也非常成熟，常见的阅读眼动指标为：

1. 单一注视时间

在从左至右的句子阅读过程中，兴趣区（以字或词为单位）内有且只有一次注视时的注视时间。它是词汇识别中语义激活阶段的指标，易受词汇的词频、词长、词的可预测性等特性的影响。

2. 首次注视时间

第一次通过某一兴趣区的第一个注视点的注视时间，受多种词汇特征影响，如正字法特征、词频、语境等，它反映了词汇通达的早期阶段的加工特征。

3. 第二次注视时间

当某一兴趣区的首次加工时被多次注视，第二次注视时间可以很好地反映复合词的词汇加工的早期结果特点。

4. 凝视时间

从首次注视点开始到其首次离开当前兴趣区期间的持续时间，同时也包括兴趣区内的回视，它也是词汇通达早期阶段的指标，若首次注视时间和凝视时间存在差异，则表明阅读者对词汇的首次加工存在困难。

5. 回视时间

当前兴趣区内的所有回视的注视时间的总和，反映了词汇加工的后期阶段的指标。

6. 总注视时间

也是总阅读时间，它不包含阅读者对兴趣区以前内容的回视时间，所以并不反映对兴趣区的完全加工时间，若研究发现总注视时间存在差异，但是早期指标并无差异，可说明相对后期的加工过程中存在差异效应。

7. 注视次数

兴趣区被注视的总次数，反映了对该兴趣区认知加工的负荷程度，次数越多，说明加工负荷越大。

8. 回视次数

对之前兴趣区的再加工过程，包含词内回视和词间回视，词内回视是一个词内从右至左的眼跳，反映了词汇的通达过程；词间回视是从当前注视的词向之前某词的眼跳，反映了句子加工的整合过程。

二、事件相关电位技术

事件相关电位（Event-Related Potentials，ERPs），是指某一事件（这

里指刺激）作用于（给予或撤离）感觉系统时，在脑中引起的电位变化。

人脑中的神经元会自发地不断地放电，也就是脑电（EEG），其成分复杂且不规则，由刺激所引起的心理活动所引起的脑电非常微弱，只有几微伏，常掩埋于自发脑电中，因此需要将其从自发脑电中提取出心理活动相应的脑电，即 ERPs。

之所以对其进行提取，主要是事件相关的脑电（ERPs）具有潜伏期和波形恒定的特性，而自发脑电（EEG）的潜伏期和波形则是变化的，因此当记录多次由同一类型事件引发的脑电信号后，对其进行叠加，这时自发脑电由于随机性彼此消减，正负为零，而事件相关的脑电由于恒定性彼此叠加增大，反而显现出固有的波形和潜伏期，再对其进行平均形成相应的 ERPs 成分。

ERPs 具有行为测量所不具有的优点，行为层面的实验多用反应时作为指标，反映了多个认知过程的整合结果，而 ERPs 因为刺激引发脑电这一原理，更多反映了刺激出现后的加工过程的连续脑电变化，而脑电设备时间具有毫秒级的精度，故 ERPs 具有与心理活动相关的锁时特性。与功能核磁共振的原理不同，ERPs 由于神经元放电具有弥散性，故所测得的 ERPs 很难确定由哪个脑区引发的，故其空间定位的精度较差。

第二节 语言相关 ERPs 成分

词汇呈现之后，会先出现与词汇加工早期阶段有关的 N1 成分，也称为 N170，一般在 170ms 达到最大峰值，与词汇阅读有关的 N170 成分往往与左半球的枕颞区的梭状回的激活有关（Glezer et al., 2009）。研究发现 N170 对词汇的字体、字大小写的变化并不敏感，而只受正字法规则合法性的影响，故被认为 N170 反映了正字法的加工，研究同时发现 N170 成分可能受语音和语义的影响，Segalowitz 等（2009）采用语义判断任务和词汇判断任务，结果发现语义判断任务中的 N170 的波幅更大，表明词汇早期阶段的时候可能就有一定程度的词汇通达。

在词汇呈现后的 250ms 处，会出现一个负向成分，即 N250，该成分一般为中央分布，反映了亚词汇信息映射到整词的词形表征的过程（Holcomb, et al., 2006），即亚词汇与词汇的整合过程（Grainger et al., 2010），语言转换的研究多次发现了 N250 成分的转换代价。

随后大约在 450ms 会出现一个负波，也就是 N400 成分，该成分反映了形—义的联结，即词汇表征和语义表征间的整合过程。在启动范式中，无关启动刺激和部分重复的启动刺激条件下的目标词的 N400 的波幅最大，而启动词与目标词完全重复的情况下 N400 的波幅最小，表明启动词与目标词完全重复时，启动词的语义或者词形的激活，促进了目标词的语义激活，故 N400 的波幅最小。句子层面的 N400 成分则可能反映了词汇的语义与句子的语境整合的过程，句子中最后一个单词与语境不相符时所引发的 N400 的波幅会大于相符的情况。N400 在波幅上的差异就是 N400 效应。N400 的波幅大小会随着许多因素的改变而改变，这些因素包含单词间的语义联系、单词重复、单词频率记忆单词在句子中的位置，同时 N400 效应具有跨通道性，它可以出现在被试阅读句子或词汇时、被试听句子时，甚至被试使用手势语时。从语言的神经加工过程来说，N400 主要反映了后词汇加工，这也是词汇整合的一种。故当一个单词与之前单词或嵌入在内的整个句子的语境在意义上不相符时，发生了词汇整合困难，N400 效应都会产生。

LPC 成分，是刺激出现 600ms 之后的一个晚期正向慢波，也被认为是 P300 或者 P600，该成分被认为反映了句法整合的过程。当目标词为违例词时，往往会产生更大的 LPC，说明目标词获得语义后，由于存在句法违例，所以需要花费更多的心理资源，对整个句子进行再分析和整合。最近的研究表明 P600 或 LPC 还对句子重新修正敏感。

句法加工也可以通过其他类型的脑电成分反映出来，德国认知神经科学家 Thomas 和同事（1993）描述了一个位于左侧额叶的负波，这个负波被称为左前负波（Left Anterior Negativity，LAN），并且是在单词违反了句子所需词的词性时（例如 The Red Eats 中 Red 后面应该是一个名词而不是动词）或是违反了构词规则（如在 He Mow 中，Mow 应该是第三人称单数形式 Mows）会被观测到，LAN 的潜伏期和 N400 的类似。但是两者的头皮分布不同，LAN 主要分布在左侧前额区，而 N400 主要分布在中央－顶区。

第三节　语言转换的神经机制

研究者采用多种神经成像技术来研究哪些脑区涉及语码转换机制。Price 等（1999）的 PET 研究中使用翻译和转换任务调查英—德双语者，发现语码转换时左侧前额区（BA44，布洛卡区）和双侧缘上回（BA40）存在特定激活。Rodriguez-Fornells 等（2002）双语阅读的 fMRI（功能核磁共振）研究发现，双语者可能会抑制非目标语言从正字法到心理词典的直接通达，从而减少双语间的干扰。他们指出前额区可能是抑制时涉及的脑区。Hernandez 等（2000）的西－英双语者的 fMRI 研究，发现语言混合情况下，背外侧前额叶皮层激活更大，表明这个区域在语言转换时可能起作用。

由此，可以看出语言转换时认知控制机制对双语者而言非常重要，该机制可以帮助双语者更好地选择目标语言，同时抑制非目标语言。Abutalebi 等（2008）提出了一个认知神经模型，包含了五个脑区：左侧背外侧前额叶皮层（DLPFC）、前扣带回（ACC）、尾状核、左侧缘上回和右侧缘上回。这些区域也涉及一般领域的认知控制，例如左侧背外侧前额叶皮层和双侧缘上回（顶下小叶的一部分）是注意的额—顶网络的一部分（Roberto et al., 2008）。前扣带回和错误检测有关，是分配神经资源去进行指导行为的认知网络的一部分（Seeley et al., 2007）。尾状核则是调节前扣带回和前额叶区的皮质激活以增加刺激表征间注意焦点的转换（Hedden et al., 2010）。Hosoda 等（2012）又选取日－英双语者，采用语音判断任务和数字判断任务以及颜色转换任务进行 fMRI 研究，结果发现一语转换到二语时有几个脑区激活更强：右侧前额叶皮层、左侧颞中回/缘上回、前扣带回、左侧额下回和尾状核，其中左侧额下回和尾状核在任务转换中也会被激活，说明双语者进行语言转换时会涉及任务转换时的脑区，也就是说语言转换时会涉及认知控制机制。

与这一额—顶亚皮层网络不同，Luk 等（2012）对多个研究进行了元分析，提出了语言转换时会显著激活的 8 个区域：左侧额下回、左侧颞中回、左侧额中回、右侧中央前回、中线前辅助运动区、右侧颞上回、左侧尾状核和右侧尾状核。Luk 等（2012）认为之所以不存在前扣带回和双侧缘上回的激活是因为语言转换任务中的不同的基线任务可能导致激活区域的不同。Ma 等（2014）对比了汉－英双语者在不同基线任务下的图片命名的语言转换任务，结果证实了不同基线情况下语言转换会存在不同的激活模式，并发现不同的脚本的语言控制机制包含了额—顶皮质下网络，这一网络具体涉及了中央前回、前辅助运动区、缘上回和梭状回，表明语言转换时会涉及高层次的认知加工，而不仅仅只是语言加工。

研究者认为语言转换会引起额叶的激活，包括双侧额下回和背外侧前额叶皮层，但是只有转换到二语时，左侧背外侧前额叶皮层才会被激活，该区域可能是双语转换时认知控制的关键调节器。前额叶皮层涉及决策决定、工作记忆、反应选择和抑制，它和前扣带回以及基底神经节联合作用抑制来自非目标语言的干扰。这一结果和以西－英双语者、德－英双语者、荷－法双语者为研究对象的一系列 fMRI 研究结果一致，这些都说明左侧前额叶皮层与语言转换和选择机制有关。

语言转换中顶叶区域也有显著的激活，通常是双侧缘上回皮层。顶叶皮层一般涉及工作记忆、任务表征的维持，它可能通过两条平行网络被激活，一个是直接将后顶叶平层和前额叶皮层联结，另一个则通过尾状核。尾状核和基底神经节一般用于协调前扣带回和前额叶的激活，以增强刺激表征间注意焦点的转换。基底神经节损伤会破坏语言加工的晚期整合，所以尾状核的激活一般会在需要更多的神经资源去抑制一语到二语词汇产生的情况中。语言转换中尾状核和基底神经节的激活表明需要抑制非目标语言，他们是抑制功能的最理想的区域，因为他们前后都和额叶皮层相连，自上而下的信号促使纹状体通过前额—基底神经节环路去增强和抑制特定表征，日－英双语者和荷－英－德三语者的研究中皆发现了右侧额下回的激活。

研究中也发现了转换时中央前回、前辅助运动区的激活，表明这些区域可能积极地参与到冲突解决中。前扣带回和前辅助运动区关系密切，辅助错误监控和探测，前扣带回将信号传递到前额皮层以抑制错误选择。Luk 等（2012）认为在需要反应控制、监控、错误探测的任务中，前辅助运动区和前扣带回共同形成侧扣带区（Rostral Cingulate Zone）获得激活。因此在语言转换的研究中发现前扣带回的激活并不意外。一些语言转换的 fMRI 研究中，还发现了双侧梭状回的激活，一般在转换到二语命名的情况中会被激活，因为二语产生时需要更多控制。梭状回的激活可能是为了建立客体表征和相应的发音节点间的连接。

【参考文献】

Abutalebi, J., & Green, D. W.（2008）. Control mechanisms in bilingual language production: Neural evidence from language switching studies. *Language and Cognitive*

Processes, 23（4）：557-582.

Glezer, L. S., Jiang, X., & Riesenhuber, M.（2009）. Evidence for highly selective neuronal tuning to whole words in the "visual word form area". *Neuron*, 62（2）：199-204.

Grainger, J., & Holcomb, P. J.（2010）. The time course of orthographic and phonological code activation. *Psychological Science*, 17（12）：1021-1026.

Grainger, J., Kiyonaga, K., & Holcomb, P. J.（2010）. The time course of orthographic and phonological code activation. *Psychological Science*, 17（12）：1021-1026.

Hedden, T., & Gabrieli, J. D.（2010）. Shared and selective neural correlates of inhibition, facilitation, and shifting processes during executive control. *Neuroimage*, 51(1)：421-431.

Hernandez, A. E., Martinez, A., & Kohnert, K.（2000）. In search of the language switch：an fMRI study of picture naming in Spanish-English bilinguals. *Brain and Language*, 73（3）：421-431.

Hosoda, C., Hanakawa, T., Nariai, T., Ohno, K., & Honda, M.（2012）. Neural mechanisms of language switch. *Journal of Neurolinguistics*, 25（1）：44-61.

Holcomb, P. J., & Grainger, J.（2006）. On the time course of visual word recognition：an event-related potential investigation using masked repetition priming. *Journal of Cognitive Neuroscience*, 18（10）：1631-1643.

Luk, G., Green, D. W., Abutalebi, J., & Grady, C.（2012）. Cognitive control for language switching in bilinguals：a quantitative meta-analysis of functional neuroimaging studies. *Language & Cognitive Processes*, 27（10）：1479-1488.

Ma, H., Hu, J., Xi, J., Shen, W., Ge, J., Geng, F., et al.（2014）. Bilingual cognitive control in language switching: an fMRI study of English-Chinese late bilinguals. *PLoS ONE*, 9（9）：1-8.

Price, C. J.（1999）. A functional imaging study of translation and language switching. *Brain*, 122（12）：2221-2235.

Toro, R., Fox, P.T., & Tomá Paus.（2008）. Functional coactivation map of the human brain. *Cerebral Cortex*, 18（11）：2553-2559.

Rodriguez-Fornells, A., Schmitt, B. M., Kutas, M., & Münte, T.F. (2002). Electrophysiological estimates of the time course of semantic and phonological encoding during listening and naming. *Neuropsychologia*, 40 (7): 778-787.

Segalowitz, S. J., & Zheng, X. (2009). An ERP study of category priming: evidence of early lexical semantic access. *Biological Psychology*, 80 (1): 122-129.

Seeley, W. W., Menon, V., Schatzberg, A. F., Keller, J., Glover, G. H., Kenna, H., Reiss, A.L., & Greicius, M.D. (2007). Dissociable intrinsic connectivity networks for salience processing and executive control. *Journal of Neuroscience*, 27 (9): 2349-2356.

Thomas, H. J., & Ogawa, H. (1993). Indoor millimetre wave PCN/LAN experiment based on direct MMW distribution over optical fibre and multi-path robust spread spectrum modulation. *Vehicular Technology Conference*. IEEE.

第六章

蒙汉双语者的句内语言转换研究

第一节　研究缘起

第二节　研究一　语序一致的句内转换研究

第三节　研究二　语序不一致的句内转换研究

第四节　蒙汉双语者句内语言转换研究总讨论

第一节　研究缘起

一、句内语言转换研究的重要价值

　　双语者的一个独有特征就是双语者经常在两种语言间转换，例如"我昨天去shopping了"。两种语言间的转换或者语码转换在各种自然的对话中都可能出现。让人深刻的一个现象就是双语者好像可以很轻松地在两种语言间自由转换，同时自然对话中的语码转换也反映了双语者在某种程度上两种语言的激活状态，并且他们可以在某些说话方式中只使用一种语言，而在另一些说话方式中使用两种语言。两种语言同时出现在同一对话中的现象不仅反映了语言加工的灵活性，而且也预示着高熟练地认知控制。

　　因此，语码转换的科学研究是一个很好的测试方式去检验语言理解和语言产生中跨语言交互的认知和神经机制以及这一过程中的认知控制机制。语码转换在语言学领域中有一种基于语料库的研究，就是研究语码转换的结构属性，这些研究已经产生了许多有价值的语码转换结构方面的理论。

　　另外，语言转换的认知或神经认知机制研究主要集中在一系列单一的、无关实验材料的加工（例如，无关的词汇、数字或者图片），而在有意义话语中（例如，句子）的语言转换的研究则相对比较少。单个实验材料的研究中，会给双语者呈现一些单一刺激，要求被试在不同语言的试次间转换（语言理解任务）或者让被试在不同的试次间用不同的语言进行反应（语言产生任务），这些研究都显示语言转换会产生加工耗损。Meuter和Allport（1999）要求被试用第一语言和第二语言交替轮流命名一系列单个数字，这些数字被呈现在一个带颜色的背景上，颜色就是反应语言的线索，语言转换能够从一语转换到二语，也可以从二语转换到一语，并且这种转换是不可预测的，结果发现转换序列中命名时间比非转换序列的命名时更长，有趣的是，语言转换代价是非对称性的：从更弱势的语言（第二语言）转换到优势语言（第一语言）时的转换代价比从第一语言转换到第二语言的转换代价更大。因为 Meuter 和 Allport 这个有趣的研究，众多研究开始对非平衡双语者或多语者采用行为和神经认知技术测试命名单个项目的语言转换效应。这些研究绝大多数报道了转换代价，而且也都验证了从第二语言转换到第一语言时的转换代价更大。

语言转换中的研究多数研究语言产生任务的转换机制，如词汇命名、图片命名、数字命名。相对的，语言理解任务方面的转换研究较少。祁志强（2009）分别用图片命名和词汇判断的方法，从语言产生和语言理解两个层面对汉英双语者的语言转换过程进行了考查。结果发现语言产生层面的转换特点是第二语言转换到第一语言时存在转换代价；而语言理解层面的转换特点则是第一语言转换到第二语言存在转换代价，表明双语者语言产生与理解中语言转换的认知过程存在本质的差异，语言产生与理解层面的转换机制不同。

语言理解层面的转换研究最早也是以单个词汇为实验材料，尽管多数研究是用语言转换的方式研究词汇识别的过程，但是还是有些研究集中研究语言理解中的语言转换的特点及其代价的来源。例如：崔占玲等（2010）以汉字义符和英文词后缀为实验材料，考查了汉-英双语者语言转换的机制及转换代价的来源。结果显示：(1)在心理词典内部的亚词汇水平中，汉字和英文的亚词汇水平对词汇的识别产生影响，但是并没有对转换过程产生影响，故可认为转换代价来自心理词典之外，并认为语言转换与任务转换的发生机制相同。(2)影响语言转换代价及转换代价不对称的主要原因是语言熟练程度。在以词汇阅读为主的语言理解的转换研究中也存在转换代价的非对称性效应，但是其研究结果与命名实验不同，阅读研究的转换代价的非对称性效应很少有统一的结论：有些研究发现转换代价并不受转换方向的影响（Jackson et al., 2001）；而有的研究发现了非对称的转换代价：从二语转换到一语时转换代价更大（Chauncey et al., 2008）；有的则发现从一语转换到二语的转换代价更大（Alvarez et al., 2003）。

　　Jackson 等（2001）研究中要求母语为英语二语为法语、德语或者西班牙语的双语者对数字词汇进行奇偶判断任务，给双语者呈现一系列不同语言的数字词汇，然后要求被试按键判断数字词汇是奇数还是偶数。行为结果观察到非对称的转换代价，即从二语转换到一语时更难，ERPs 的结果中并未发现典型的 N400 和 LPC 成分，而是大约在 320ms 左右发现了显著的额叶 N2 成分的转换代价。测量视觉呈现的词汇转换效应的 ERPs 研究中，例如 Alvarez 等（2003）给二语初学者的双语者呈现一系列一语或二语词汇，并且在这些词汇之前呈现相应的翻译对等词，要求被试只对身体词汇进行按键反应，结果他们观察到转换到 L1 时存在稍大的 N400，但是转换到 L2 时却有更强的、更晚的 N400 效应。但是与该研究相反，Chauncey 等（2008）使用启动词与目标词无关的词对的掩蔽实验中测试中等熟练的双语者，结果观察到当转换到一语时转换序列比非转换序列存在更大的 N400 效应，但是当转换到二语时则有更大的 N250 效应。在 Litcofsky 等（2009）的研究中，给英-法双语者呈现一系列英语和法语的真词及相应的假词，要求他们判断哪个词是真词，结果显示转换到一语时有更大 N400 转换代价，但是转换到二语时则没有发现 N400 差异。这些 ERPs 语言理解层面的研究提示语言转换研究中研究结果的差异性可能依赖于任务（启动或者词汇判断）的性质和双语者的熟练度（例如：初学者、中等熟练度或者浸入式学习者）的不同。

　　现实生活中，双语者的语言转换多发生在以简单句为基本单位的句内的语言转换，以及复杂句中的从句和分句间的语言转换。前者被称为句内转换，是指在一个句子中的细分结构上发生的语言转换，即句子内部某个或某些单词、词组、短语换用另一种语言。后者被称为句间转换，其多发生在句子和句子之间或者分句的交界处，并且每个句子或分句都分别属于不同的语言。因此，有研究者开始进行句子理解的转换研究。

由于句内转换的复杂性，句内转换研究相对词汇转换的研究少，且与其研究结果不同。Bultena 等（2015）使用移动窗口自定步速阅读范式对荷—英双语者进行句内语言转换研究，主要考查语言转换方向是否会影响句子层面的转换代价以及转换代价是否受第二语言熟练度的调节，结果显示不同的转换方向的转换代价也不同，只观察到第一语言转换到第二语言时存在转换代价，同时发现转换代价受到第二语言熟练度的影响。倪传斌等（2015）采用眼动技术对比探究了高熟练水平与中等熟练水平的汉－英双语者的句内语言转换，结果只观察到二语转换到一语时（英－汉）存在转换代价，且第二语言的熟练对转换代价和非对称性无显著性影响。Proverbio 等（2004）考查意－英同译双语者的句内语言转换，结果显示行为和 ERPs 层面的转换代价都是从一语转换到二语时的转换代价更大，第二语言熟练度并不是影响转换代价的因素，而是习得年龄对转换代价的非对称性特点有影响。Litcofsky（2017）等使用自定步速阅读范式从行为测量和 ERPs 测量两方面探讨语言转换方向对句内语言转换的影响，行为结果显示两个语言转换方向都存在转换代价，但是从第二语言转换到第一语言时的转换代价更大，ERPs 结果只在第一语言转换到第二语言时发现了 LPC 效应，但是对 ERPs 结果进行时频分析时显示转换到第二语言时 β 波存在更大程度地降低，而转换到第一语言时 θ 波存在更大程度地增加，研究者认为转换到第二语言时的转换代价和句子水平的重构有关，而转换到第一语言时的转换代价则和抑制控制有关。

综上所可知，有限的句内语言转换的研究中，由于研究方法的不同、研究技术的不同、研究群体的不同，其研究结果也不同，行为层面的研究结果是多个认知加工后的最终状态，而眼动和 ERPs 技术则更能对不同的认知过程进行即时分析，眼动和 ERPs 技术都具有无创性、时间精度高的优点。虽然眼动技术的时间精度并没有 ERPs 技术高，但是眼动技术所采用的阅读范式更趋向自然阅读，所以眼动技术和 ERPs 技术的结合则可以更好地互相验证彼此的研究结果，可以为研究者验证研究假设提供收敛性和差异性证据。故有必要采用多种技术对句内语言转换进行研究，以获得不同加工阶段及层面的信息。

二、蒙语和汉语的特征差异

内蒙古自治区的蒙古族在日常生活中主要使用汉语和蒙语，由于社会经济的迅猛发展，各民族间的交往剧增，蒙语也发生了很大程度地变化，成为一种掺杂语言，尤其表现在口语交际中（颉颃，2015）。语言转换成为普遍存在，专有名词、网络用语、新词等的表述往往使用汉语或者英语，从而形成句内语言转换这一现象。

蒙语属于阿尔泰语系，是黏着型语言，即是通过词与词的语法关系构成序列，形成语义单位。蒙语的词由词根、词干、后缀构成，后缀加在词干后面，可构成不同的词类。其词汇由多音节构成，包含词根和词缀，通过词根前中后粘着的不同词缀的变化来呈现词的不同时态、不同的词性，从而实现语法功能。汉语为表音意文字，既可以表音又可以表意，属于汉藏语系，是分析型语言，其语素多为单音节，语素和语素组成词，故其词汇多为双字词、多字词，词汇没有复数、词性、时态等变化，而是通过独立的虚词和固定的语序来实现语法功能，是一种孤立语。在句子结构中，将词语按一定的次序排列以表达句法关系。由于语序不同，词语之间的句法关系就可能不同，所表达的意义也会不同。汉语的基本语序类型为 SVO。即语序呈"主语 - 谓语 - 宾语"格式。主语是执行动作的施动者，谓语是执行的动作，用来说明陈述主语，宾语是动作的受施者，表示动作支配的对象。汉语的一个完整句不论长短，都需要具备主语和谓语两种成分，且格式相对固定。而蒙语的基本语序类型是 SOV，即语序呈"主语 - 宾语 - 谓语"格式。蒙语句子成分的位置相对自由，但是其谓语是整个句子的核心，始终处于句末。

这种汉语和蒙语语序上的差异必然会对蒙古族双语者的语言转换产生限制。汉语的谓语后置的情况一般发生在把字句或者被字句中，因此研究一中，将采用汉语的把字句为实验材料，探索汉语句子中嵌入蒙语谓语词和蒙语句子中嵌入汉语谓语词时的转换情况，以期探明当汉语语序与蒙语语序一致的情况下，句内语言转换的特点及其机制。研究一先从行为层面探寻语序一致情况中，句内语言转换是否存在语言转换代价，以及语言转换代价的特点，之后采用眼动技术，探明这种转换代价在词汇和句子加工的早期和后期阶段时的特点；最后则使用 ERPs 技术，深入探索产生这种转换代价特点的电生理机制。

第二节 研究一 语序一致的句内转换研究

一、实验1 语序一致的行为研究

（一）目的

汉语采用把字简单陈述句，蒙语为简单陈述句，使得蒙语和汉语的语序都为主宾谓。本研究在蒙汉都为主宾谓语序的情况下，采用自定步速阅读范式，通过操纵语言转换方向的条件，考查如下问题：（1）蒙语和汉语的句内转换时，是否都存在转换代价？（2）若存在转换代价，其各自的转换代价的特点是什么？是否出现了转换代价的非对称现象？

（二）研究方法

1. 被试选取

内蒙古师范大学蒙古族蒙汉双语大学生，共 39 名，其中男生 3 名。年龄在 19~22 岁，被试都为右利手，矫正视力正常。要求被试先进行实验任务，再进行汉语阅读理解测试，之后填写语言背景调查问卷。实验结束后给予统一的实验报酬。20 名被试从 7 岁以后开始会说汉语并正式接受正规的汉语学习，平均学习时间在 12 年或以上。19 名被试在 7 岁前开始会说汉语，平均学习时间 17 年或以上。所有被试都通过中国少数民族汉语水平等级考试四级的考试。所有被试对蒙语和汉语的听说读写四个方面的熟练度进行 7 点自评，1 为非常不熟练，7 为非常熟练。具体情况如表 6-1 所示。

汉语习得年龄晚期和早期的双语者，其蒙语和汉语的熟练度都在 5 点之上，即都是很熟练的语言，所以这两类被试都是熟练双语者，对两类被试的蒙语和汉语的熟练度进行独立样本 t 检验：对于晚期熟练双语者，阅读能力蒙汉差异不显著，$t=2.649$，d$f=38$，$p>0.05$；写作能力差异不显著，$t=1.849$，d$f=38$，$p>0.05$；口语能力差异显著，$t=3.756$，d$f=38$，$p<0.05$；听力能力差异显著，$t=4.001$，d$f=38$，$p<0.001$。对于早期熟练双语者，阅读能力蒙汉差异不显著，$t=1.672$，d$f=36$，$p>0.05$；写作能力差异不显著，$t=1.732$，d$f=36$，$p>0.05$；口语能力差异显著，$t=3.016$，d$f=36$，$p<0.05$；听力能力差异不显著，$t=1.601$，d$f=36$，$p>0.05$。

表 6-1 被试的蒙语和汉语的熟练度水平（$M \pm SD$）

	晚期熟练双语者		早期熟练双语者	
	蒙语	汉语	蒙语	汉语
读	6.45 ± 0.61	5.85 ± 0.81	6.47 ± 0.84	6.05 ± 0.71
写	5.7 ± 0.98	5.1 ± 1.07	5.95 ± 1.03	5.42 ± 0.84
说	6.45 ± 0.69	5.7 ± 0.57	6.26 ± 0.99	5.37 ± 0.83
听	6.60 ± 0.60	5.85 ± 0.59	6.16 ± 1.12	5.63 ± 0.90

对晚期和早期熟练双语者的各个能力进行独立样本 t 检验：蒙语方面，阅读能力（$t=0.101$）、写作能力（$t=0.771$）、口语能力（$t=0.496$）、听力能

力（$t=0.13$）差异都不显著，$p>0.05$。汉语方面，阅读能力（$t=0.83$）、写作能力（$t=1.039$）、口语能力（$t=1.459$）、听力能力（$t=0.906$）差异都不显著，$p>0.05$。

2. 实验材料

选取蒙语和汉语高频的谓语动词，蒙语词都为单字词，而汉语词都为双字词，对谓语动词进行熟练度、常见性的5点评分，选择4分以上的词。以选出的谓语动词为主，构成蒙语简单陈述句和汉语把字句，句子类型包含语义一致和语义不一致。对汉语的把字句进行可接受性评价，删除完全不可接受的句子。让4名蒙汉双语者对蒙语和汉语句子进行相互翻译，2名蒙汉双语老师进行核对。经过筛选获得120个蒙语简单陈述句和汉语把字句，语义一致和不一致各半，各为60个，蒙语和汉语句子可以互译。句子中的谓语动词为目标词，句子分为转换句和非转换句，蒙-汉转换句是蒙语句子中嵌入汉语谓语动词，汉-蒙转换句是汉语句子中嵌入蒙语谓语动词，于是形成了蒙-蒙非转换句、汉-汉非转换句、蒙-汉转换句、汉-蒙转换句。实验材料按主语、宾语、谓语分别制成图片，蒙语图片格式为80像素×150像素，汉语图片格式为150像素×80像素。蒙语目标词词频（$0.035±0.06$）显著大于汉语目标词词频（$0.012±0.02$），$t=2.345$，$df=118$，$p<0.05$。

3. 实验任务及其流程

实验任务采用自定步速阅读范式和句子语义判断任务，即句子以词的形式分别呈现，先呈现句子的主语，被试根据自己的阅读速度进行阅读，阅读完句子的主语之后，按空格会继续出现句子的宾语，同样操作后，再出现句子的谓语，阅读完后按空格接着会出现"？"，这时要求被试进行句子语义判断，判断句子的语义是否正确，若句子正确，则按"J"键，若句子错误，则按"F"键。

实验程序通过Eprime2.0制作而成，四种类型句子（蒙-蒙和汉-汉非转换句、蒙-汉和汉-蒙转换句）进行被试间的拉丁方平衡，每个 Block 呈现一种句子类型，每种句子类型在 Block 内随机呈现，每阅读 30 个句子后休息一次。具体实验流程及材料实例（图 6-1）。

实验在安静的实验室进行，一次实验只可做 6 个被试。实验设备皆为 Lenova 电脑，屏幕刷新率为 60Hz。被试进行实验任务前，先签署知情同意书，之后阅读实验任务指导语，并由主试进行统一讲解，被试表示明白任务要求之后，统一开始进行句子判断任务，先进行 24 个 Trials 的练习，然后进行正式实验。被试先看到屏幕中央的注视点，呈现时间为 1000ms，这时被试需要集中注意力，接着会出现句子中的主语词，呈现时间为被试的阅读时间，按空格后，呈现 400ms 的空屏，以消除感觉后像，之后再呈现句子中的宾语词，然后是句子中的谓语动词，最后会出现一个红色的"？"，此时被试需要判断这个句子的语义是否正确，做出判断后，下一个 Trials 的句子也如这般接着呈现。该任务结束后，要求被试阅读两篇汉语阅读题，之后再填写语言背景调查问卷。

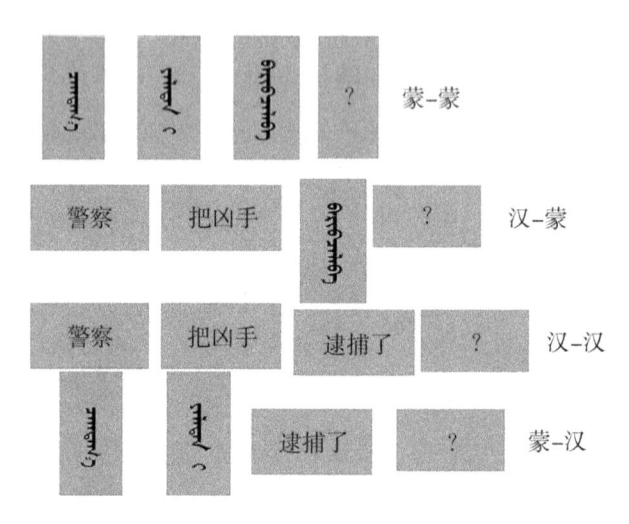

图 6-1　具体实验流程及材料实例

4. 实验设计

4句子类型（L1-L1、L2-L2、L1-L2、L2-L1）×2语义类型（正确、错误）的两因素被试内设计。变量一为4种句子类型：蒙-蒙非转换句（L1-L1）、汉-汉非转换句（L2-L2）、蒙-汉转换句（L1-L2）、汉-蒙转换句（L2-L1）；变量二为句子语义正确与否的情况。因变量一为被试阅读句子的谓语动词的反应时和句子语义判断的正确率；因变量二为蒙语转换到汉语的转换代价为蒙-汉转换句与汉-汉非转换句的反应时的差值、汉语转换到蒙语的转换代价为汉-蒙转换句与蒙-蒙非转换句的反应时的差值。

（三）实验结果分析

删除3名正确率低于80%的被试，剩下的被试数据统一删除阅读动词的反应时小于200ms和大于2500ms的数据，然后删除3个标准差之外的极值。依次求出四种句子类型的阅读动词的平均反应时和正确率，具体数值如表6-2所示。

表6-2 四种句子类型在语义正确和错误条件下阅读句末谓语动词的平均反应时和正确率

句子类型	平均反应时（M±SD）		平均正确率	
	语义正确	语义错误	语义正确	语义错误
蒙-蒙	752.07±378.17	853.51±399.43	0.94±0.28	0.89±0.35
蒙-汉	796.79±372.06	841.32±369.47	0.94±0.25	0.93±0.26
汉-汉	643.60±315.98	702.89±309.60	0.96±0.19	0.94±0.24
汉-蒙	830.09±394.32	945.30±448.96	0.94±0.24	0.89±0.31

对保留的数据做句子类型（蒙-蒙、蒙-汉、汉-汉、汉-蒙）×语义类型（语义正确、语义错误）两因素被试内设计的重复测量方差分析。结果如下：

反应时重复测量方差分析得出：句子类型主效应显著，$F(3, 105)=175.338$，$p<0.001$，$\eta^2=0.834$，多重比较发现：汉-汉的反应时显著小于蒙-蒙的反应时，$p<0.001$；汉-汉的反应时显著小于蒙-汉的反应时，$p<0.001$，表现出转换代价（153.19ms）；蒙-蒙与汉-蒙的反应时差异显著，也存在转换代价（78.02ms），$p<0.001$。语义类型的主效应显著，$F(1, 35)=234.447$，$p<0.001$，$\eta^2=0.870$，语义正确时的反应时显著小于语义错误的。句子类型和语义类型交互作用显著，$F(3, 105)=24.248$，$p<0.001$，$\eta^2=0.409$。

正确率重复测量方差分析得出：句子类型主效应显著，$F(3, 105)=38.926$，$p<0.001$，$\eta^2=0.527$，多重比较发现：汉-汉的正确率显著大于蒙-蒙的正确率，$p<0.001$；汉-汉的正确率显著大于蒙-汉的正确率，$p<0.001$；蒙-蒙和汉-蒙的正确率差异不显著。语义类型的主效应显著，$F(1,35)=7.781$，$p<0.05$，$\eta^2=0.182$，语义正确的正确率显著大于语义错误的。语言类型和语义类型交互作用显著，$F(3, 105)=5.594$，$p<0.05$，$\eta^2=0.138$。

由于采取的范式是自定步速的阅读方式，以句子的主语、宾语、谓语的顺序依次呈现让被试阅读反应，句末动词除了本身词汇的通达时间外，还可能承载着句子整合的作用。因此也对句子中的主语、宾语的阅读时间进行数据分析，具体的阅读反应时如表6-3所示。

表6-3　语义正确和错误条件下句子的主语和宾语的平均反应时（$M \pm SD$）

句子类型	语义正确		语义错误	
	主语	宾语	主语	宾语
蒙-蒙	537.38 ± 242.64	535.69 ± 240.83	529.77 ± 245.01	545.10 ± 248.19
蒙-汉	501.12 ± 2268.32	503.56 ± 208.28	508.02 ± 232.79	516.12 ± 217.62
汉-汉	443.00 ± 190.02	427.12 ± 184.19	443.03 ± 187.28	439.45 ± 199.04
汉-蒙	453.89 ± 211.95	431.62 ± 191.43	454.17 ± 216.59	426.08 ± 186.58

对句子的主语的阅读时间做4语言类型（蒙－蒙、蒙－汉、汉－汉、汉－蒙）×2语义类型（语义正确、语义错误）两因素被试内重复测量方差。经过分析得出：语言类型主效应显著，$F(3,105)=5.588$，$p<0.001$，$\eta^2=0.138$，多重比较发现：阅读蒙语的时间显著慢于阅读汉语的时间，$p<0.001$。语义类型主效应不显著，$F(1,35)=0.06$，$p>0.05$，两者交互作用不显著，$F(3,105)=0.817$，$p>0.05$。

对句子的宾语的阅读时间做4语言类型[蒙－蒙、蒙－汉、汉－汉、汉－蒙]×2语义类型（语义正确、语义错误）两因素被试内重复测量方差。经过分析得出：语言类型主效应显著，$F(3,105)=10.061$，$p<0.001$，$\eta^2=0.223$，多重比较发现：阅读蒙语的时间显著慢于阅读汉语的时间，$p<0.001$。语义类型主效应不显著，$F(1,35)=0.147$，$p>0.05$，两者交互作用不显著，$F(3,105)=0.256$，$p>0.05$。

（四）实验1结果讨论

从实验1的结果中得知：(1)汉－汉非转换句的句末动词阅读时间显著地小于蒙－蒙非转换句的句末动词阅读时间。(2)蒙语转换到汉语的转换句的句末汉语动词阅读时间显著地慢于汉语非转换句的句末汉语动词的阅读时间，说明存在转换代价，且转换代价为153.19ms。(3)汉语转换蒙语的转换句也发现了转换代价，转换代价为78.02ms。(4)由(2)和(3)可知转换代价表现出非对称性，其形式为从一语转换到二语的转换代价更大。(5)语义正确的句子的句末动词阅读时间更短。

首先，句子的主语、宾语、谓语的阅读时间显示一致的结果，即蒙语的阅读时间慢于汉语的。由被试的语言熟练度的七点自评发现，蒙古族蒙汉双语大学生汉语的熟练度很高，并且蒙语和汉语的熟练度在阅读能力方面无显著差异，由此推断蒙语和汉语的阅读时间应该无显著差异，但是从实验1的结果获知汉语的阅读速度更快，也就是说汉语句子中的主语和宾语词的词汇通达时间更快，句末动词的词汇通达时间或者句子整合方面都快。这与假设相违背，推其原因可能有二：

（1）研究发现长时间浸在二语环境中，会使二语熟练度增加（Linck et al., 2009），换句话说由于长期接触二语环境，使得二语词汇的通达更快，句子整合更易。被试填写的语言背景调查问卷中，对被试日常二种语言的使用情况进行了调查，具体情况如表6-4所示。

对每种日常活动的蒙语和汉语的语言使用时间进行配对样本 t 检验：听广播方面，两者差异显著，$t(1, 38)=2.279$，$p<0.05$；听音乐方面，两者差异不显著，$t(1, 38)=0.967$，$p>0.05$；看电视方面，两者差异显著，$t(1, 38)=4.35$，$p<0.001$；娱乐性阅读方面，两者差异显著，$t(1, 38)=2.722$，$p<0.05$；学习性阅读方面，两者差异不显著，$t(1, 38)=1.201$，$p>0.05$；网页性阅读方面，两者差异显著，$t(1, 38)=3.852$，$p<0.001$；写作业方面，两者差异显著，$t(1, 38)=3.755$，$p<0.05$；发微信方面，两者差异显著，$t(1, 38)=4.396$，$p<0.001$。

表6-4 日常活动中使用蒙语和汉语时间情况（小时）

	听广播*	听音乐	看电视*	娱乐性阅读*	学习性阅读	网页性阅读*	写作业	发微信*
蒙语	3.85	1.90	1.73	2.01	3.36	1.26	3.13	1.19
汉语	1.90	2.27	4.72	3.65	2.82	3.85	2.01	5.00

注　*代表显著性差异。

从表中可发现，阅读方面及有文字呈现的活动（如看电视）方面，使用汉语的时间更长，因此可推之，蒙古族蒙汉双语大学生在视觉输入活动方面，例如阅读等多使用汉语，而在听觉输入活动方面则多使用蒙语。本研究考查语言理解方面的句子转换机制，所有的实验任务都是阅读句子，然后判断句子语义正确与否。因此假设可能是由于蒙古族蒙汉双语大学生日常多接触汉语文字，所有汉语词汇能够更快地激活，以至于在实验1的结果中汉语的阅读速度更快。

（2）另一方面，还有研究者认为即使在做实验这样短暂的时间内，如果集中、大量地接触二语，也会导致一语被总体抑制，进而可能使一语的词汇激活或加工时间变慢（Guo et al., 2011）。实验1中的指导语是汉语，主试进行说明的语言也是汉语，使汉语获得了大量的激活，可能导致了蒙语的抑制，结果造成了蒙语的阅读速度变慢了。

为了探知到底哪种原因导致汉语的阅读速度加快，我们设计了实验2，其实验材料和流程都和实验1相同，但是指导语为蒙语，主试为蒙古族且用蒙语进行实验任务说明。

二、实验2　蒙语主试的语序一致的句内转换的行为研究

（一）目的

主试为蒙古族，指导语和说明语都是蒙语，以探索是否由于实验1中汉语的接触导致了蒙语被总体抑制，使得蒙语的阅读速度减缓。

（二）研究方法

1. 被试选取

被试选择标准同实验1。选取蒙-汉双语大学生共36名，其中男生8名。汉语和蒙语皆为熟练，年龄在19~22岁，被试都为右利手，矫正视力正常。

2. 实验材料

实验材料同实验1。

3. 实验任务及其流程

主试为蒙古族双语者，被试阅读的指导语是蒙语，被试阅读完指导语后，由主试统一用蒙语再次进行说明，被试表示明白后，统一开始进行实验。实验任务及实验流程同实验1。

4. 实验设计

实验设计同实验1。

（三）实验结果分析

实验2的数据处理方式同实验1，具体的句末动词阅读的平均反应时和正确率如表6-5所示。

动词阅读时间做实验1同样的方差分析得出：句子类型主效应显著，$F(3, 93)=5.279$，$p<0.05$，$\eta^2=0.146$，多重比较发现：汉-汉的反应时显著小于蒙—蒙的反应时，$p<0.05$；汉-汉的反应时显著小于蒙汉的反应时，$p<0.001$，表现出转换代价（100.33ms）；蒙-蒙的反应时显著地小于汉-蒙的反应时，$p<0.05$，存在转换代价（82.42ms）。语义类型的主效应显著，$F(1, 31)=28.233$，$p<0.001$，$\eta^2=0.477$，语义正确的反应时显著小于语义错误的。语言类型和语义类型交互作用显著，$F(3, 93)=9.437$，$p<0.001$，$\eta^2=0.233$。

表6-5　四种句子类型在语义正确和错误条件下的阅读句末谓语动词的平均反应时和正确率

句子类型	平均反应时（$M \pm SD$）		平均正确率	
	语义正确	语义错误	语义正确	语义错误
蒙-蒙	682.47 ± 314.10	733.94 ± 313.47	0.92 ± 0.28	0.88 ± 0.34
蒙-汉	701.83 ± 340.26	741.78 ± 351.46	0.93 ± 0.26	0.91 ± 0.29
汉-汉	601.50 ± 322.09	652.22 ± 333.52	0.95 ± 0.22	0.94 ± 0.23
汉-蒙	764.89 ± 406.00	838.98 ± 429.48	0.92 ± 0.27	0.87 ± 0.33

正确率重复测量方差分析得出：句子类型主效应显著，$F(3, 93)=18.537$，$p<0.001$，$\eta^2=0.374$，多重比较发现：汉-汉的正确率显著大于蒙-蒙的正确率，$p<0.001$。语义类型的主效应显著，$F(1, 31)=4.108$，$p=0.051$，$\eta^2=0.117$。语言类型和语义类型交互作用显著，$F(3, 93)=3.336$，$p<0.05$，$\eta^2=0.097$。

(四) 实验 2 结果讨论

从实验 2 的数据分析结果可以发现基本与实验 1 的结果相一致，尤其是汉语的加工速度依然比蒙语的加工速度快。而实验 2 中的主试说明语和指导语都是蒙语，是一个蒙语的环境状态，并不会存在对蒙语的总体抑制，但是数据结果依然显示汉语的加工速度更快，从这个方面可以推断实验 1 结果并不是讨论中的第二个原因，即可能是短时间大量地接触汉语导致蒙语的总体抑制所造成的，而可能是由于蒙古族大学生长期处于汉语环境中，导致汉语加工变快。BIA 模型认为词汇的激活速度是由被试的主观频率决定的，蒙古族大学生长期处于汉语文字视觉输入的环境中，其对汉语的主观频率更高，所以汉语词汇的激活速度更快，表现出阅读汉语的时间更快。

实验 1 和实验 2 都一致发现了无论哪种转换句都存在转换代价，BIA 模型及其之后的修正模型都认为词汇通达时双语者的两种语言是同时激活的，很多实验也证明了这点，例如：王瑞明等（2011）在考查熟练中－英双语者进行语言理解的转换任务中非目标语言的加工机制的研究中发现了，当使用目标语言时，非目标语言在词汇层也会被激活。BIA 模型（Dijkstra et al., 1998）认为两种语言同时激活后，通过语言节点来选择目标语言而抑制非目标语言，而 BIA+ 模型（Dijkstra et al., 2002）则认为词汇识别系统将两种语言的激活状态信息上传至任务决策系统，由任务决策系统来进行相应的任务反应。当发生转换时，任务决策系统或者语言节点要重新选择新的目标语言，所以相比于非转换状态，会花费一定的时间，表现出一定的转换代价。

之前的词汇层面的语言转换研究发现当双语者为熟练双语者时，转换代价是对称的，换句话说就是无论是从一语转换到二语，还是二语转换到一语，转换代价都是一样的，至少是无显著差异的。但是在句内语言转换的研究中，熟练双语者甚至是同声传译的双语者在进行语言转换任务时，转换代价也是非对称的。与这些研究相一致，实验 1 和实验 2 中的被试是熟练的蒙-汉双语者，在进行句内语言转换时转换代价是非对称的。句子层面的语言转换往往需要先进行词汇的加工之后，再进行句子层面的整合，因此可能才会表现出不同于词汇层面研究的结果。

词汇层面的语言理解的转换研究发现：从熟练的一语转换到非熟练的二语的转换代价更大，原因在于非熟练二语的激活速度更慢。从这个解释来看，实验1中的汉语由于长时间的浸入，其激活速度更快，研究结果应该是汉语转换到蒙语的转换代价更大，这与实验结果不符。这主要是由于行为层面的研究结果是多个认知活动的累加，句末动词除了本身词汇的通达外，还承担着句子整合的作用，因此可能在词汇水平上，即加工的早期阶段，转换代价是汉语转换到蒙语的转换代价更大。而到了加工的晚期阶段，在句子整合阶段，转换代价是蒙语转换到汉语的转换代价更大，因为汉语动词一般不出现在句末，从而造成了句子整合的困难。

由上述分析可知，加工的不同阶段，其转换代价可能会有所不同，需要观察到不同的加工阶段，深入探知转换时不同加工阶段的转换代价的特点，进一步探讨转换代价的加工机制。因此，将采用眼动技术和事件相关电位技术，通过不同加工阶段的指标，来获知不同阶段的转换代价的特点。

三、实验3　语序一致的句内转换的眼动研究

（一）目的

采用眼动技术，考查语言转换时句末动词的不同加工阶段的转换代价的特点，以进一步探索句内语言转换的转换机制。

（二）研究方法

1. 被试选取

内蒙古师范大学和内蒙古农业大学蒙古族蒙-汉双语大学生共24名，其中男生4名，年龄在19~22岁，被试都为右利手，矫正视力正常。其他同实验1。

2. 实验材料

实验材料同实验1，每种类型的句子各60个，语义正确和语义错误的句子各半。四种类型句子整句做成图片，其格式为1024像素×768像素。

3. 实验设备

采用加拿大生产的Eyelink1000塔式眼动仪设备记录被试阅读句子时的眼动轨迹，采样率为1000Hz，被试通过被试机来阅读句子及做句子语义判断任务，被试机的刷新率为120Hz，屏幕的分辨率为1024像素×768像素，用来固定被试头部的塔托与被试机屏幕的距离固定，使被试眼睛与屏幕的距离为60cm。

4. 实验任务及其流程

实验采用移动窗口范式，这里主要是指窗口随眼睛移动变化，来逐渐呈现刺激材料。换言之，句子并不是以整句的形式直接呈现给被试，而是阅读的过程中，被试的眼睛注视在哪里，窗口就移动到哪里，从而呈现出句子中的词汇。实验中的窗口大小以能单独呈现句子的主语、宾语、谓语为宜。采用该范式的原因在于实验材料的特殊性，转换句中由于嵌入了另一种语言，加之句子比较简短，若整句呈现，可能导致被试优先注视转换词，以至于无法进行有效的研究。

实验程序由Eyelink1000自带的编辑软件Experiment Builder编制而成，句子类型以Block形式呈现，共4个Block，Block间以拉丁方平衡的方式呈现。被试每15个Trials休息一次。

实验在内蒙古自治区心理学重点实验室的眼动实验室中进行，实施方式为单个被试施测。被试进入实验室后，主试认真讲解实验原理和实验任务，消除被试的紧张感。之后让被试坐于仪器前，被试将下巴放于托架上，前额靠在眼动仪上，并根据被试的情况调节托架的高度。所有准备事项完成后，进入练习阶段，首先练习校正，要求被试注视屏幕上出现的黑点，黑点出现在屏幕的哪个地方，被试的眼睛就移动到哪个地方，然后注视黑点。被试五点校正后，进入实验任务练习阶段，要求被试首先注视屏幕上黑点（汉语非转换和汉 - 蒙转换句子的黑点在屏幕中央偏左侧处；蒙语非转换和蒙 - 汉转换句子的黑点在屏幕中偏上方处）后，然后按照句子所属语言的阅读方式进行阅读：汉语非转换和汉 - 蒙转换句子的阅读方式是从左向右的方式阅读；蒙语非转换和蒙 - 汉转换句子的阅读方式是从上向下的方式阅读。句子阅读完成后，要求被试判断句子的语义是否正确，正确则按"J"，错误则按"F"。练习完成后，被试完全明白实验的任务和流程后，进入正式实验。由于被试的头部被固定，所以不能长时间进行实验任务，故每 15 个 trials 让被试休息一次，被试休息好后，继续进行实验，每次休息后都先进行校正，以保证眼动记录的精确性。

5. 实验设计

4 句子类型（L1-L1、L2-L2、L1-L2、L2-L1）× 2 语义类型（正确、错误）的两因素被试内设计。变量同实验 1，兴趣区为句末动词，包含非转换和转换的汉语动词、非转换和转换的蒙语动词。因变量为对兴趣区采用的眼动指标，根据转换后的早、中、晚期的加工阶段，具体选择的指标：（1）首次注视时间（早期阶段）：第一次通过某一兴趣区的第一个注视点的注视时间。（2）凝视时间（中期阶段）：从首次注视点开始到其首次离开当前兴趣区期间的持续时间。（3）回视时间（晚期阶段）：当前兴趣区内的所有回视时间的总和。

（三）数据处理及结果分析

眼动实验由 Eyelink1000 自带的数据分析软件 DataViewer 进行数据处理，并将所采用的眼动指标的相关数据导出，导出后的数据用 SPSS20.0 进行数据分析。所有被试的正确率都在 80% 以上，删除被试由于头动等问题而无法记录的数据、删除数据异常值（小于 80ms 大于 2000ms）、删除 3 个标准差以上的数据。首次注视时间、凝视时间、回视时间的平均时间如表 6-6 所示。

表 6-6　四种句子类型的眼动指标均值与标准差（$M \pm SD$）

句子类型	首次注视时间		凝视时间		回视时间	
	语义正确	语义错误	语义正确	语义错误	语义正确	语义错误
蒙-蒙	282.68 ± 133.77	274.87 ± 137.26	565.74 ± 292.80	607.39 ± 322.99	650.35 ± 306.31	760.55 ± 340.19
蒙-汉	320.86 ± 171.36	320.75 ± 160.59	683.88 ± 300.17	706.731 ± 324.68	742.87 ± 315.33	811.23 ± 342.46
汉-汉	313.38 ± 140.98	329.86 ± 157.29	532.94 ± 282.22	602.20 ± 302.38	612.55 ± 306.27	724.76 ± 339.41
汉-蒙	349.18 ± 161.74	367.50 ± 182.50	649.69 ± 293.37	723.21 ± 294.80	688.28 ± 332.79	774.09 ± 326.35

首次注视时间的方差分析：句子类型主效应显著，$F(3, 69)=13.705$，$p<0.001$，$\eta^2=0.37$，多重比较发现：蒙-蒙的首次注视时间显著小于汉-蒙的首次注视时间，$p<0.001$，存在66.5ms的转换代价。蒙-蒙的首次注视时间最短，$p<0.001$，汉-汉与蒙-汉的首次注视时间差异不显著，$p>0.05$；语义类型主效应显著，$F(1, 23)=4.343$，$p<0.05$，$\eta^2=0.159$，两者交互作用不显著，$F(3, 69)=2.291$，$p>0.05$，$\eta^2=0.09$。

凝视时间的方差分析：句子类型主效应显著，$F(3, 69)=7.413$，$p<0.001$，$\eta^2=0.24$。多重比较发现：汉-汉与蒙-汉的凝视差异显著，$p<0.05$，存在150.94ms转换代价，蒙-蒙与汉-蒙的凝视时间差异也显著，$p<0.05$，有83.95ms的转换代价，汉-汉与蒙-蒙的凝视时间差异不显著，$p>0.05$；语义类型主效应显著，$F(1, 23)=19.441$，$p<0.001$，$\eta^2=0.458$，两者交互作用不显著，$F(3, 69)=1.884$，$p>0.05$，$\eta^2=0.08$。

回视时间的方差分析：句子类型主效应显著，$F(3, 69)=3.38$，$p<0.05$，$\eta^2=0.13$。多重比较发现：汉-汉与蒙-汉的回视时间差异显著，$p<0.05$，转换代价为130.32ms，蒙-蒙与汉-蒙的回视时间差异不显著，$p>0.05$，汉-汉与蒙-蒙的回视时间差异不显著，$p>0.05$；语义类型主效应显著，$F(1, 23)=60.68$，$p<0.001$，$\eta^2=0.725$，两者交互作用不显著，$F(3, 69)=0.76$，$p>0.05$，$\eta^2=0.03$。

（四）实验3结果讨论

从实验3的结果可以获知：（1）首次注视时间方面，蒙-蒙非转换句比汉-汉非转换句的注视时间短；蒙-蒙非转换句的注视时间比汉-蒙转换句的时间短，有转换代价（66.5ms）现象的存在，但是汉-汉非转换句与蒙-汉转换句间无转换代价。（2）凝视时间方面，汉-汉非转换句的凝视时间比蒙-汉转换句的时间短，有150.94ms的转换代价；同时蒙-蒙与汉-蒙的凝视时间与存在差异，转换代价为83.95ms；非转换句汉语和蒙语没有显著差异。(3) 回视时间方面，只有汉-汉非转换句和蒙-汉转换句之间存在 130.32ms 的转换代价，而蒙-蒙与汉-蒙之间没有转换代价；汉语和蒙语的非转换句间也没有显著差异。

首先可以总结发现汉语和蒙语的非转换句的目标动词在不同的加工阶段表现出不同的特点。

首次注视时间和凝视时间被认为是词汇加工早期阶段的指标，但是两者反映的阶段可能不同。词汇识别包含字形加工和语义加工，首次注视时间是对词汇或者兴趣区的第一次注视时间，能够初步获取字形信息，根据词汇的难易程度也可能获取语义信息，因此它对词频、词的难易度等敏感（田宏杰等，2009）。低频词可能会延长首次注视时间（余香莲等，2015），本实验中的目标词其蒙语词频比汉语词频高，原因是蒙语词汇数量比汉语的少，蒙语的词可以对应多种相近的汉语意思，例如蒙语的"ᠪᠠᠷᠢᠵᠠᠢ"可以翻译成汉语的"抓了"，也可以翻译成"逮捕了"，因此这种客观上高频可能导致了蒙语更短的首次注视时间。

凝视时间是从第一次注视词汇或兴趣区到离开的这段多次注视时间的总和，研究者认为凝视时间可能反映了相对晚的加工结果，可能反映了在凝视时间处理的是认知负荷较大的语义表征（Gullifer et al.，2013）。回视时间被认为可以反映词汇加工的晚期阶段，由于本研究中的目标词位于句尾，因此会承担句子整合作用。在凝视和回视时间方面两者没有显著差异，蒙语和汉语相对晚期的加工对于蒙-汉双语大学生而言并无差异。

另一方面由实验结果可知，当发生句内转换时，句末动词的加工发生了困难，表现出加工时间上的延迟，呈现一定的转换代价。但是不同的加工阶段，转换代价的特点不同。

首次注视时间发现了只有从汉语转到蒙语时才存在转换代价，根据 BIA 的系列模型认为双语者在使用一种语言时，两种语言会同时激活。李利等（2011）对熟练双语者的非目标语言的激活状态的研究发现当使用目标语言时，非目标语言在词汇层上也被激活。从这个角度推测：目标语言汉语语义通达时，非目标语言蒙语也被激活，因此为了消除或减少非目标语言的干扰，汉语的语言节点会自上而下地抑制非目标语言蒙语的相关表征。当汉语转换到蒙语时，需要对蒙语转换词进行加工，由于之前的抑制，故重新激活时需要花费更多的时间，从而导致转换代价的产生。对于转换代价的非对称现象，其原因在于汉语为优势语，汉语的语言节点对非目标蒙语的抑制更大，所以蒙语再激活的时候会花费更多的时间去克服这个抑制，从而导致汉语转换到蒙语时转换代价的产生。

凝视时间上，无论哪种转换方向都发现了转换代价，由 BIA 模型可知两种语言的同时激活的非选择状态必然会造成竞争干扰，而语言节点可以通过自上而下的抑制来选择目标语言，因此当发生转换时，语言节点需要重新选择目标语言，从而导致转换代价的产生。虽然两种转换方向都存在转换代价，但是转换代价的程度不同。从蒙语转换到汉语的转换代价更大，由于被试处于汉语环境中可能导致汉语语义更易激活，故蒙语从词汇层通达到语义时需要花费更多的心理资源去抑制汉语语义的通达，因此当从蒙语转换到汉语时，虽然对汉语的词形抑制较少，而使汉语转换词的词形加工较快，但是对汉语语义通达的抑制较大，因此需要花费更多的心理资源来解除之前的抑制，从而导致更大的转换代价。从汉语转换到蒙语时也存在转换代价，因为蒙语的词频高于汉语，词形加工时间短，汉语加工词形时需要抑制蒙语的词形加工，因此当从汉语转换到蒙语时由于之前的蒙语词形加工方面的抑制，导致了蒙语词形加工的延迟，以至于影响了蒙语的语义通达，使得蒙语的语义激活变慢，产生了转换代价，但是由于汉语语义通达时无须花费很多时间来抑制蒙语的语义通达，因此加工蒙语转换词时不需要花费太多的心理资源来克服之前的抑制，所以其转换代价不如蒙语转换到汉语时那么大，表现出不同于首次注视时间的转换代价的非对称性现象。

回视时间方面转换代价只存在于从蒙语转换到汉语时，回视时间反映了词汇加工的后期阶段，由于目标词为句末动词，因此承担了整合作用。当汉语的语义获得通达后，需要将语义与句子进行整合，但是由于汉语的语序是主语＋谓语＋宾语，只有在被字句和把字句的情况下，谓语才会后置，即汉语的动词出现在句末时只有把字句和被字句；而蒙语的语序就是谓语动词永远处于句末，因此将汉语动词与蒙语句子进行整合时其认知负荷较大，需要花费一定心理资源，表现出一定的时间耗损，即产生了转换代价。而汉语转换到蒙语时，由于蒙语动词的语序就是位于句末，加之汉语句子是把字句，所以只要蒙语动词获得了语义，就可以将其很容易地整合到汉语把字句中，不需要花费额外的时间，故没有表现出转换代价。

在实验3的结果中，还可以发现不同的加工阶段，其转换代价的大小不同。研究者（Gullifer et al., 2013）认为词形表征方面的认知加工负荷较小，所需时间短，而语义通达方面的加工负荷较大，所需时间长。所以首次注视时间的转换代价较小，而凝视时间的转换代价较大。

虽然研究者认为首次注视时间和凝视时间都反映了词汇加工的早期阶段，且词汇通达时确实包含词形表征和语义表征两个阶段，但是很难界定首次注视时间就只能获取词形表征信息，有研究者认为首次注视时间除了获取词形表征信息外，还可能获得语义表征信息（田宏杰，闫国利，白学军，2009）。有研究者认为首次注视时间可能反映词汇通达过程（Inhoff, 1984），那么反映相对晚期加工阶段的凝视时间则反映了通达后的加工阶段。从这一角度看，本实验中可能在词汇通达过程中汉语转换到蒙语时的转换代价更大，而通达后的加工阶段中蒙语转换到汉语时的转换代价更大，晚期整合阶段中也是蒙语转换到汉语时的转换代价更大。

之所以会存在眼动指标反映过程的不确定性，主要是和眼动仪的特点有关。阅读过程中，眼球的运动反映了对视觉输入信息的实时加工和编码，但是对词汇或信息的注视并不是与加工一一对应，换句话说就是并不是完全耦合，眼动的指标参数只能粗略地描述信息加工的认知过程。而事件相关技术（ERPs）由于同样具有很高的时间分辨率，可以实时分析在线阅读过程，因此可以利用 ERPs 技术探查视觉刺激呈现后的早期、中期和晚期的不同加工阶段的电生理特征，为眼动研究提供更深层的、独立又互补的数据证据，从而为语言转换加工的特点和机制提供眼动行为和电生理证据。

由于眼动技术的缺陷，考虑到 ERPs 技术的特点，在实验 4 中将采用快速系列视觉呈现范式，利用 ERPs 设备对被试的脑电信息进行采集和分析，从电生理水平来揭示句内语言转换加工的特征及其机制。

四、实验 4　语序一致的句内转换的脑电（ERPs）研究

（一）目的

通过 ERPs 技术，采用快速系列视觉呈现范式，从电生理层面考查句内语言转换加工的特点，进而揭示其加工机制。

（二）研究方法

1. 被试选取

内蒙古师范大学和内蒙古农业大学蒙－汉双语大学生共 20 名，其中男生 4 名，年龄 19~22 岁。矫正视力正常，无精神疾病、癫痫疾病，无色弱、色盲，皆为右利手。其他同实验 1。

2. 实验材料

实验材料按主语、宾语、谓语分别制成图片，蒙语图片格式为 80 像素 × 150 像素，汉语图片格式为 150 像素 × 80 像素。每种类型的句子共 120 个，

语义正确和语义错误句子各半。

3. 实验设备

德国 Brain Products 公司生产的采集设备（电极帽、放大器）和记录软件 BrainVision Recorder，实验刺激呈现和脑电记录的电脑皆为 Lenovo，刷新率都为 60Hz。

4. 实验任务及其流程

ERPs 与刺激的加工过程具有锁时性，当词汇出现后相关的电位就会出现并一直持续到词汇加工结束，因此使用 ERPs 研究句子的时候，为了防止句中词汇间电位的相互干扰，一般都会采用快速系列视觉呈现范式，该范式是将句子的词汇单独呈现，每个词汇呈现时间为 400~600ms。

本实验中的快速系列视觉呈现范式由 Eprime2.0 编制而成，实验中向被试依次呈现句子的主语、宾语、谓语，每个词汇的呈现时间为 600ms，句子全部呈现之后，会出现一个"？"，此时让被试对句子的语义是否正确做出判断。句子类型以 Block 形式呈现，共 4 个 Block，Block 间以拉丁方平衡的方式呈现。被试每 30 个 Trial 休息一次。

实验在内蒙古自治区重点实验室的脑电实验室中进行，被试进入实验室后，先给被试讲解实验原理，消除被试的紧张和恐惧感后，要求被试签署知情同意书。然后让被试洗头去除头皮角质，吹干头发之后，对被试的额头、右眼眼眶下部、左眼眼眶左侧和两耳乳突进行摩擦去角质处理。所有前期准备做好后，给被试戴上电极帽做降电阻处理。当电阻降至实验要求后，给被试讲解实验任务，被试明白后开始进行练习，练习完成后开始进入正式实验，同时开始记录脑电数据。

（三）数据记录及处理

1. ERPs 数据记录方法

由德国 Brain Products 公司生产的 32 导电极帽和 BrainVision Recorder

记录软件负责采集和记录，参考点为 Reference，接地点在 FPz 和 Fz 的中点处。垂直眼电置于右眼眼眶下 1cm 处，水平眼电置于左眼眼尾 1cm 处。信号采样率为 500Hz，记录带宽为 0.01~70Hz。眼电和两耳乳突处的电阻小于 3KΩ，其他电极点电阻小于 5KΩ。

2. ERPs 数据分析方法

对所有数据只分析判断正确的句子的句末动词，所记录的数据通过德国 Brain Products 公司的分析软件 BrainVision Analyzer 2.0 进行离线分析，再分析前先对数据进行处理，具体如下：

（1）转参考处理，将参考点 Reference 转换为两耳乳突处的电极 TP9 和 TP10 的平均参考。

（2）去眼电伪迹，选择相应的算法剔除眼电伪迹。

（3）进行滤波，采用 30Hz 低通频率进行滤波

（4）脑电分段，根据不同的语义类型和句子类型脑电数据，以动词出现前的 100ms 到动词出现后的 1400ms 为标准进行分段。

（5）基线矫正：采用 -100~0ms 为基线做矫正。

（6）叠加平均：对同一分段的数据进行叠加平均，得到每个被试每种类型的平均脑电波形。

（7）总平均：所有的数据处理完后，对所有被试的同类型数据进行总平均。

（四）结果分析

N2：如图 6-2 所示，主要时间窗为 280~340ms，峰值在 320ms 左右达到最大，其分布主要为额区（F）、额－中央区（FC），类似于 NoGo 任务中的 N2，反映了冲突的监控。

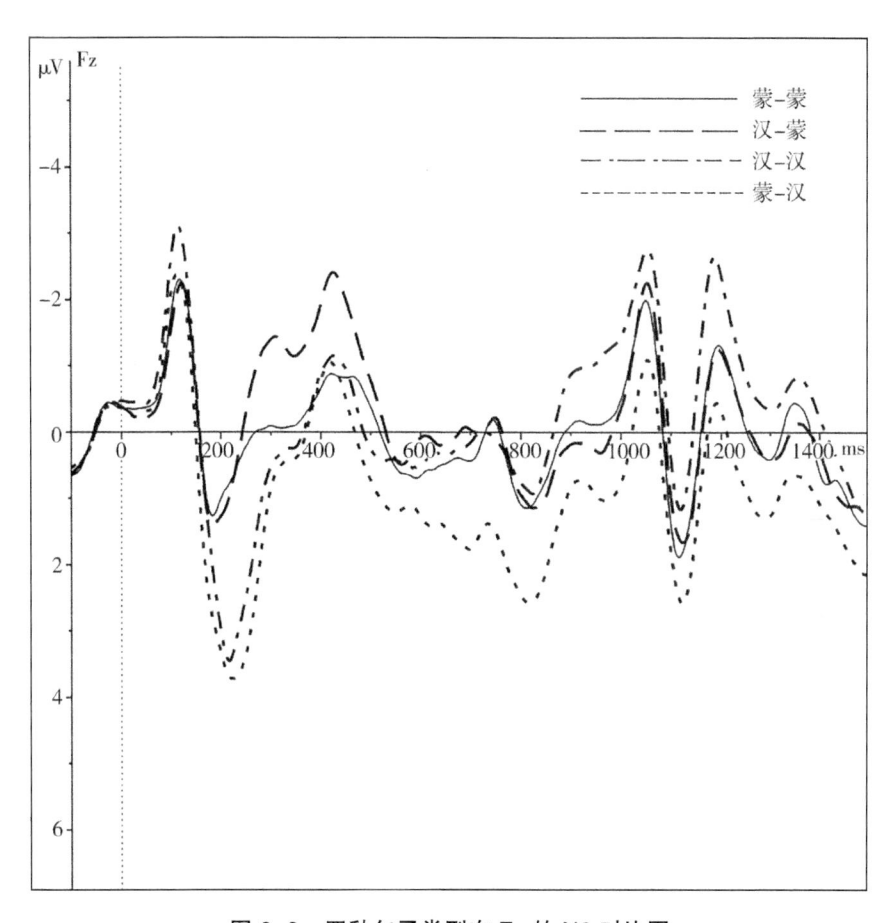

图 6-2　四种句子类型在 Fz 的 N2 对比图

根据 N2 的特点，本实验主要分析额区（F3、F4）、额-中央区（FC1、FC2）的电极点的平均波幅做 4 句子类型（蒙-蒙、蒙-汉、汉-蒙、汉-汉）×2 语义类型（正确、错误）×2 电极区域（额区、额-中央区）三因素重复测量方差分析显示：句子类型主效应显著，$F(3, 57)=5.375$，$p<0.05$，$\eta^2=0.221$。多重比较显示：汉-蒙的 N2 波幅显著比蒙-蒙的更负，$p<0.05$；蒙-蒙的 N2 波幅显著比汉-汉的更负，$p<0.05$；电极区域的主效应显著，$F(1, 19)=11.547$，$p<0.05$，$\eta^2=0.378$，额区的平均波幅更负；句子类型和电极区域的交互作用显著，$F(3, 57)=4.102$，$p<0.05$，$\eta^2=0.178$，语义类型

与电极区域的交互作用显著，$F(1, 19)=5.228$，$p<0.05$，$\eta^2=0.216$，三者交互作用显著，$F(3, 57)=3.168$，$p<0.05$，$\eta^2=0.143$。

P3：如图 6-3 所示，主要时间窗在 250~400ms，峰值在 300ms 左右达到最大，其分布主要在顶区（P）、枕区（O）。

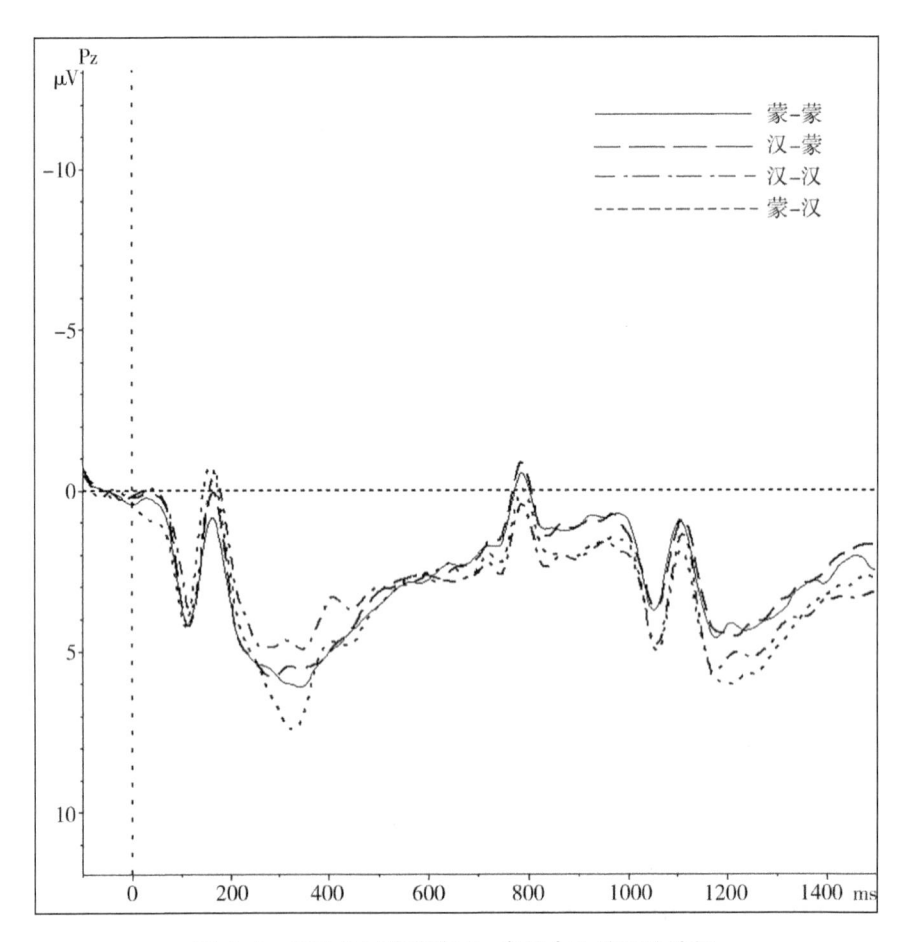

图 6-3　四种句子类型在 Pz 电极点上的平均波幅

根据 P300 的特点，本实验主要分析顶区（P3、Pz、P4）和枕区（O1、Oz、O4）电极的平均波幅，4 句子类型（蒙-蒙、蒙-汉、汉-蒙、汉-汉）×2 语义类型（正确、错误）×2 电极区域（顶区、枕区）三因素重复测量方差分析：句子类型主效应显著，$F(3, 57)=12.49$，$p<0.001$，$\eta^2=0.397$，多重比较显示：蒙—汉的平均波幅比汉—汉的更正；电极区域的主效应显著，$F(1, 19)=8.303$，$p<0.05$，$\eta^2=0.304$，顶区的平均波幅更正；句子类型和电极区域的交互作用显著，$F(3, 57)=5.55$，$p<0.05$，$\eta^2=0.226$，语义类型与电极区域的交互作用显著，$F(1, 19)=5.228$，$p<0.05$，$\eta^2=0.216$，其他效应不显著。

根据图 6-4 的 N400 分布的地形图，N400 效应可以分为：

（a）汉-汉 N400 地形图　　（b）蒙-汉 N400 地形图

（c）蒙-蒙 N400 地形图　　（d）汉-蒙 N400 地形图

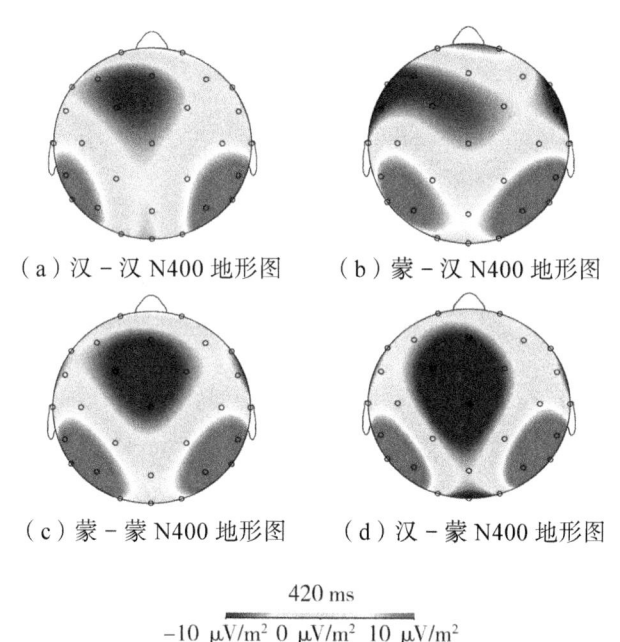

420 ms
$-10\ \mu V/m^2\quad 0\ \mu V/m^2\quad 10\ \mu V/m^2$

图 6-4　四种句子类型 N400 地形图比较

（1）前部 N400：如图 6-5 所示，主要时间窗在 350~450ms 左右，峰值在 400ms 左右达到最大，其分布主要分布在额区（F）、额-中央区（FC）。

根据前部 N400 特点，本实验主要分析额区（F3、F4）、额-中央区（FC1、FC2）的平均波幅，2 句子类型（蒙-汉、汉-汉）×2 语义类型（正确、错误）×2 电极区域（额区、额-中央区）三因素重复测量方差分析：

句子类型的主效应显著，$F(1, 19)=8.668$，$p<0.05$，$\eta^2=0.313$，蒙-汉的平均波幅显著更负于汉-汉的平均波幅，两者相差 0.94μV；电极区域主效应边缘显著，$F(1, 19)=4.336$，$p=0.05$，$\eta^2=0.186$，额区的平均波幅更负；语义类型和电极区域的交互作用显著，$F(1, 19)=22.787$，$p<0.001$，$\eta^2=0.545$，其他效应不显著。

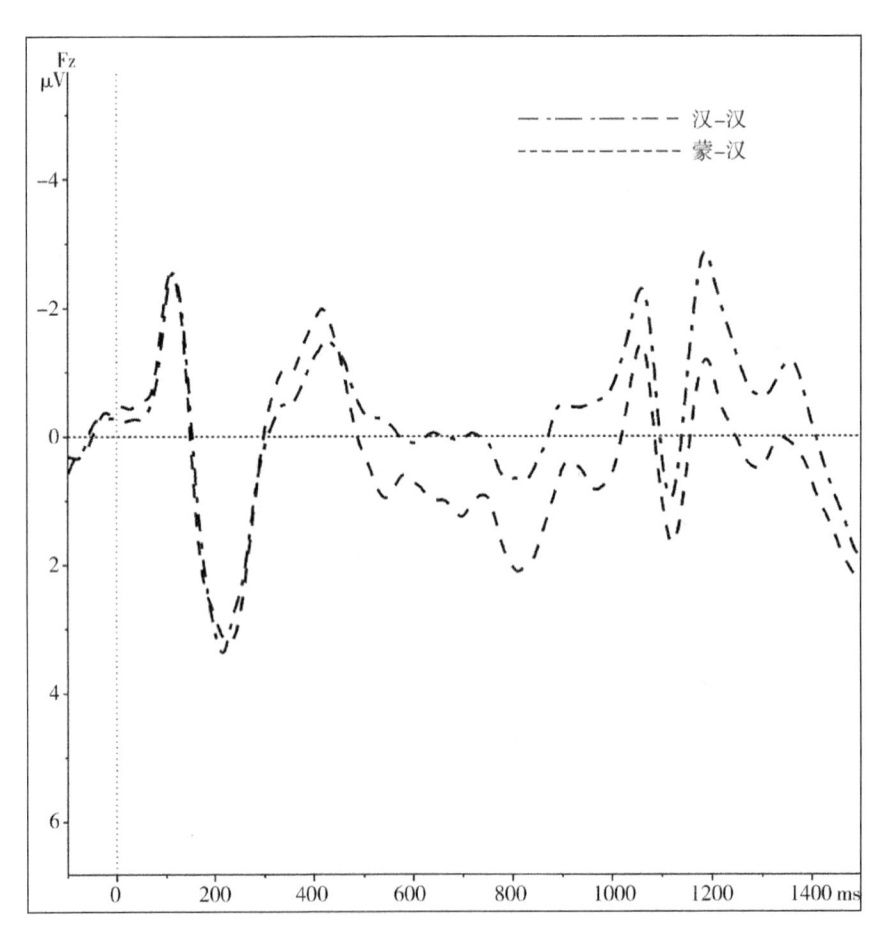

图 6-5　汉-汉与蒙-汉句子类型在 Fz 电极点上的平均波幅

（2）后部 N400：如图 6-6 所示，主要时间窗在 380~500ms，峰值在 400ms 左右达到最大，其分布主要分布在中央区（C）、中央-顶区（CP）。

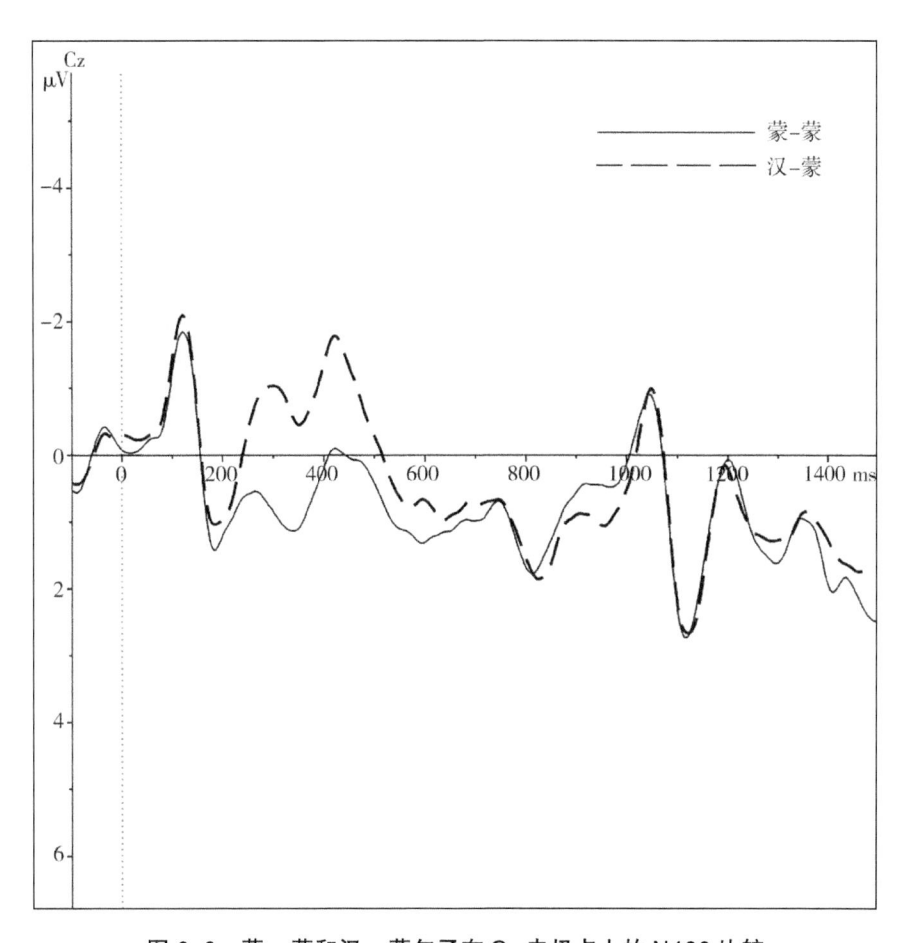

图 6-6　蒙－蒙和汉－蒙句子在 Cz 电极点上的 N400 比较

根据后部 N400 特点，本实验主要分析中央区（C3、C4）、中央－顶区（CP1、CP2）的平均波幅，2 句子类型（汉－蒙、蒙－蒙）×2 语义类型（正确、错误）×2 电极区域（中央区、中央－顶区）三因素重复测量方差分析：句子类型的主效应显著，$F(1, 19)=6.098$，$p<0.05$，$\eta^2=0.243$，汉－蒙的平均波幅显著更负于蒙－蒙的平均波幅，两者相差 0.85μV；语义类型主效应显著，$F(1, 19)=8.028$，$p<0.05$，$\eta^2=0.297$，语义错误的平均波幅更负；电极区域主效应显著，$F(1, 19)=33.183$，$p<0.001$，$\eta^2=0.636$，中央区的平均波幅更负；其他效应不显著。

根据 LPC 特点，本实验主要分析额区（F3、Fz、F4）和中央区（C3、Cz、C4）的电极点的平均波幅，4 句子类型（蒙-蒙、蒙-汉、汉-蒙、汉-汉）×2 语义类型（正确、错误）×2 电极区域（额区、中央区）三因素重复测量方差分析：句子类型主效应显著，$F(3, 57)=4.399$，$p<0.05$，$\eta^2=0.188$，多重比较显示：蒙-汉的平均波幅显著更正于汉-汉；句子类型与电极区域交互作用显著，$F(3, 57)=2.853$，$p<0.05$，$\eta^2=0.093$；句子类型、语义类型和电极区域三者交互作用显著，$F(3, 57)=6.265$，$p<0.05$，$\eta^2=0.248$。

LPC：如图 6-7 所示，主要时间窗在 550~900ms，主要分布在额区（F）、中央区（C）。

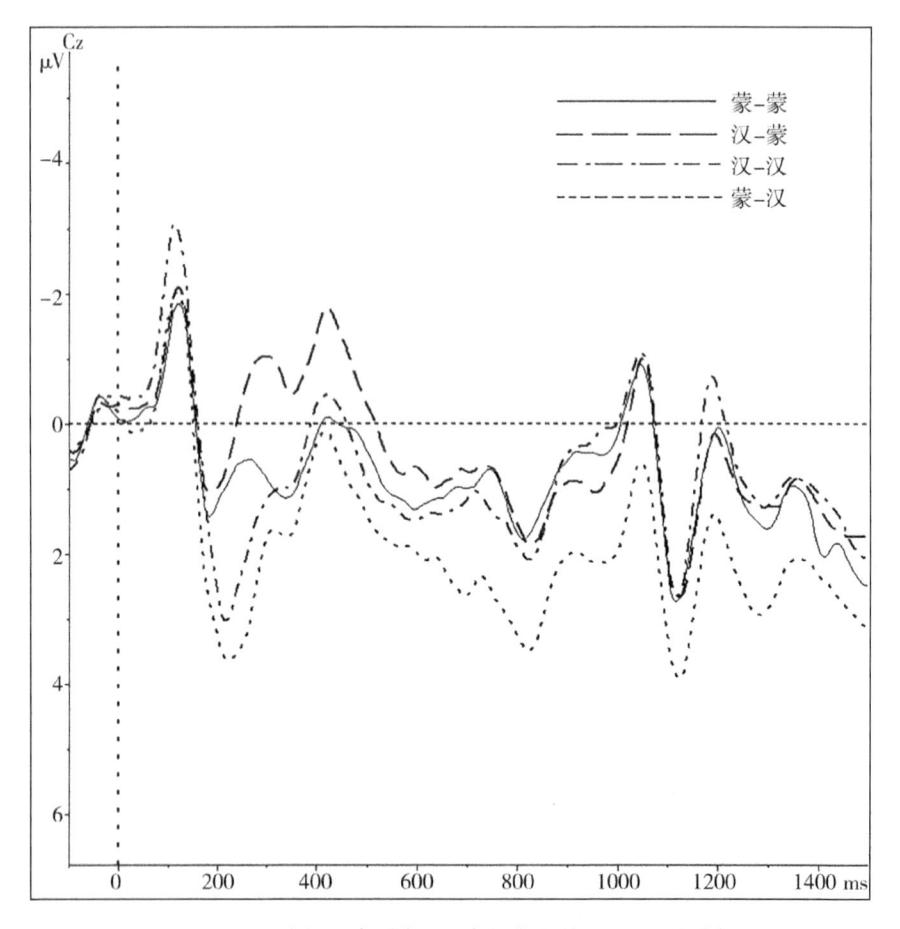

图 6-7　四种句子类型在 Cz 电极点上的 LPC 平均波幅

（五）实验 4 结果讨论

从 ERPs 的研究结果可以发现当出现句末动词后的 150~200ms 期间出现了第一个负波，即 N1，随后 180~250ms 间出现了第一个正波 P2，接着 250~350ms 期间顶、枕区出现了正波 P3，而额、中央区则出现了负波 N200，在 350~500ms 期间则出现了 N400，最后在 550ms 之后出现了晚期正成分的慢波 LPC。

由结果分析可以获知：（1）N2 成分方面，汉语词转换到蒙语词的转换句的波幅显著比蒙语非转换句大，表现出转换代价，而相反方向的转换则未有转换代价。（2）P3 成分方面，蒙语词转换到汉语词的转换句的波幅显著比汉语非转换句大，发现了转换代价，但是汉－蒙的转换则无转换代价。（3）N400 成分方面，头皮前部的 N400 上，蒙－汉的转换句发现了转换代价，而头发后部的 N400 汉－蒙转换句的平均波幅比蒙－蒙的更负，存在转换代价。（4）LPC 成分上，则只在蒙－汉的转换方向上发现了转换代价。

针对上述的结果首先进行总体的讨论，其次着手对不同的成分进行分析讨论，具体讨论如下：

从总体的加工而言：首先，无论是非转换句还是转换句都发现了词汇识别、语义－语境整合和句子整合的加工阶段及其相应的 ERPs 成分，展现出 ERPs 精确的锁时性。其次，我们可以发现加工的早期阶段和晚期阶段的转换加工的特点不同。词汇加工的早期阶段，汉－蒙的转换句，即汉语的主语和宾语后出现了蒙语谓语动词的句子，发现了转换代价，而蒙－汉的转换句则未发现，说明转换代价呈现非对称性。而到了词汇加工的晚期阶段——词汇语义整合期时，转换代价的非对称性发生了反转，即蒙－汉的转换句（蒙语句子中嵌入汉语的谓语动词）存在转换代价，而汉－蒙的转换句也存在转换代价，但是蒙－汉的转换代价更大，同时蒙－汉转换句的转换代价一直延续到句子的整合阶段，也就是说只有蒙－汉转换句在 LPC

中发现了转换代价。从这个角度可以说，句内转换加工机制在加工的早期阶段和晚期阶段不同，早期阶段的转换代价是汉－蒙＞蒙－汉，而晚期阶段的转换代价则是蒙－汉＞汉－蒙。

ERPs结果发现额区N2在刺激呈现后250~350ms间出现，并且在310ms左右达到最大峰值。研究者认为额区、额－中央区的N2，即前部N2是和认知控制、抑制和冲突监控有关（Donkers & van Boxtel，2004），这种冲突除了包含反应竞争间冲突，还包含了语义表征间的冲突。在语言转换的研究中，N2反映了对非目标语言的自上而下的抑制，抑制程度越大，N2的波幅就越大（Eva et al.，2008）。

从本研究的结果可以看出，汉语转换到蒙语时N2波幅产生了转换代价，表明当从汉语转换到蒙语时需要更多的认知资源进行抑制控制。Myers-Scotton（2006）认为句内语码转换句中，包含主体语言和嵌入语言，两种语言都会同时激活。本研究汉－蒙的转换句中，汉语为主体语言，而蒙语则是嵌入语言，在加工蒙语前，被试加工汉语的主语和宾语，使得汉语的语言节点保持激活，同时抑制了非目标蒙语，当转换到蒙语时，由于之前的目标语言汉语一直处于激活状态，于是与目标语蒙语产生了冲突，为了使目标语言——蒙语顺利进行词汇通达，因此需要花费更多的注意资源对其抑制，从而导致了蒙语在转换情况下产生了转换代价。而蒙语转换到汉语时，主体语——蒙语虽然也处于激活状态，但是汉语词的激活强度更大，联结更强，导致了虽然之前的蒙语对当前的目标语汉语产生了冲突干扰，但是对其的抑制并未花费太多的心理资源，故并未产生转换代价。

P3成分由Duncan（1979）在1977年的研究通过Oddball范式观察到，P3成分包含P3a和P3b，两者的分布不同，机制也不同。P3a的头皮分布更靠前，且在额区达到最大；P3b的头皮分布则更靠后，且在顶区达到最大。本研究发现的P3成分的潜伏期在250~400ms期间，300ms左右达到最大的峰值，且顶区的波幅更大，故可以认为是P3b，虽然P3都由一种意外事件所引起的，但是 P3a 和 P3b 的机制并不相同，Polich（2007）认为 P3a 反映了刺激引起的自下而上的前脑区注意加工机制，而 P3b 则反映了任务相关的自上而下的颞－顶区注意和记忆机制。Donchin（1988）认为 P3 波与情境更新（Context Updating）的过程有关，人脑一般以表征的形式存储与认知事物有关的信息，当出现某一刺激时，人脑根据已有的表征信息对其进行反应，并根据刺激与表征信息（背景）间的差异量进行修正，修正程度与 P3 的波幅成正比，修正程度越大，其波幅越大。从语言加工的角度而言，P3 反映了词汇从记忆中提取后，即词汇通达后的整合过程（Donchin & Coles，1988），有研究者则认为 P3 是语义违反的一个指标（Li，2010）。从这个角度而言，蒙－汉转换句存在转换代价说明转换的汉语动词获得语义后，其整合难度更大。

N400 是语言加工研究中使用最广泛的一种脑电成分，它出现在刺激后的 300~500ms，且在 400ms 左右达到最大峰值，且顶区的波幅最大。研究同时发现了一种额区 N400，其潜伏期相似，但是其分布则是在头皮前部，即额区、额中央区。有研究者认为 FN400 与熟悉性有关（Rugg & Curran，2007），但是 Voss 等（2011）通过词汇识别测试，得出 FN400 与传统 N400 在功能上并无差异皆反映了语义的整合加工。之所以在本研究中发现 N400 成分的分布不同，可能是由于蒙语属于拼音文字，而汉语则是表意文字，研究（Connolly et al.，1992）发现表音和表意文字的 N400 的分布不同，汉语文字的 N400 的分布一般在额、额－中央区；而表音文字的 N400 则以中央－顶分布为主，故本研究中分别从 FN400 和传统 N400 对蒙－汉和汉－蒙的句末动词进行因素分析。

在句子的研究中，N400 主要反映了词汇获取后的加工，也就是说将语义得到通达的词汇整合到句子的语境中的过程（陈玲俐，2012）。当目标词汇与所在的句子语境或者说与之前的句子部分的语义或语境不一致，即词汇语义整合到句子语境时发生困难时 N400 的效应更大。本研究发现蒙语转换到汉语时，也就是蒙语句子中嵌入了汉语的句末动词的句子中，转换代价更大，说明汉语句末动词难以与蒙语句子的语境进行整合，其原因可能是由于蒙语句子并不是"把字句"，因此当汉语动词出现在句末，由于缺少"把"字的联结，使得汉语动词与句子语境的整合发生了困难，从而呈现出转换耗损的状态。汉语转换到蒙语时也发现了转换代价，尽管主体汉语句是把字句，使得动词处于句末合理化，蒙语句末动词嵌入汉语主体句中，仍然会比非转换句整合更难，说明对于转换词，双语者可能将其视为意外事件，研究发现对于意外的、预测性低的词汇或事件，N400 波幅更大（Moreno et al., 2002）。整合过程中，蒙语转换到汉语时的转换代价更大，主要表现为开始整合时间早、进程长，即从 P3 开始一直到 N400 结束（250~450ms）其转换代价波幅更大（0.94μV）；而汉语转换到蒙语时则整合时间晚、进程短、转换代价波幅小（0.85μV），表明当蒙语转换汉语时，语义整合更难，因为词汇通达到语义时，其词汇所具有的句法角色和题元角色也会同时激活，本研究中汉语动词的语义获得通达后，其动词的论元结构也被激活（Harley, 2001），而汉语动词的语序为主语之后、宾语之前，且蒙语句子并非把字句，因此汉语句末动词的词素句法与主体蒙语句的语序结构发生了冲突，导致蒙-汉句子整合的难度比汉-蒙句子的难度更大，从而导致了转换代价的非对称性。

P600 也称句法正漂移（Syntactic Postive Shift, SPS）或者 LPC，它是由违反句法的词汇所引发的正成分，P600 被认为反映了句法再分析或者句法整合的过程，当反映句法再分析的过程时，往往伴随着 LAN（句法违反的早期负波）的出现，而本研究中并未发现 LAN，因此认为 P600 反映了句法整合的过程，整合难度越大，波幅就越大。因为汉语的动词很少出现在句末，只有被动句和把字句的情况才会出现，当汉语动词出现在蒙语的主语和宾语之后，由于缺少"把"这一重要的语法标志，导致汉语转换词的句法违反，使其整合出现了困难，进而出现了转换代价；而蒙语动词一般都是在句末,当蒙语动词出现在汉语的把字句的句末时,由于存在"把"这个语法标志,同时蒙语动词本身句末呈现的语法规则,导致其整合并未出现太大的困难,所以并未表现出转换代价。

综上而述,无论是汉-蒙转换句还是蒙-汉转换句都发现了转换代价,但是两者的转换代价的机制存在本质上的不同。词汇加工的早期阶段,由于转换到蒙语时之前的抑制会对蒙语的激活产生更大的影响,故发现了汉-蒙转换句的转换代价,所以词汇加工早期阶段的转换代价的非对称性特点为汉-蒙>蒙-汉;而词汇通达后的语义整合阶段,汉-蒙转换句和蒙-汉转换句都发现了转换代价,说明转换都会造成整合的困难,但是蒙-汉的转换句的整合时间更长,转换代价更大,故词汇整合阶段的转换代价的非对称性特点为蒙-汉>汉-蒙;句子整合阶段,蒙-汉转换句依然存在转换代价,故句子整合阶段的转换代价的非对称性特点为蒙-汉>汉-蒙。

第三节 研究二 语序不一致的句内转换研究

研究一从行为层面、眼动层面、电生理层面分别对语序一致(汉语和蒙语都是 SOV)的句内语言转换由浅入深地进行了研究,研究结果一致发现词汇和句子加工的不同阶段的句内转换的特点不同、解释机制也不同。词汇加工的早期阶段更难以从汉语转换到蒙语、词汇加工的晚期阶段则更难以从蒙语转换到汉语、句子整合阶段同样难以从蒙语转换到汉语。

句子整合阶段,蒙语转换到汉语时转换代价更大,对其解释是可能是由于汉语的谓语动词的语序规则与蒙语句子的语序规则相冲突导致的。Myers-Scotton(2006)曾提出主体语言框架模式理论,该理论认为参与句内语言转换的两种或多种语言,其中一种语言为主体语言,其他语言则为嵌入语。并认为虽然两种语言都处于激活状态，但两种语言具有非平等性，即主体语言主要提供句法框架，而嵌入语则受到主体语言的句法制约。因此蒙语转换到汉语的句子中，蒙语为主体语言，而汉语为嵌入语，因此汉语受到主体语言的句法制约，而汉语谓语动词一般是处于句中联结主语和宾语的，这与蒙语谓语动词处于句末的句法规则相冲突，从而导致了句子整合阶段的认知资源的耗损。当汉语转换到蒙语的句子中，由于把字句的结构就是谓语动词处于宾语之后，在本文的材料中就是句末，这一汉语的主体语言制约了动词的句末位置，而蒙语动词的句法规则就是句末规则，所以并没有导致更多认知资源的耗损。

由上所述，可以假设如果蒙语转换动词与汉语主体语言的句法产生冲突时，也可能会产生转换代价，因此研究二中将采用汉语和蒙语的简单陈述句，即汉语的语序是主语＋谓语＋宾语（SVO），而蒙语的语序依然是主语＋宾语＋谓语（SOV），这样汉语转换到蒙语的句子就是蒙语动词在主语之后、宾语之前，势必也会产生句法规则的冲突，使得在句子整合阶段也产生了转换代价。研究二将依然从行为层面、眼动层面、电生理层面由浅入深逐层探索语序不一致的句内转换，在不同加工阶段的转换特点及其机制。

一、实验5　语序不一致的句内转换的行为研究

（一）目的

汉语和蒙语都采用简单陈述句，本研究在蒙汉都为各自的语序的情况下，采用自定步速阅读范式，通过操纵语言转换方向的条件，考查如下问题：（1）蒙语和汉语的句内转换时，是否都存在转换代价？（2）若存在转换代价，其各自的转换代价的特点是什么？是否出现了转换代价的非对称现象？

(二)研究方法

1. 被试选取

内蒙古师范大学蒙汉双语大学生,共28名,男生2名。年龄在19~22岁之间,被试都为右利手,矫正视力正常。其他同实验1。

2. 实验材料

筛选方式同研究一,且汉语的简单陈述句和把字句的意思相同。经过筛选获得120个蒙语和汉语简单陈述句,语义一致和不一致各半,各为60个,蒙语和汉语句子可以互译。句子中的谓语动词为目标词,句子分为转换句和非转换句,蒙-汉转换句是蒙语句子中嵌入汉语谓语动词,汉-蒙转换句是汉语句子中嵌入蒙语谓语动词,于是形成了蒙-蒙非转换句、汉-汉非转换句、蒙-汉转换句、汉-蒙转换句。实验材料按主语、宾语、谓语分别制成图片,蒙语图片格式为80像素×150像素,汉语图片格式为150像素×80像素。

3. 实验任务及其流程

任务及实验流程同实验1,见图6-8。

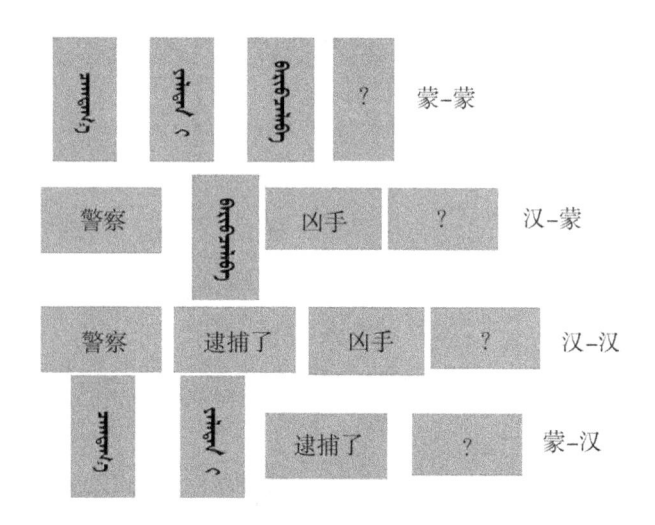

图6-8 实验5的具体实验流程及材料实例

4. 实验设计

实验设计同实验 1。

（三）实验结果分析

数据处理方式同实验 1，具体句子的主语、谓语、宾语的平均反应时如表 6-7 所示。

表 6-7　语义正确情况下的四种句子类型的主语、谓语、宾语的平均反应时（$M \pm SD$）

	汉－汉－汉	汉－蒙－汉		蒙－蒙－蒙	蒙－蒙－汉
主语	398.98 ± 169.12	432.43 ± 173.16	主语	540.42 ± 262.73	519.05 ± 267.98
谓语	383.67 ± 144.95	586.61 ± 347.92	宾语	546.11 ± 250.89	519.23 ± 241.71
宾语	547.01 ± 270.89	637.08 ± 309.84	谓语	704.86 ± 420.17	772.80 ± 415.12

比较汉语的主语和宾语间的反应时是否存在差异？对汉－汉－汉句子的主语和谓语进行配对样本 t 检验：$t=1.899$，d$f=27$，$p>0.05$；对蒙－蒙－蒙句子的主语和宾语做配对样本 t 检验：$t=0.246$，d$f=27$，$p>0.05$，根据这个结果可以假设汉语非转换句中的主语、谓语、宾语的词汇水平的反应时相等，蒙语非转换句中的主语、谓语、宾语的词汇水平的反应时相等。因此，蒙语谓语动词的转换代价就等于汉－蒙－汉的蒙语谓词与蒙－蒙－蒙的宾语的差值；汉语谓语动词的转换代价等于蒙－蒙－汉的汉语谓语与汉－汉－汉的宾语的差值，分别对其进行配对样本 t 检验。

汉－蒙－汉的蒙语谓词与蒙－蒙－蒙的宾语的反应时差异不显著，$t=0.968$，d$f=27$，$p>0.05$；蒙－蒙－汉的汉语谓语与汉－汉－汉的宾语的反应时差异显著，$t=4.133$，d$f=27$，$p<0.001$。

对 3 句子类型（汉－汉－汉、汉－蒙－汉、蒙－蒙－汉）的句末词的反应时做单因素重复测量方差分析：句子类型主效应显著，$F(2, 54)=10.697$，$p<0.001$，$\eta^2=0.284$，多重比较发现：汉－蒙－汉句末词的反应时显著小于蒙－蒙－汉；汉－汉－汉句末词的反应时显著小于蒙－蒙－汉，

汉－汉－汉句末词的反应时显著小于汉－蒙－汉。

（四）实验 5 结果讨论

由结果分析发现：（1）蒙－蒙－汉的句子中，汉语谓语动词发现转换代价；（2）汉－蒙－汉的句子中，蒙语谓语动词并未有转换代价；（3）汉－蒙－汉的句末词的反应时显著大于汉－汉－汉的句末词，而显著小于蒙－蒙－汉的句末词。

首先实验 5 中，依然发现了蒙－汉的转换代价，这与研究一的结果相同，再次验证了研究一关于蒙语转换到汉语会产生耗损的结果。

其次，汉－蒙－汉的句子中，蒙语谓语动词并未发现转换代价，由于句中词并没有像句末词具有句子整合的作用，故推断可能在词汇水平上汉语转换到蒙语时并没有产生耗损，这也与研究一中的结果相似。

最后，汉－蒙－汉的句子中的句末汉语词也发现了转换代价，说明蒙语转换到汉语确实产生了转换耗损，而且说明可能蒙语谓语动词嵌入汉语句子中，对句子的整合也产生了耗损，但是汉－蒙－汉的句末汉语词的反应时却显著小于蒙－蒙－汉的句末汉语词，说明可能蒙语嵌入汉语句子中的句子整合的难度并没有汉语嵌入到蒙语句子中的整合难度大。

实验 5 由于非转换和转换句的谓语动词的位置不同，只能通过相应的 t 检验，假设汉语非转换句的主语、谓语、宾语的词汇水平的加工时间相等，蒙语非转换句的主语、谓语、宾语的词汇水平的加工时间相等。然后比较同一句子位置的汉蒙转换句的蒙语谓语和非转换句的蒙语宾语；蒙－汉的转换句的汉语谓语和非转换句的汉语宾语。所以需要设计一个实验，让转换句的谓语和非转换句的谓语在同一位置，以获得词汇水平层面的转换代价是否如实验 5 的结果。

二、实验6　转换句和非转换句的谓语同一位置下的句内转换的行为研究

（一）目的

蒙语非转换句的语序为主语、谓语和宾语，而汉语非转换句的语序为主语、宾语和谓语，以使得转换句和非转换的谓语动词在句中同一位置，以验证实验5的结果。

（二）研究方法

1. 被试选取

另选取蒙-汉双语大学生共28名，其中男生2名。年龄在19~22岁，被试都为右利手，矫正视力正常。其他同实验1。

2. 实验材料

实验材料同实验1，蒙语的非转换句的语序为主谓宾，汉语的非转换句的语序为主宾谓。

3. 实验任务及其流程

实验任务及实验流程同实验1。

4. 实验设计

实验设计同实验1。

（三）实验结果分析

实验数据处理方式同实验5。具体句子的主语、谓语、宾语的平均反应时如表6-8所示。

因为句中词不承担句子整合的作用，因此语义正确和语义错误并不会对句中词的词汇加工产生影响，故将两者平均后处理。汉-蒙-汉和蒙-蒙-蒙的句中谓语动词做配对样本 t 检验显示：两者差异不显著，$t=0.178$，$df=27$，$p>0.05$；

表6-8 语义正确情况下的四种句子类型的主语、谓语、宾语的平均反应时（$M \pm SD$）

	汉-汉-汉	蒙-蒙-汉		汉-蒙-汉	蒙-蒙-蒙
主语	397.14±164.68	502.80±267.80	主语	428.51±206.74	515.18±278.55
宾语	373.27±152.18	499.48±261.88	谓语	565.83±361.44	561.03±286.85
谓语	586.77±347.80	688.13±386.72	宾语	595.3±340.071	681.5±399.76

汉-汉-汉和蒙-蒙-汉的句末谓语动词做2（句子类型：汉-汉-汉、蒙-蒙-汉）×2（语义类型：正确、错误）的两因素重复测量方差分析：句子类型主效应显著，$F(1,27)=4.817$，$p<0.05$，$\eta^2=0.151$，语义类型主效应显著，$F(1,27)=14.828$，$p<0.001$，$\eta^2=0.354$，两者交互作用显著，$F(1,27)=9.157$，$p<0.05$，$\eta^2=0.253$。

（四）实验6结果讨论

实验6的结果可知：（1）汉-蒙-汉的主谓宾句子的蒙语动词的反应时与蒙-蒙-蒙的主谓宾句子的蒙语动词的反应时无显著差异，即汉语转换到蒙语时无转换代价。（2）汉-汉-汉的主宾谓句子的汉语动词的反应时显著小于蒙-蒙-汉的主谓宾句子的汉语动词的反应时，表现出蒙语转换到汉语的转换代价。

实验中的蒙-蒙-蒙非转换句的语序是主语+谓语+宾语，而实际中的蒙语语序是主语+宾语+谓语，但是由于本实验中的呈现方式是逐词呈现，所以谓语在句中，并不承担句子整合的功能，故可以认为对于蒙语句子的句中谓语的反应时多是从词汇水平上的加工，除此之外，汉-蒙-汉和蒙-蒙-蒙的句子中的蒙语谓语动词都是处于句子的中间，都有违蒙语的动词处于句末的规则，但是依然发现并未转换代价，这与实验5的研究结果一致，因此可能说明两者在词汇水平上并未有转换代价。

实验中的汉-汉-汉非转换句的语序是主语+宾语+谓语，而实际中的汉语语序是主语+谓语+宾语，在蒙-蒙-汉的转换句中汉语谓语动词也在句尾，这与本实验中的汉语非转换句的谓语动词一样，都是违背汉语谓语动词处于句中的规则，但是研究结果依然发现蒙语转换到汉语的转换代价，因此可能即使汉语的非转换句的谓语也有违句法规则，但是依然比其转换句中的谓语的反应时短，说明蒙语转换到汉语时确实存在转换代价。

由于采用反应时指标的行为研究固有的缺陷，因此实验5和实验6的结果很大程度为推测结果，为了进一步精确验证行为研究的结果，将采用眼动技术深入考查汉语转换到蒙语和蒙语转换到汉语时的转换代价的特点。

三、实验7 语序不一致的句内转换的眼动研究

（一）目的

采用眼动技术，考查语言转换时谓语动词的不同加工阶段的转换代价的特点，以进一步探索句内语言转换的转换机制。

（二）研究方法

1. 被试选取

内蒙古师范大学和内蒙古农业大学蒙-汉双语大学生共20名，其中男生3名，年龄在19~22岁，被试都为右利手，矫正视力正常。其他同实验1。

2. 实验材料

汉语非转换句为主谓宾的语序，蒙语非转换句为主宾谓的语序，其他同实验3。

3. 实验设备

同实验3。

4. 实验任务及其流程

同实验3。

5. 实验设计

实验设计同实验3，因变量为对兴趣区采用的眼动指标，具体如下：

（1）首次注视时间：第一次通过某一兴趣区的第一个注视点的注视时间。

（2）凝视时间：从首次注视点开始到其首次离开当前兴趣区期间的持续时间。

（三）数据处理及结果分析

数据处理方式同实验3，首次注视时间、凝视时间、回视时间的平均时间如表6-9所示。

表6-9　四种句子类型的眼动指标均值与标准差（$M±SD$）

句子类型	首次注视时间		凝视时间	
	语义正确	语义错误	语义正确	语义错误
蒙-蒙-蒙	315.46 ± 120.74	308.46 ± 117.47	524.15 ± 276.82	577.28 ± 308.29
蒙-蒙-汉	267.19 ± 114.29	255.67 ± 110.92	674.21 ± 328.06	734.848 ± 323.53
汉-汉-汉	233.59 ± 82.91	234.88 ± 80.49	445.39 ± 226.81	511.49 ± 310.70
汉-蒙-汉	296.30 ± 115.33	295.13 ± 114.35	580.13 ± 318.75	653.34 ± 399.09

首次注视时间的方差分析：句子类型主效应显著，$F(3, 57)=18.419$，$p<0.001$，$\eta^2=0.49$，多重比较发现：汉语词的首次注视时间比蒙语词的首次注视时间短；语义类型主效应不显著，$F(1, 19)=3.364$，$p>0.05$，$\eta^2=0.159$，两者交互作用不显著，$F(3, 57)=0.5$，$p>0.5$，$\eta^2=0.03$。

凝视时间的方差分析：句子类型主效应显著，$F(3, 57)=9.654$，$p<0.001$，$\eta^2=0.34$，多重比较发现：蒙-蒙-汉的汉语动词的凝视时间显著大于汉-汉-汉的凝视时间，$p<0.001$；语义类型主效应显著，$F(1, 19)=15.089$，$p<0.001$，$\eta^2=0.44$，两者交互作用不显著，$F(3, 57)=0.906$，$p>0.5$，$\eta^2=0.05$。

（四）实验 7 结果讨论

由于汉-蒙-汉转换句的蒙语谓语处于句子中间，而蒙-蒙-蒙非转换句的蒙语谓语处于句尾，句尾词具有承担句子整合的作用，而句中词则不承担，因此只能比较其词汇加工的早期阶段，即比较首次注视时间和凝视时间。

由实验 7 的结果可知：只有凝视时间方面发现了蒙-蒙-汉的转换句存在转换代价，这一结果与研究一的结果一致。

但是首次注视时间方面并没有发现汉-蒙-汉转换句的转换代价，可能是由于首次注视时间并不仅仅反映了词汇的形、音的加工，可能也反映了语义的加工，所以可能形和义的通达结果不同，导致了转换代价效应的抵消，因此需要采用时间精度更加精确的 ERPs 技术进行研究。

四、实验 8　语序不一致的句内转换的脑电（ERPs）研究

（一）目的

通过 ERPs 技术，采用快速系列视觉呈现范式，从电生理层面考查语序不一致时句内语言转换加工的特点，进而揭示其加工机制。

（二）研究方法

1. 被试选取

内蒙古师范大学和内蒙古农业大学蒙-汉双语大学生共 20 名，其中男生 2 名，年龄 19~22 岁。矫正视力正常，无精神疾病、癫痫疾病，无色弱、色盲，皆为右利手。其他同实验 1。

2. 实验材料

实验材料按主语、宾语、谓语分别制成图片，蒙语图片格式为 80 像素 × 150 像素，汉语图片格式为 150 像素 × 80 像素。每种类型的句子共 120 个，

语义正确和语义错误各半。汉语非转换句的语序是主谓宾，蒙-蒙-汉的转换句的语序是主谓宾；蒙语非转换句的语序是主宾谓，汉-蒙-汉的转换句是主谓宾。

3. 实验设备

同实验4。

4. 实验任务及其流程

同实验4。

（三）数据记录及处理

1. ERPs数据记录方法

同实验4。

2. ERPs数据分析方法

同实验4。

（四）结果分析

N2：如图6-9所示，主要时间窗为280~340ms，峰值在320ms左右达到最大，其分布主要额区（F）、额-中央区（FC），类似于研究一中的ERPs。

根据N2的特点（280~340ms），本实验主要分析额区（Fz）、额-中央区（FC1、FC2）的电极点的平均波幅做4句子类型（蒙-蒙、蒙-汉、汉-蒙、汉-汉）×2语义类型（正确、错误）×2电极区域（额区、额-中央区）三因素重复测量方差分析显示：句子类型主效应显著，$F(3, 57)=8.127$，$p<0.001$，$\eta^2=0.3$，多重比较显示：汉-蒙的N2波幅显著比蒙-蒙的更负，$p<0.05$；蒙-蒙的N2波幅显著比汉-汉的更负，$p<0.05$；电极区域的主效应显著，$F(1, 19)=25.755$，$p<0.001$，$\eta^2=0.575$，额区的平均波幅更负；句子类型和电极区域的交互作用显著，$F(3, 57)=8.897$，$p<0.001$，$\eta^2=0.319$，其他交互作用不显著。

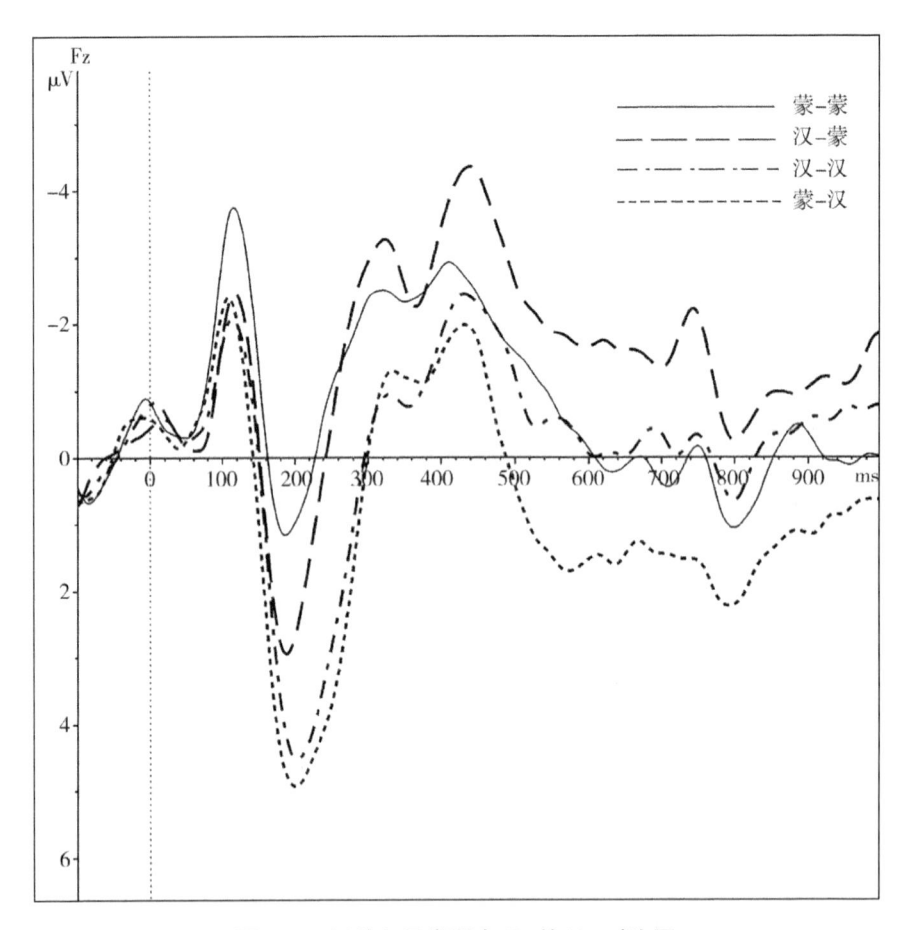

图 6-9 四种句子类型在 Fz 的 N2 对比图

LAN（左前负波）：如图 6-10，本实验中的 LAN 的时间窗口在 300~500ms，潜伏期在 400ms 左右，可以看出其潜伏期与 N400 相似，但是两者在头皮上的电压分布不同，如图 6-11 所示的地形图，LAN 是一个位于左侧额叶的负波，故可知只有汉－蒙－汉的转换句中的蒙语谓语动词出现时产生了 LAN。

为了确定汉－蒙是否产生了 LAN，本实验主要分析左侧额区（F3、F7）和右侧额区（F4、F8）电极的平均波幅，做 2 语义类型（正确、错误）× 2 左右类型（左、右）两因素重复测量方差分析：左右类型主效应差异显著，

$F(1,19)=6.897$, $p<0.05$, $\eta^2=0.266$，左侧额区波幅更负，其他效应不显著。

为了确定蒙-蒙没有产生LAN，本实验主要分析左侧额区（F3、F7）和右侧额区（F4、F8）电极的平均波幅，做2语义类型（正确、错误）×2左右类型（左、右）两因素重复测量方差分析，左右类型主效应差异不显著，$F(1,19)=0.002$，$p>0.05$，$\eta^2=0$。

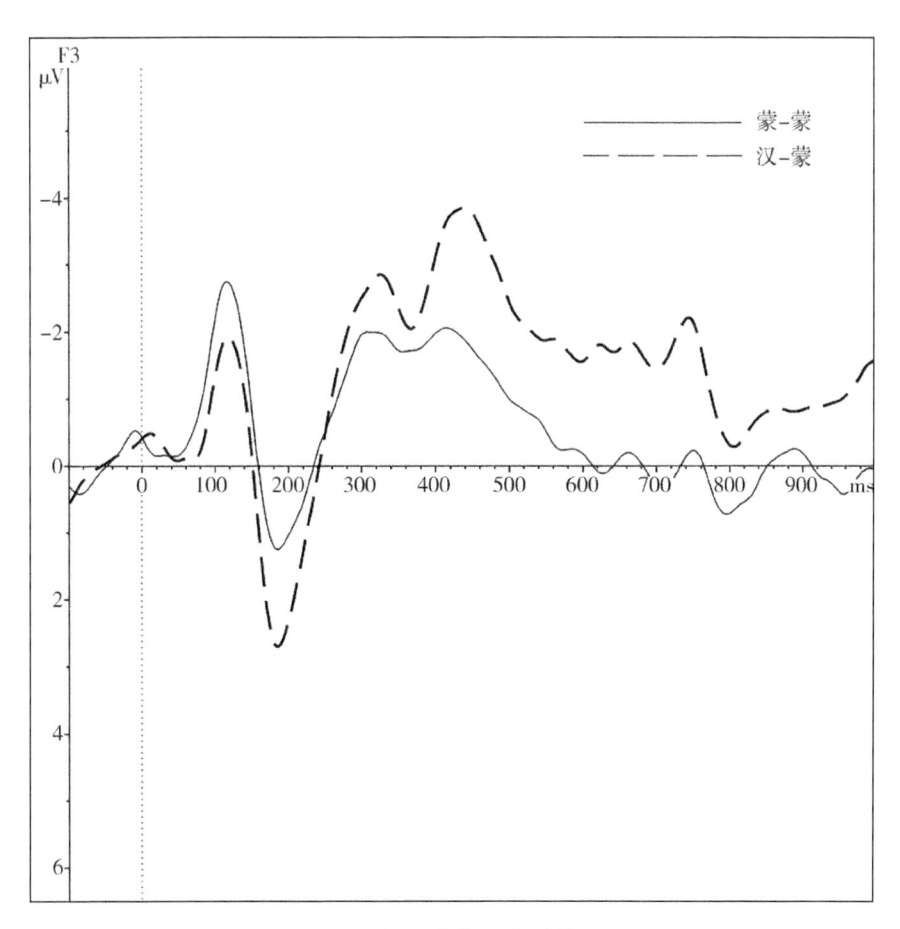

图6-10　汉-蒙句子类型的LAN

为了确定蒙-汉没有产生LAN，本实验主要分析左侧额区（F3、F7）和右侧额区（F4、F8）电极的平均波幅，做2语义类型（正确、错误）×2左右类型（左、右）两因素重复测量方差分析，左右类型主效应差异不显著，

$F(1, 19)=2.106$,$p>0.05$,$\eta^2=0.1$。

300~350ms　　　350~400ms　　　300~350ms　　　350~400ms

400~450ms　　　450~500ms　　　400~450ms　　　450~500ms

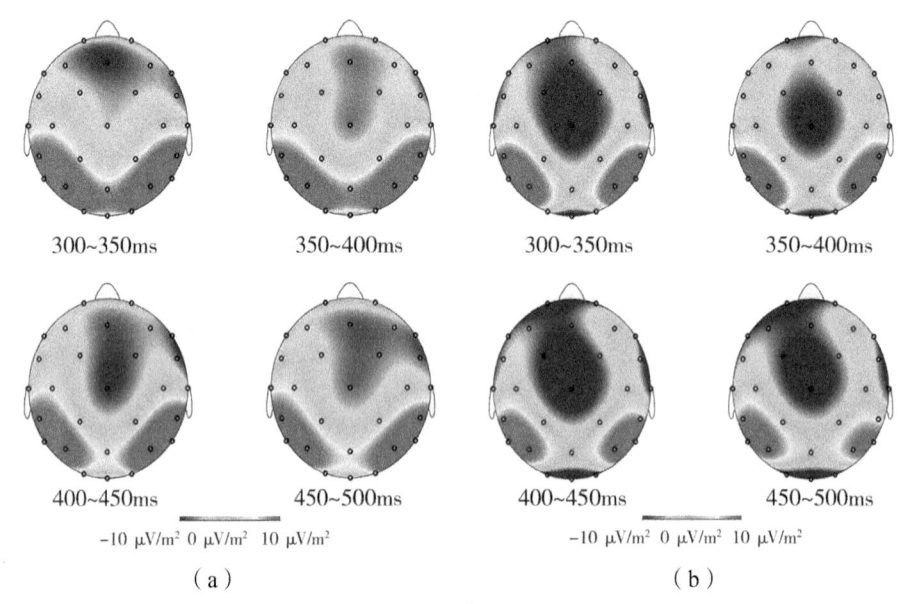

$-10\ \mu V/m^2\ \ 0\ \mu V/m^2\ \ 10\ \mu V/m^2$　　　　　$-10\ \mu V/m^2\ \ 0\ \mu V/m^2\ \ 10\ \mu V/m^2$

（a）　　　　　　　　　　　　（b）

图 6-11　蒙－蒙句子类型（a）和汉－蒙句子（b）300~500ms 的地形图比较

为了确定汉－汉没有产生 LAN，本实验主要分析左侧额区（F3、F7）和右侧额区（F4、F8）电极的平均波幅，做 2 语义类型（正确、错误）×2 左右类型（左、右）两因素重复测量方差分析，左右类型主效应差异不显著，$F(1, 19)=2.885$，$p>0.05$，$\eta^2=0.132$。

P3：如图 6-12 所示，主要时间窗在 250~500ms，峰值在 350ms 左右达到最大，其分布主要在顶区（P）、枕区（O）。

根据 P300 的特点，本实验主要分析顶区（P3、Pz、P4）和枕区（O1、Oz、O4）电极的平均波幅，4 句子类型（蒙－蒙－蒙、蒙－蒙－汉、汉－汉－汉、汉－蒙－汉）×2 语义类型（正确、错误）×2 电极区域（顶区、枕区）三因素重复测量方差分析：句子类型主效应显著，$F(3, 57)=5.626$，$p<0.05$，$\eta^2=0.228$，多重比较显示：蒙－汉的平均波幅比汉－汉的更正，两者相差 1.044μV，$p<0.05$，汉－蒙的平均波幅比蒙－蒙的波幅更

正，两者相差 2.226μV，$p<0.001$；电极区域的主效应显著，$F(1, 19)=29.454$，$p<0.001$，$\eta^2=0.608$，顶区的平均波幅更正；句子类型和电极区域的交互作用显著，$F(3, 57)=8.957$，$p<0.001$，$\eta^2=0.32$，语义类型与电极区域的交互作用显著，$F(1, 19)=8.595$，$p<0.05$，$\eta^2=0.311$，三者交互作用显著，$F(3, 57)=4.031$，$p<0.05$，$\eta^2=0.175$。

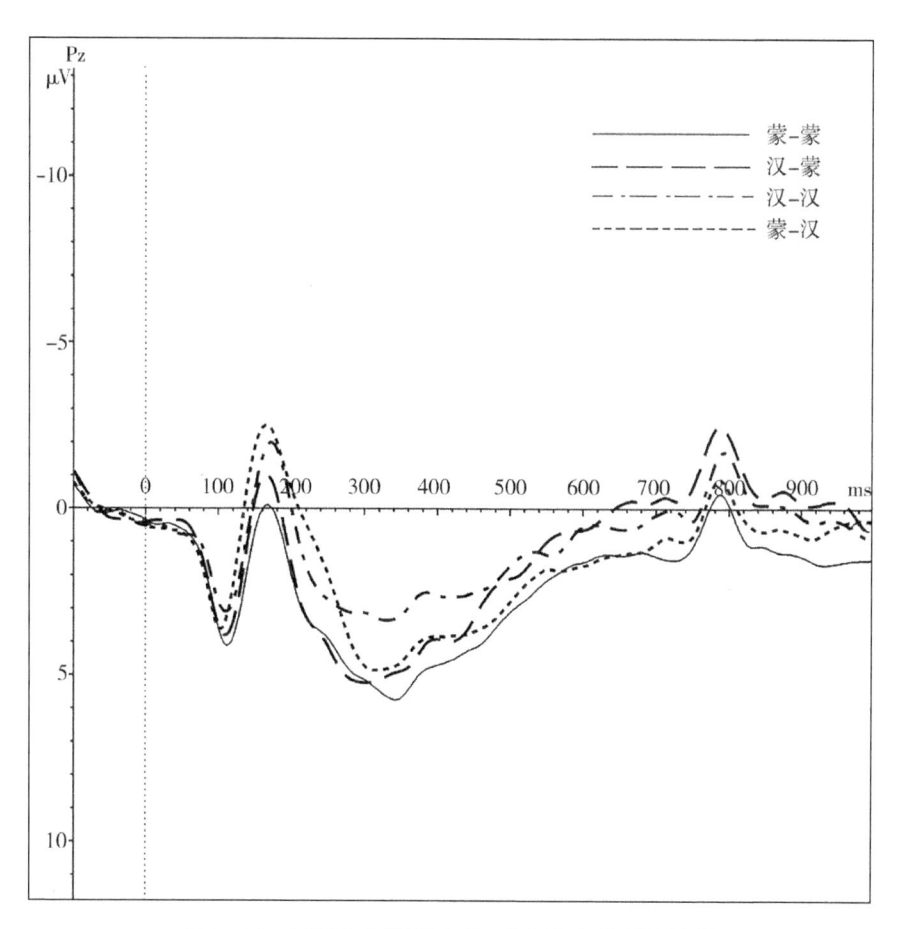

图 6-12　四种句子类型在 Pz 电极点上的平均波幅

前部 N400：如图 6-13 所示，主要时间窗在 300~500ms，峰值在 400ms 左右达到最大，其分布主要分布在额区（F）、额-中央区（FC）。

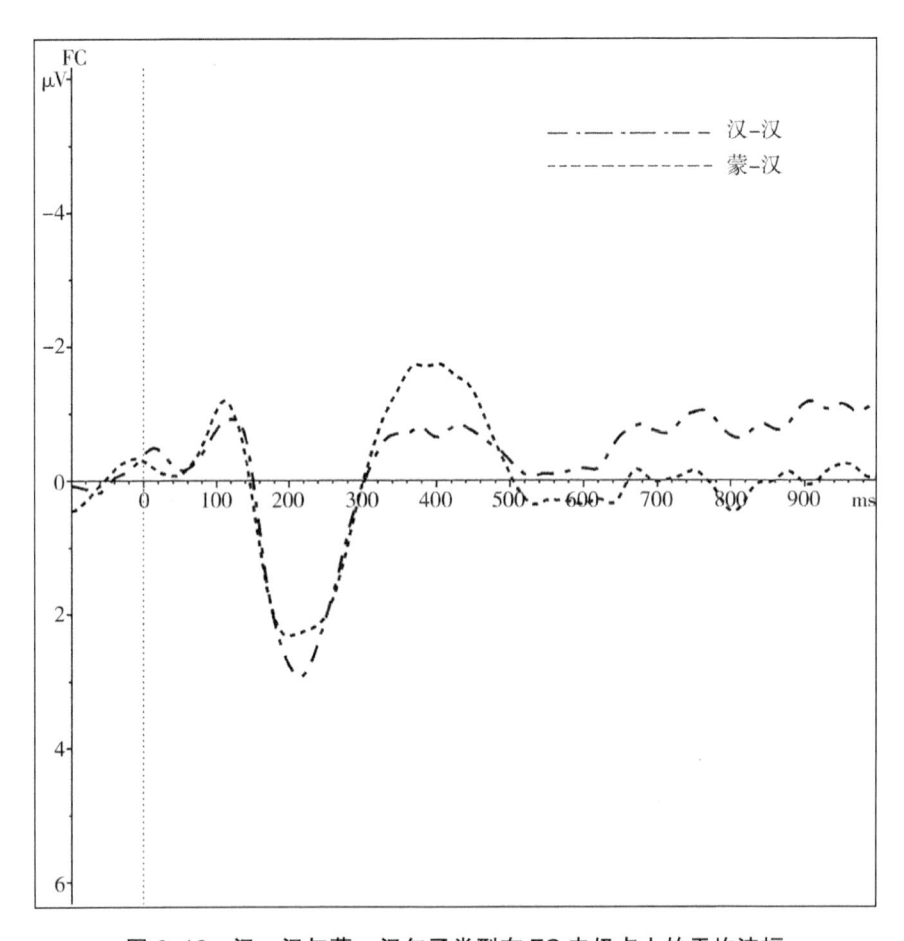

图 6-13　汉－汉与蒙－汉句子类型在 FC 电极点上的平均波幅

根据前部 N400 特点，本实验主要分析额区（F3、F4）、额－中央区（FC5、FC6）的平均波幅，2 句子类型（蒙－蒙－汉、汉－汉－汉）×2 语义类型（正确、错误）×2 电极区域（额区、额－中央区）三因素重复测量方差分析：句子类型和电极区域交互作用显著，$F(1, 19)=7.696$，$p<0.05$，$\eta^2=0247$，简单效应发现：额－中央区，蒙－蒙－汉的平均波幅比汉－汉－汉的平均波幅更负，两者相差 $0.433\mu V$，$p<0.05$，语义类型与电极区域交互作用显著，$F(1, 19)=5.811$，$p<0.05$，$\eta^2=0.234$，三者交互作用显著，$F(1, 19)=5.343$，$p<0.05$，$\eta^2=0.219$，其他效应不显著。

后部 N400：如图 6-14 所示，主要时间窗在 380~500ms，峰值在 450ms 左右达到最大，其分布主要分布在中央区（C）、中央－顶区（CP）。

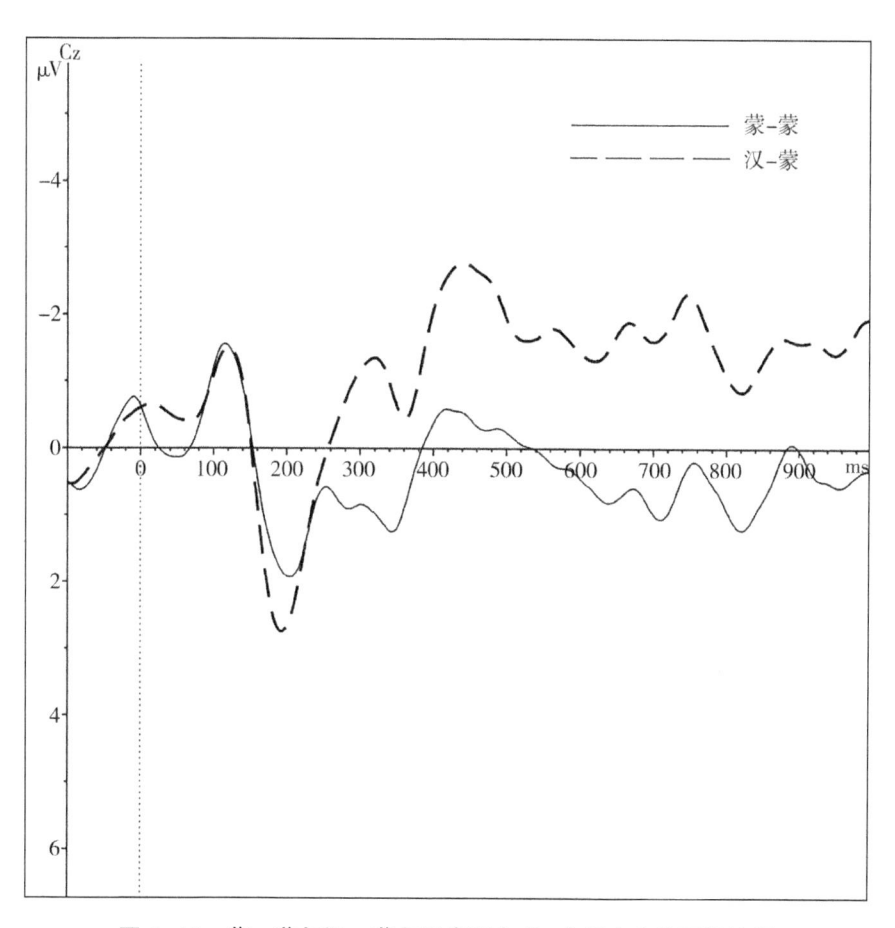

图 6-14　蒙－蒙与汉－蒙句子类型在 Cz 电极点上的平均波幅

根据后部 N400 特点，本实验主要分析中央区（C3、C4）、中央－顶区（CP1、CP2）的平均波幅，2 句子类型（汉－蒙、蒙－蒙）×2 语义类型（正确、错误）×2 电极区域（中央区、中央－顶区）三因素重复测量方差分析：句子类型的主效应显著，$F(1, 19)=28.186$，$p<0.001$，$\eta^2=0.597$，汉－蒙的平均波幅显著更负于蒙－蒙的平均波幅，两者相差 1.213μV；电极区域主效应显著，$F(1, 19)=16.118$，$p<0.001$，$\eta^2=0.459$，中央区

的平均波幅更负；句子类型与语义类型的交互作用显著，$F(1, 19) = 16.135$, $p<0.001$, $\eta^2=0.459$；句子类型和电极区域交互作用显著，$F(1, 19) =7.316$, $p<0.001$, $\eta^2=0.278$，三者交互作用显著，$F(1, 19)=7.158$, $p<0.05$, $\eta^2=0.274$，其他效应不显著。

LPC：本实验的 LPC 主要分析汉-汉非转换句的句末词与蒙-汉转换句的句末词，如图 6-15 所示；分析蒙-蒙非转换句的句末词与汉-蒙转换句的句末词，如图 6-16 所示。可以发现其主要时间窗在 550~900ms，主要分布在额区（F）、中央区（C）。

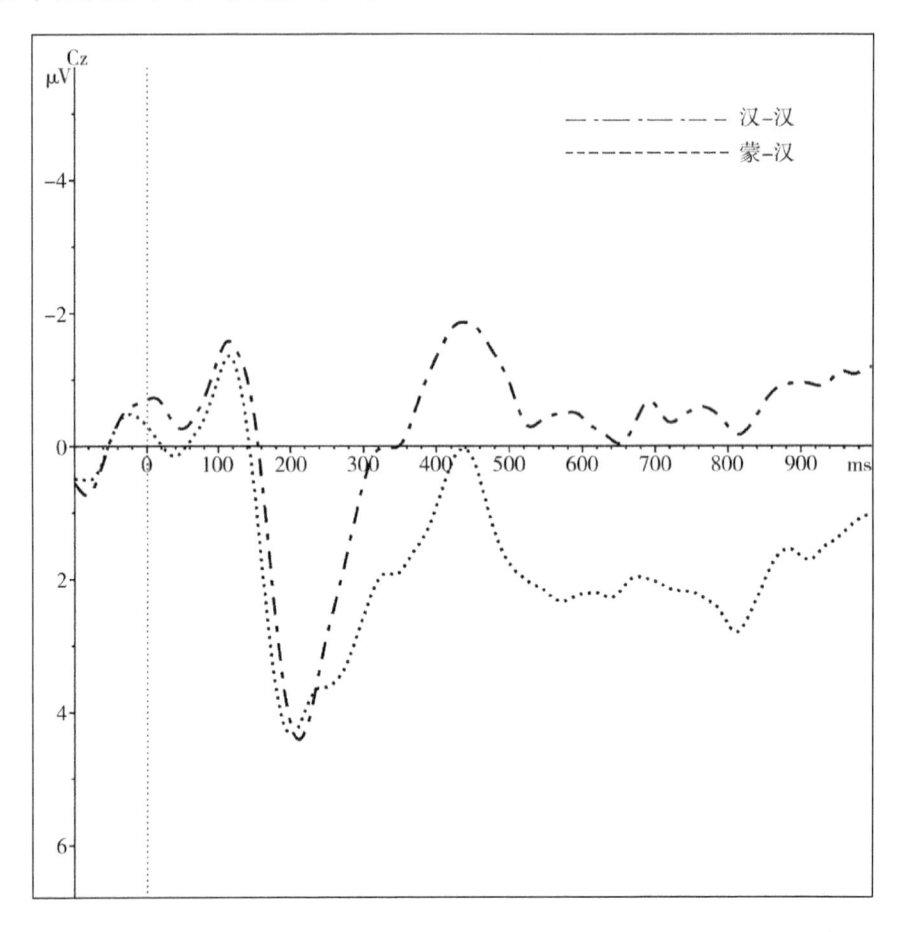

图 6-15　汉-汉（句末词）与蒙-汉句子类型在 Cz 电极点上的平均波幅

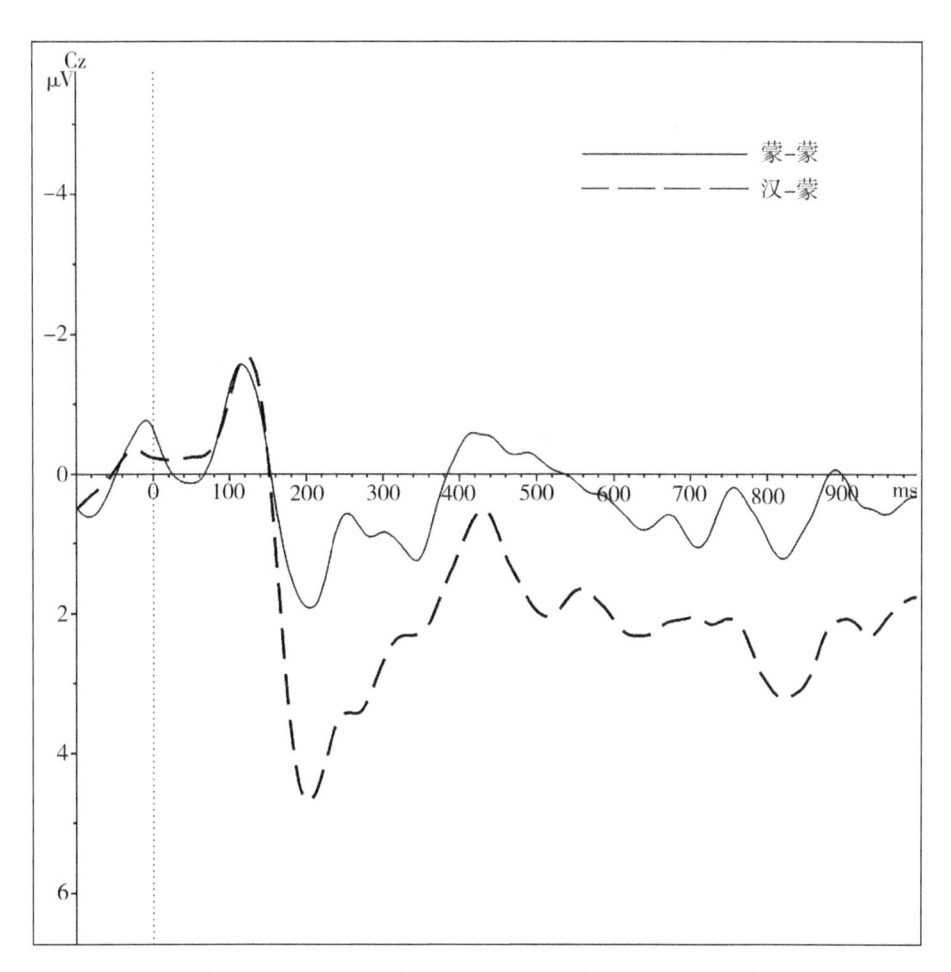

图 6-16 蒙-蒙与汉-蒙（句末词）句子类型在 Cz 电极点上的平均波幅

根据 LPC 特点，本实验主要分析额区（F3、Fz、F4）和中央区（C3、Cz、C4）的电极点的平均波幅，4 句子类型（蒙-蒙、蒙-汉、汉-蒙、汉-汉）×2 语义类型（正确、错误）×2 电极区域（额区、中央区）三因素重复测量方差分析：句子类型主效应显著，$F(3, 57)=12.333$，$p<0.001$，$\eta^2=0.394$，多重比较显示：蒙-汉的平均波幅显著更正于汉-汉（2.801μV）；蒙-蒙-蒙的平均波幅显著更正与汉-蒙-汉（1.483μV），电极类型主效应显著，$F(1, 19)=6.997$，$p<0.05$，$\eta^2=0.269$，中央区的波

幅更正；句子类型和电极类型交互作用显著，$F(3, 57)=5.479$，$p<0.05$，$\eta^2=0.224$，其他效应不显著。

（五）实验8结果讨论

从ERPs的研究结果可以发现当目标动词出现后的150~200ms期间出现了第一个负波，即N1，随后180~250ms间出现了第一个正波P2，接着250~500ms期间顶、枕区出现了正波P3，而额、额-中央区则在250~350ms出现了负波N200，在350~500ms期间则出现了N400，但是只有汉-蒙-汉的转换句中则在300~500ms期间出现了LAN，最后在550ms之后出现了晚期正成分的慢波LPC。

由结果分析可以获知：（1）N2成分方面，其结果同研究一中的ERPs实验的结果；汉-蒙-汉转换句的波幅显著比蒙语非转换句大，表现出转换代价，而相反方向的转换则未有转换代价。（2）P3成分方面，蒙语词转换到汉语词的转换句的波幅显著比汉语非转换句大，发现了转换代价，其结果与研究一的ERPs结果一致，但是也发现了汉-蒙-汉转换句的蒙语动词的波幅显著比蒙语的非转换句大，这一结果在研究一中并未被发现，同时发现汉-蒙-汉转换句的转换代价更大。（3）LAN成分方面，只在汉-蒙-汉转换句中蒙语动词出现后才发现这一左前负波。（4）N400成分方面，头皮前部的N400上，蒙-汉的转换句发现了转换代价，而头皮后部的N400汉-蒙转换句的平均波幅比蒙-蒙的更负，存在转换代价。（5）LPC成分上，由于LPC反映了句子整合过程，因此本实验分析了四种句子类型的句末词，结果发现无论是汉-蒙-汉转换句还是蒙-蒙-汉转换句都发现了转换代价，且蒙-蒙-汉的转换代价更大。

针对上述的结果首先进行总体的讨论，然后着手对不同的成分进行分析讨论，具体讨论如下：

从总体的加工进程来看，研究二同研究一的ERPs的结果相似，都发现了词汇识别、语义-语境整合以及句子整合相关的ERPs成分，但同时也发现了与句子违例相关的 LAN 成分。与研究一相同，各个阶段的 ERPs 成分上的转换代价特点不同。词汇早期阶段，依然发现汉语转换到蒙语时出现了转换代价，但是蒙语转换到汉语时则没有。语义整合阶段，无论是蒙语转换到汉语还是汉语转换到蒙语都发现了转换代价。句子整合阶段，两个转换方向也都发现了转换代价，但是蒙语转换到汉语句子的转换代价更大，因此，词汇加工早期阶段的转换代价是汉 – 蒙 – 汉 > 蒙 – 蒙 – 汉，而晚期句子整合阶段的转换代价则是蒙 – 蒙 – 汉 > 汉 – 蒙 – 汉。

本实验中依然发现 N2 成分在汉语转换到蒙语时产生了转换代价，即使该蒙语动词位于汉语句子中的谓语的位置，说明语序对词汇加工的早期阶段并不会产生影响。词汇加工早期阶段的转换代价主要是受两种语言激活强度不同的影响。主体语言汉语的激活强度高，而嵌入语蒙语的激活强度弱，因此，当转换到蒙语时，为了保证蒙语顺利地加工，需要花费更多的心理或者注意资源来抑制汉语的激活；而当转换到汉语时，虽然主体语言蒙语处于激活状态，但是由于汉语本身的激活强度高，主体语言蒙语虽然对汉语产生了干扰，但是汉语词汇的加工并不会受到太大的干扰，所以蒙语转换到汉语时并没有产生转换代价。

P3 成分既发现了蒙语转换到汉语时产生了转换代价，同时也发现了汉语转换到蒙语时也产生了转换代价，这与研究一的结果既有相同又有不同。相同的是依然发现蒙语转换到汉语时的转换代价，说明汉语转换词语义获得通达后，其语义与语境整合发生了困难，或者说汉语转换词出现在蒙语主体句的句尾时，与记忆中汉语动词位于句子中间连接句子的主语和宾语的句法表征相违背，故需要对其进行修正，故产生了较大的 P3 成分。不同的是本实验中汉语转换到蒙语时发现了转换代价，研究一中蒙语动词处于主体语言汉语句子的句尾，这与记忆中蒙语动词的语序表征一致，因此并不会产生较大的 P3 成分，但是本实验中蒙语转换词出现在汉语句子的句中，呈现出主谓宾的语序，这与记忆中蒙语动词始终处于句末的句法表征相违背，故需要对其进行修正，从而使 P3 成分的波幅增大，也表现出了转换代价。同时发现汉语转换到蒙语时的 P3 转换代价更大，说明蒙语转换词需要修正的程度更大，或者说整合更困难。

无论汉语转换到蒙语还是蒙语转换到汉语，都发现了 N400 成分存在转换代价。N400 反映了词汇后的整合过程，说明无论哪种转换方向都存在转换代价。这个结果与研究一的结果一致，说明即使蒙语转换词的位置发生了变化，也依然存在转换代价，同时只要发生了转换就会引起语义整合的困难。

本实验中由于句末词一般具有承担句子整合的功能，因此通过分析句末词的 LPC 来反映句子整合过程中转换代价的特点。实验结果除了发现了与研究一相同结果，即蒙语转换到汉语时存在 LPC 转换代价外，还发现了汉语转换到蒙语时也存在 LPC 转换代价。因为本实验中蒙语转换词位于汉语主体句中的谓语位置，这与蒙语动词本身的语序表征不一致，即违反了蒙语的句法，因此需要进行句子整合，从而产生了转换代价。LPC 的转换代价还呈现非对称性特点，即汉 - 蒙 - 汉的转换代价大于蒙 - 蒙 - 汉的转换代价。原因可能在于蒙语动词的语序比汉语动词的语序更为固定，蒙语陈述句中蒙语的动词只能在句子末尾，而汉语的动词虽然位于句中连接句子的主语和宾语，但是汉语的动词还可能位于主语和宾语之后。另一方面，蒙语是母语，所以蒙古族可能对母语的句法违反更敏感。这主要表现在汉 - 蒙 - 汉的句子中出现了 LAN 成分，LAN 成分是目标词出现后的 300~500ms 分布在左侧额叶的负波，它一般在多种句法违反的情况中出现，例如词性违反时（需要动词时而实验中却是名词）、动词时态违反时、构词违反时等。LAN 反映了早期的句法加工阶段，该阶段往往根据词汇的类属信息（如动词等）分配初级的句法结构，该阶段就是结构分析阶段，因此当汉 - 蒙 - 汉的转换句中转换到蒙语动词时，该蒙语转换词激活了相关的类属信息——动词信息，因此会自动分配一个初级的句法结构，即蒙语句子的主宾谓结构，这与汉语主体句的主谓宾句法结构相冲突，产生了句法违反，从而导致了 LAN 成分的产生。而蒙－蒙－汉转换句中并未出现 LAN 成分，可能是由于汉语转换词出现在句尾的原因，研究者认为违例位置会对句法加工及其加工模式产生影响，句中违例可能会引发 LAN，而句尾违例则会引发 P600（常欣，张国礼，王沛，2009）。

总结上述分析显示：与研究一的结果一样，本实验中无论是汉－蒙－汉转换句还是蒙－蒙－汉转换句都发现了转换代价，但是转换代价的特点与研究一不同，而且两种转换句的转换代价具有本质的不同。词汇加工的早期阶段的转换代价的特点与研究一的结果相同，由于转换到蒙语时需要更多的抑制控制，故发现了汉－蒙转换句的转换代价，所以词汇加工早期阶段的转换代价的非对称性特点为汉－蒙＞蒙－汉；而词汇通达后的语义整合阶段，汉－蒙转换句和蒙－汉转换句都发现了转换代价，说明转换都会造成整合的困难，但是两者的转换代价存在非对称性，且汉－蒙－汉的转换代价更大，主要表现为 P300 和 N400 的转换代价更大，这点与研究一的结果相反，说明语序会对转换代价产生影响，同时也说明句法和语义可能交互作用。句子整合阶段，蒙－蒙－汉和汉－蒙－汉转换句都存在转换代价，且句子整合阶段的转换代价的非对称性特点为蒙－蒙－汉＞汉－蒙－汉。

第四节　蒙汉双语者句内语言转换研究总讨论

一、浸入二语环境会导致优势语的变化

双语者主要是指掌握两种语言，并在日常生活中使用这两种语言的人，除了同时性双语者，双语者的语言一般分成母语和第二语言，往往母语即为主导语或者说优势语，其原因在于母语为先学语言，而第二语言为

后学语言。Kroll 的修正层级模型认为母语是说第一语言的词汇层直接与概念层联结，第二语言只能通过第一语言的词汇去通达语义，第二语言的词汇层无法与概念层联结，而是与第一语言词汇联结。第二语言的词汇层会随着第二语言熟练度的增加而开始直接并逐渐增强与概念层的联结，并认为除了平衡双语者，第二语言的词汇层与概念层的联结还是比第一语言的弱。而 Grainger 等（2010）将 BIA 模型与修正层级模型进行整合和扩展提出了 BIA-d 模型，该模型也认为二语词汇层与语义层的联结会随着熟练度而逐渐增强，并强调二语词汇层与一语词汇层会逐渐消失，但是同样没有指出二语的词汇层与语义的联结会强于一语的联结。归其原因主要在于验证这些理论的研究中的被试都是浸入一语的环境中，是居住在一语环境中，其日常语言使用多是以一语居多。但是有研究者开始针对浸入二语环境中的被试进行实证研究，Basnight-Brown 等（2007）研究居住在二语环境中的西－英双语者的语义启动效应，结果只发现了第二语言对第一语言的启动效应，这与传统的以第一语言为主导语的研究相反，结果表明第二语言成为主导优势语后，二语词汇层与语言层的联结强于一语的联结。周晓林（2008）通过问卷调查朝—汉双语者的日常语言使用情况，发现被试日常使用汉语的频率高于朝鲜语，并且在语义启动的任务中并没有发现启动效应，研究者认为第二语言随着语言使用频率的增加，词汇表征的加工速度及词汇通达到语义的速度会增强，从而使第二语言逐渐成为主导优势语言。Linck 等（2009）认为如果浸入二语环境会促进二语的熟练度，那么课堂二语学习者的翻译词识别的任务表现会存在差异，翻译词识别任务会给被试先呈现第一语言西班牙语然后再呈现第二语言英语，西班牙语一部分是英语的翻译对等词，一部分是和其翻译对等词的词形相似的分心词，要求被试判断这两个词是否是翻译对等词，结果显示浸入二语环境的西－英双语者并不受分心词的干扰，而一语环境中的西－英双语者则明显受到了分心词的干扰导致了判断速度变慢，错误率升高。Linck 等认为双语者的词汇组织系统是一个动态变化的系统，二语的浸入环境使得二语使用的频率增加，二语不需要像课堂二语学习者那样必须通过一语的词汇层才能通达语义，而是直接通过与语义层的联结获得语义，故不受翻译对等词词形相似的分心词的干扰。因此，通过上述实证研究的结果，可以证实Heredia（2001）和Fillmore（2005）的观点：随着第二语言熟练度的提高、使用频率的增加，第二语言会逐渐成为优势主导语。

教育学领域中，二语浸入式教学方式的研究已证实浸入式的教学方式可以有效地促进第二语言的学习。我国内蒙古自治区实行以民族语言授课为主的双语教育体系，蒙古族儿童尤其是牧区儿童在家庭中普遍使用蒙语，小学一年级开始进行《语文》授课，且教师均安排蒙汉双语教师。进入大学后，日常生活多接触汉语环境，汉语的使用频率逐渐升高。从实验1中我们可以发现：看视频、阅读和社交软件使用中汉语的使用频率显著高于蒙语的使用频率。由之前的研究可以获知二语日常使用频率的增加会导致其词形加工和语义通达速度的提升，实验1中也明显发现了汉语句子加工的速度明显比蒙语句子的加工速度快，并且在控制了额外变量——主试采用蒙语和指导语采用蒙语的情况下，依然发现汉语句子加工速度更快，这一结果也再一次证实了浸入二语环境中，由于二语熟练度和使用频率的增加，使得第二语言加工速度变快。

由上所述，Grainger等提出的BIA-d模型可以做进一步的修正和扩展：二语学习的早期阶段需要利用一语的词汇层来获得语义的通达，并且产生了激活水平较低的语言节点，随着二语学习程度的增强达到某一阈限时，二语将不再通过一语词汇获得语义，二语的词汇层与一语词汇层的联结会逐渐消失，而二语的词汇层与语义层的联结会逐渐增强，同时二语的语言节点对一语词汇层的抑制能力增强。随着二语熟练度的不断增强和使用频率的增加，第二语言的激活水平逐渐升高，且第二语言的语言节点对第一语言的抑制更强。

二、句内词汇通达机制的讨论

语言转换的研究中往往会探究两种语言的激活情况，即当使用目标语言时是特定语言通达还是非特定语言通达？

本研究结果显示，无论是语序一致还是不一致时，转换句比非转换句的反应时更长、错误率更高。按照特定语言通达的早期观点：识别词汇时，根据背景语言以特定通达的方式只激活一种语言的词汇，也就是说转换词出现前的句子背景提供了词汇搜索加工的方向，而当转换词出现时，最初仍会搜索句子的主体语言的心理词典，从而导致了词汇识别的时间变长。根据这一推断，看似词汇识别是特定选择通达，但是该观点无法证明只会激活一种语言，因为如果两种语言同时激活也会导致转换句中的转换词识别时间变长。因此后期的特定语言通达的观点也认为双语者的两种语言同时激活，只是非目标语言并不会对目标语言产生竞争干扰，而是会特定地选择出目标语言。根据这个观点，那么语言转换研究的转换代价无论转换方向如何，其转换代价都是对称的，但是多数研究结果发现了转换代价的非对称现象。本研究的结果也显示了，无论词汇一致还是不一致时，转换代价都表现出了非对称效应，说明即使在句子背景中，词汇识别也可能是非特定选择性通达。而更加可靠的证据是本研究的 ERPs 实验中发现了 N2 成分，该成分反映了竞争冲突的控制，因此可以说明双语中两种语言同时激活，并且非目标语言对目标语言产生了竞争，需要对非目标语言进行抑制。综上推之，可以认为即使在句子背景中，词汇的识别依然是非特定选择性通达。

三、句内语码转换代价的来源

以单一实验材料为主的语言转换研究（例如词汇的语言转换研究）中发现了转换代价，研究者对于这种转换代价的来源进行了深入的研究，对于转换代价的来源最初主要集中在转换代价是源于心理词汇组织系统之内还是之外的争论中。主张源于心理词汇组织系统之内的研究者认为转换代价主要和语言的特异性有关，如果采用的实验材料是具有语言特定性时（如语言可以从字形上得到区分）转换代价就会消失，而当选取的材料是非特定性时就会存在转换代价，因此研究者（Grainger & Beauvillain，1987）认为转换代价受语言的特异性的影响，其转换代价是源于心理词典内部，之后主张转换代价源于心理词汇组织系统之内的研究者认为转换代价主要源于双语者语言的自动激活的强度差异，激活速度不同导致了转换代价出现的成分不同，比较典型的是 Chauncey（2008）的研究发现从第一语言转换到第二语言时 N250 成分存在转换代价，而从第二语言转换到第一语言时 N400 成分存在转换代价。而其他并被大多数研究所证实的观点则认为转换代价主要源于心理组织系统中语言节点间的抑制。这个观点主要源于 BIA 模型假说，具体解释为双语者的两个语言表征会自下而上地同时激活，两者的竞争势必会对目标语言的语义通达产生干扰，故目标语言的语言节点会自上而下地对非目标语言的激活进行抑制，那么当转换到非目标语言时由于之前的抑制导致了重新激活需要花费一定时间从而产生了心理资源耗损。有研究者（Thomas & Allport，2000）发现转换代价并未因特定语言词汇而消失，故认为转换代价并非源于心理词典内部，双语者的两种语言相互竞争，因此需要雇佣认知控制系统来抑制非目标语言保证目标语言的正常使用和通达。

  单一实验材料的语言转换研究为句内语码转换的研究提供了研究视角，例如单一实验材料的语言转换代价是否也会在句内语码转换的研究中发现呢？转换代价的特点是对称性的还是非对称性的呢？句内语码转换的心理语言学和神经认知研究显示句内语码转换比单一语言句子的加工花费的时间和付出的努力要更多。早期的研究中，Altarriba 等（1996）使用眼睛追踪技术比较了混合语言句子和单一语言句子的默读时间，混合语言句子总是用二语呈现，而转换的目标词汇则是一语。眼动数据发现转换词比非转换词的首次注视时间更长。而第二个实验中，句子则是逐词呈现，要求被试命名大写的目标词，结果与眼动实验一致，转换词汇的命名时间更长。

既然句内语码转换时也发现了转换代价，那么这些转换代价背后的认知或者神经机制是什么呢？因此研究者通过检验调节转换代价的因素来探索其背后的认知和神经机制。Moreno（2002）进行了一项开创性研究，采用 ERPs 技术记录句内语码转换词和句内词汇转换词的加工时间进程并进行两者的比较，试图探讨语码转换是在词汇识别的词汇水平和词汇—语义加工过程产生转换代价还是转换代价被认为本质上是个意外事件影响了后期的决策阶段而不是词汇—语义阶段的加工。Moreno 等认为如果语码转换在词汇通达和语义整合水平上存在转换代价，那么应该会引发一个波幅增大的 N400 成分；如果双语者将语码转换视为意外事件和形上的变化而不是语义的变化，那么语码转换词可能会引起一个波幅增大的 LPC 成分，LPC 成分被认为反映句子层面的整合、再分析或者再建构的过程或者反映了意外事件的加工（Kaan et al.，2000）。研究者让高熟练英-西双语者阅读一语英语句子，句子的句末词包含三种情况：二语西班牙语码转换词、词汇转换词和非转换词，句子类型既有简单陈述句也有高限制俗语句，研究发现陈述句和俗语句中的词汇转换都产生了 N400，但是语码转换只在陈述句中发现了 N400，而且 N400 的效应是左侧额区分布，不同于传统的 N400 分布；无论是陈述句还是俗语句都发现了 LPC 成分，相应的回归分析显示二语熟练度越高，语码转换时的 LPC 的潜伏期越早、波幅越小，因此结果提示词汇转换和语码转换的加工方式不同。Moreno 等（2002）认为语码转换时没有发现经典的 N400 效应说明转换代价并不是因为要将转换词的词汇—语义整合到句子中，而是将语码转换视为一种非语言层面的意外事件，这一结果支持语码转换代价不是来源于双语者的词汇—概念系统而是源于词汇—概念系统之外的任务图式间的竞争。关于 LPC 成分随着二语熟练度的增高而逐渐减小的结果则支持越熟练的双语者越会更早地注意语码转换，且越不会将其视为意外事件。

但是有研究却发现了 N400 成分的转换代价，Proverbio 等（2004）测试 8 名意大利 – 英同译双语者的句内语码转换的电生理机制，他们日常工作就是经常使用并在意大利和英语两种语言间来回转换。这些同译者先阅读一语或者二语的部分句子，3200ms 之后会给同译者呈现一个语码转换词或者非转换词，要求被试判断这个词是否和之前的部分句子的语义相一致，每种目标词的类型以 Block 的形式呈现，语码转换是完全可以预期的。Proverbio 等同时采集了 8 名意大利单语者阅读意大利句子的脑电信号作为控制组，结果发现了语义不一致的 N400 效应。同译者也发现了语义不一致的 N400 效应，且语码转换句比非转换句的 N400 更大；研究中并没有发现 LPC 成分。语言转换方向方面，从优势一语转换到弱势二语时的 N400 波幅比从二语转换到一语的 N400 波幅更大，行为结果也发现了转换到二语时的转换代价更大。但是 N400 成分在句子层面往往反映了词汇后的加工，也就是说词汇通达后获得语义，将语义与句子语境进行整合的过程，这与词汇层面的 N400 成分不同。所以根据 BIA+ 模型，语义通达后词汇识别系统（心理词汇组织系统）会将语义传递给任务决策系统，因此可能 N400 成分的转换代价也不能说明转换代价来源于心理词典之内。

Moreno 等（2002）和 Proverbio 等（2004）研究通过 N400 和 LPC 成分发现句内语码转换的加工代价，而且 Proverbio 等的研究中即使双语者可以完全预知语言转换的发生，也依然发现了与 N400 相关的转换代价。Moreno 和 Proverbio 的研究中关于 LPC 成分结果的不同存在一个显著的原因是 Proverbio 的研究中的被试是同译者，其日常就是频繁的做语码转换的工作，所以 Proverbio 研究的同译者比 Moreno 研究中的非熟练者对语码转换的句子整合和再分析的能力更强，可能不需要花费太多的努力就可以进行，所以没有发现 LPC 效应。

因为这两个研究在实验范式上存在很大的差异，故很难对两者的实验结果进行比较，通过这两个实验可知 N400 和 LPC 成分是语言理解层面的句内语码转换的关键 ERPs 成分。

除了 N400 和 LPC 成分，N2 成分也是比较关键的语言转换的 ERPs 成分。N2 成分反映了语言转换的抑制加工，如果句内语码转换时在词汇加工早期阶段需要对非目标语言进行抑制，那么可能观察到 N2 成分。Jackson（2001）对不同语言的数字词汇做奇偶判断，结果发现了从二语转换到一语时 N2 成分的转换代价。刘欢欢等（2013）对非熟练双语者的认知灵活性对语言转换的影响的研究结果中，采用 N2 成分为研究指标，结果发现语言理解层面的转换任务中高低认知灵活性被试都发现了 N2 成分的转换代价，说明语言理解中也存在抑制控制加工。

语言理解层面的转换研究由于采用的技术手段的不同、被试熟练度的不同、任务的不同，导致研究结果往往也不同，总之，在有限的句内语码认知神经研究里，虽然结果大多未必一致，但是可知与句内语码转换相关的 ERP 成分中：N2 成分是抑制控制的指标；N400 成分是词汇—语义通达和整合的指标；LPC 成分是句子整合和再分析的指标。

本研究中整合了行为层面、眼动层面和电生理层面的研究方式，对蒙-汉双语者的句内转换进行了系统的研究。研究中的行为实验可知无论从汉语转换到蒙语还是蒙语转换到汉语都发现了转换代价，但是由于句子加工是一个从词汇加工到语义整合再到句子整合的长时加工过程，而行为实验不足以说明转换代价到底是出现于句子加工的哪一阶段？于是采用眼动技术的三个指标：首次注视时间、凝视时间、回视时间分别代表词汇加工的早期阶段、中期阶段和晚期阶段，旨在探索语言转换代价分别在不同阶段中的表现形式，结果发现首次注视时间存在汉语转换到蒙语的转换代价，而凝视时间无论汉语转换到蒙语还是蒙语转换到汉语都发现了转换代价，到了晚期加工的回视时间则只发现了从蒙语转换到汉语时有转换代价，因此之前的多数研究结果的差异表现，可能是由于任务不同，而导致转换代价发生的阶段不同，从而显示出不同的转换代价，例如 Chauncey 等（2008）发现 N250 成分的转换代价存在于第一语言转换到第二语言；N400 成分的转换代价则只发现于第二语言转换到第一语言。虽然眼动技术也有很好的时间精确性，但是不像 ERPs 技术中的脑电成分与心理活动具有高度的锁时性，所以为了更精确地确定转换代价在不同的加工阶段中表现形式，本研究进行 ERPs 技术的记录和分析，结果很好地观察到了句内语码转换的词汇加工阶段、语义整合阶段和句子整合阶段相对应的锁时成分：N2、N400、LPC 成分。大约在 310ms 在额区发现 N2 成分，结合眼动的数据可以推测 N2 发生时间应该在词汇加工早期阶段，即处于心理词汇识别系统内，转换词呈现之前目标语言的语言节点处于激活状态，目标语言的语言节点会自上而下地抑制非目标语言，当转换词出现时由于之前是非目标语言所以处于被抑制状态，当转换成目标语言时需要克服之前的抑制重新激活，例如汉-蒙转换句子中加工汉语时其语言节点处于激活状态，此时蒙语为非目标语言则处于抑制状态，而当转换到蒙语时蒙语则变为目标语言，那么就需要克服之前对蒙语的抑制来重新获得激活，这个过程中就会产生转换代价，表现为 N2 成分的转换代价。词汇通达获得语义后，将语义信息从识别系统传递到决策系统根据任务的要求需要将语义与句子语境进行整合，此时的过程通过 N400 成分表达出来，而且 N400 反映了词汇后的加工阶段，也就是说此时的加工已是在心理词汇组织系统之外。转换词汇出现后相应的句子图式会被激活，但是需要被抑制，而是需要用转换前的目标语言的句子理解图式进行加工，例如：汉语转换蒙语的句子中，蒙语转换词出现后相应的蒙语理解任务的图式会被激活，但是由于汉语是主体语言，需要采用汉语理解任务的图式进行加工，因此需要抑制蒙语理解任务的图式，这个过程中同样会产生心理资源的损耗。由于本研究中采用的是 Block 的呈现方式，对被试而言何时转换是可以预期到的，所以在 ERPs 实验中观察到的 LPC 成分并不是由于意外事件而产生的重构过程，而是代表句子整合和再分析的加工，此过程依然处于心理词汇组织系统之外。

由此可以看出行为层面的转换代价不是源于心理词汇组织系统之内还是心理词汇组织系统之外的争论，而是两者的融合，即句内转换代价既源于心理词汇组织系统之内也源于心理词汇组织系统之外，心理词汇组织系统之内主要表现为语言节点间的抑制对词汇激活的影响，而心理词汇组织系统之外主要表现为任务图式间的抑制。

四、句内语码转换代价非对称性的机制

语言转换代价的研究中除了探索转换代价的来源，还会因为转换非对称性的现象而去探索其背后的机制。但是阅读研究的转换代价的非对称性效应的结论并不如语言产生的转换代价的非对称效应那样统一。有的研究并未发现转换代价的非对称性（Macizo et al., 2012），有的研究则显示从第一语言转换到第二语言的转换代价更大（Litcofsky et al., 2009），而有的则显示从第二语言转换到第一语言的转换代价更大（Ibáñez et al., 2012）。电生理机制层面中不同的研究所观测到的脑电成分也不同，因此其转换代价的非对称性的存在方式也不同。例如 Moreno（2002）的研究中就发现了 LPC 的转换代价但是 Proverbio（2004）的研究中就没发现 LPC 成分。Moreno 和 Proverbio 的研究中关于 LPC 成分结果的不同存在一个显著的原因是 Proverbio 的研究中的被试是同译者，其日常就是频繁的做语码转换的工作，所以 Proverbio 研究的同译者比 Moreno 研究中的非熟练者对语码转换的句子整合和再分析的能力更强，可能不需要花费太多的努力就可以进行，所以没有发现 LPC 效应。随后，有研究专门针对二语熟练度和双语者语码转换频率这两个因素进行句内语码转换研究。Maartje 等（2011）用 ERPs 技术研究二语熟练度对句内语码转换的影响，西－英双语者根据熟

练度的自评被分成了高熟练双语者和低熟练双语者，要求他们阅读英语句子，句子中的目标词为转换形容词和非转换形容词，并且这些形容词都不是同源词，并且转换句和非转换句以混合的方式呈现，故转换是不可预期的。高熟练和低熟练双语者阅读转换句时都发现了较强的 N400 和 LPC 效应，除此之外两组被试都发现了早期负波左侧颞叶 N250（此负波与词形加工有关）以及一个持久的额叶正波（它可能是 LPC 的开始）。高熟练双语者的转换相关 N400 效应其头皮分布扩展到左侧额叶区域，可能暗含 LAN 成分，这一结果也在 Moreno 的研究中被观测到。Maartje 的研究指出语码转换词引起了词汇 - 语义整合代价以及更多的句子水平整合和再分析的耗损。尽管该研究仅从某一个语言方向上考查语码转换，但是从之前的研究可以推测 N400-LPC 效应可能是双向效应，即从一语转换到二语或二语转换到一语都会存在 N400-LPC 效应。

于是，Litcofsky 等（2013）专门考查了两个不同的语言转换方向中的转换代价的特点，实验 1 和实验 2 分别从行为层面和脑电生理水平考查了西 - 英双语者的句内语码转换，行为结果和脑电结果相似，都仅在第一语言转换到第二语言时存在转换代价，脑电结果的转换代价表现在 LPC 成分上，并未观测到 N400 成分。研究者认为 N400 可能和熟练度有关，于是在实验 3 中测试了第二语言熟练度较低的双语者，结果竟然发现了 N400 成分的转换代价，并且也仅在第一语言转换到第二语言时发现了 LPC 成分的转换代价。这与 Ibáñez 的研究结果不同，该研究中发现了第二语言转换到第一语言时的转换代价更大。

虽然有研究者假设非熟练双语者可能更难进行语义整合，其 N400 的波幅应该比熟练双语者的 N400 波幅更大。然而，当前的研究中并未证实这一假设，因为在不同的二语熟练度（从低熟练度初学者到高熟练的同译者）的研究中都发现了 N400 效应。除了 Proverbio 的研究外，其他研究都发现了 LPC 效应，表明语码转换在句子整合和再分析层面的困难，而且在不同的熟练度和不同语言转换频率的研究中都发现了 LPC 成分。Proverbio 研究中没有发现 LPC 成分，可能是由于被试是同译者，其日常工作就是不断地进行语码转换，所以对他们而言语码转换时的句子整合很容易，所以不会产生 LPC 成分，另一种可能是由于实验采用 Block 的方式呈现，语码转换是可以预期的，而其他研究则是混合的方式呈现，语码转换时是不可预期的，所以 Proverbio 的实验才没有产生 LPC 成分。

语言转换代价非对称性的有抑制控制模型、区分内源性和外源性的注意控制（Verhoef et al., 2009）、强调不同语言的激活强度而不是由于抑制（La Heij, 2005）、有效性反应的速度（Finkbeiner et al., 2006）、二语的持续激活而不是一语的持续抑制（Philipp et al., 2007）。比较典型的模型是抑制控制模型和 BIA 模型（包括 BIA、BIA+、BIA-d），抑制控制模型提议为了成功使用一种语言，双语者需要使用一般的认知机制或认知控制去积极地抑制另一种语言。这个模型陈述语言任务图式是一般语言控制系统的一部分，语言任务图式控制语言行为，而一般语言控制系统是在双语者词汇-概念系统之外。这些语言任务图式既可以激活也可以抑制词汇—概念系统中的词目。例如，当双语者用更弱势的二语进行命名或者阅读时，二语任务图式必须抑制一语任务图式和词汇-概念系统中的一语的词目。当转换到另一语言时，当前激活的任务图式必须被抑制，而之前被抑制的任务图式则需要被重新激活，这将导致语言转换代价。抑制控制模型预示着转换到一语比转换到二语可能产生更大的转换代价，因为相比优势一语加工时二语的抑制强度，弱势二语加工时优势一语抑制强度更大，当从二语转换到一语时，一语由于已经被很强地抑制了所以需要比二语更多的时间进行重新的激活。的确，大多数语言产生任务中测量 L1 熟练度更高的双语者的研究结果确实发现转换到一语的代价更大。抑制控制模型进一步预示当双语者的两种语言熟练度相当时，两种语言的抑制强度也相当，所以两个转换方向的转换代价也相似（Costa & Santesteban, 2004）。

抑制控制模型多是用于语言产生的转换代价的解释，以单个词汇为实验材料的语言理解层面的非对称性效应则多用 BIA 模型解释，词汇呈现会自下而上地激活至语言节点，而语言节点除了具有标志词汇属于哪种语言外，还具有自上而下的抑制作用，因此当目标语言的语言节点被激活后会自上而下地抑制非目标语言，语言节点的抑制强度则依赖于语言的相对熟练度，熟练度高的语言节点对熟练度低的语言节点的抑制强度大，因此当转换到非熟练语言时，由于之前更强的抑制所以再激活的速度就会慢，而转换到熟练语言时由于之前相对弱的抑制并不会对其的激活产生太大的影响，所以表现出转换到非熟练语言时转换代价会更大。由于句内实证研究结果的差异性，加之 Green 的抑制控制模型的多次被证实，Grainger 于 2012 年对 BIA 模型进行了新的修正提出了 BIA-d 模型，该模型包含外源性的控制和内源性的控制，外源性控制主要是基于激活的加工过程，反映了自下而上的语言节点对非目标词汇的抑制而对其随后激活的影响，内源性的控制则是基于抑制过程，反映了自上而下对语言图式的抑制，该模型被 Philipp（2015）的研究所证实：词汇加工阶段反映了外源性控制过程表现出从第一语言转换到第二语言的转换代价更大，而句子理解阶段则反映了内源性控制过程表现出从第二语言转换到第一语言的转换代价更大。

总之，由于之前研究结果的差异性存在，本研究中为了和 Proverbio 的研究进行对比，故采用了类似 Proverbio 研究的范式，所有的类型的句子都是以 Block 的形式呈现，也就是说被试是可以预期的，选取的被试尽管在日常生活中也会经常进行语码转换，但是并非是同译者。本研究的结果既有与 Proverbio 的研究结果相似的部分也存在不同的部分：两者都发现了 N400 成分，不同的是 Proverbio 的研究并未发现 N2 和 LPC 成分，其原因可能是两个研究的被试存在质的不同，Proverbio 的研究中的被试是专业的同译者，其日常工作就是要频繁地转换两种语言，所以在发生转换时并不需要花费更多的时间进行抑制控制，并且在对句子的整合和再分析的加工也不需要花费过多的努力，所以并未发现 N2 和 LPC 成分。还有转换代价的表现形式不同。

本研究中行为层面的研究结果发现从蒙语转换到汉语时的转换代价更大，结果看似与 Proverbio 的研究相似，但是本研究中被试浸入在二语环境中，所以与 Proverbio 的研究结果相反。考虑到行为层面是多个认知过程的总和，而句内语码转换时包含多个加工过程，所以采用了眼动技术观测其语码加工的早期、中期和晚期阶段，结果显示语码转换后的早期阶段汉语转换到蒙语的转换代价更大，而中期阶段和晚期结果则是从蒙语转换到汉语的转换代价更大，这个研究类似于倪传斌（2015）的研究，为了更加精确地确认眼动层面的结果，通过 ERPs 技术观测到了代表早期阶段、中期阶段和晚期阶段的脑电成分，结果发现语码转换后的早期阶段即词汇加工阶段存在 N2 成分并且只有汉语转换到蒙语的时候才存在转换代价，表现出转换代价非对称性；中期阶段即词汇后语义与语境整合阶段通过 N400 成分发现蒙语转换到汉语时的转换代价更大，晚期阶段即句子整合和再分析过程通过 LPC 成分获知同样是蒙语转换到汉语时的转换代价更大，总结为语码转换加工的早期阶段的转换代价的非对称效应为汉－蒙＞蒙－汉；而晚期和中期阶段的非对称效应为蒙－汉＞汉－蒙。

通过 BIA-d 模型可以解释为：语码转换后的早期阶段为词汇识别阶段，此阶段主要受外源性控制的影响，汉语转换到蒙语的句子中，汉语是主体语言因此汉语的语言节点处于激活状态，由于汉语的熟练度高于蒙语，故汉语语言节点对蒙语词汇和语言节点的抑制比较强，从而更显著地影响了蒙语转换词的激活，蒙语转换到汉语的句子中，蒙语的语言节点对汉语词汇和语言节点的抑制比较弱，所以对汉语转换词的抑制影响不大，所以词汇识别的早期阶段的非对称效应表现为汉－蒙＞汉－蒙，主要通过首次注视时间的眼动指标和 N2 脑电成分的非对称性表现出来。首次注视时间被认为反映了词汇加工的早期阶段，研究者认为首次注视时间也可能存在语义的加工，研究一中的眼动实验发现首次注视时间蒙语非转换句的词汇加工最快，可能是由于首次注视时间受频率的影响，而蒙语目标词的词频确实比汉语的词频高，但是研究二中的首次注视时间则未发现任何转换代价，说明眼动的时间精确性具有一定的局限性，通过ERPs这样的高时间精确性的技术发现词汇识别过程中的N2成分的非对称效应，N2反映了语言转换中的抑制控制，其波幅反映了抑制控制的大小，汉语转换到蒙语时的N2波幅更大，说明了蒙语被汉语语言节点抑制程度更强，从而造成蒙语转换词激活的困难，以至于汉语转换到蒙语时的转换代价更大。

语码转换后的中期阶段——词汇后的语义整合阶段，此阶段可能主要受内源性控制的影响，语义通达后需要用主体语言的句子理解的语言图式进行整合加工，但是嵌入语词汇通达后会激活嵌入语的句子理解图式，所以需要自上而下的抑制嵌入语的语言图式，中期阶段发现蒙语转换到汉语的转换代价更大，可以解释为蒙-汉转换句中汉语词汇通达后会激活汉语句子理解的语言图式，而这时与主体语言——蒙语的句子理解的语言图式相冲突因此需要对汉语的语言图式进行自上而下的抑制，但是由于汉语为优势语，所以需要更强的抑制才能很好地抑制嵌入语汉语的语言图式，而汉-蒙转换句中嵌入语蒙语的语言图式需要抑制的强度不如汉语的语言图式，所以表现出中期加工阶段的非对称效应为蒙-汉＞汉-蒙。中期阶段的非对称效应主要通过眼动的凝视时间指标和脑电的N400成分显示出来，凝视时间被认为反映了词汇加工的早期阶段，但也被认为反映了词汇的中期阶段，在句子阅读任务中它可能反映了词汇后的加工阶段；脑电的N400成分则反映了词汇后的整合加工阶段，此时需要将转换词的语义整合到主体语言的句子理解图式中，在本研究中还发现了P300成分，该成分反映了输入的刺激与记忆表征间冲突时的修正程度，因此应用到句内语码转换则反映了转换词的语言图式与记忆中应该是主体语言的句子理解的语言图式相冲突，因此需要对其进行修正，从这方面的作用可以理解与N400的作用相似，而且研究中也发现了蒙语转换到汉语时的 P300 成分的转换代价更大。

转换后的晚期阶段也就是进入了句子的整合再分析阶段，该阶段依然发现了转换代价的非对称性，可能原因是受语序的影响。既然语言图式已被抑制，那么应该在句子整合阶段并无转换代价，但是研究中发现了转换代价并且表现出非对称效应——蒙语转换到汉语时的转换代价更大。其原因可能是由于蒙语转换到汉语的句子中汉语转换词位于句尾，而汉语句子的语序是主语 + 谓语 + 宾语，只有在被动句和把字句中谓语才会后置位于宾语之后，但是蒙语转换到汉语的句子并不是把字句，并没有作为汉语谓语动词后置的标志"把"字，这势必会造成蒙语句子的语序与汉语谓语位置的冲突，从而需要被试付出一定的努力对句子进行再分析和整合；但是汉语转换到蒙语的句子中，蒙语的语序是主语 + 宾语 + 谓语，蒙语的谓语总是位于句子的末尾，而主体语言汉语句子是把字句标志着谓语动词后置，这与蒙语的谓语本身的位置不冲突，所以不需要付出多大的努力进行句子整合。于是就在回视时间和 LPC 成分中表现出非对称效应。眼动指标回视时间反映了句子加工的整合阶段；而脑电 LPC 成分也反映了句子的整合阶段，由于本研究中语序的关系所以才可能不同于 Proverbio 研究发现了 LPC 成分以及该成分的非对称效应。

五、语序对句内语码转换的影响

双语语言加工的研究已证实双语者无论是在进行语言理解还是语言产出的过程中使用某一语言时两种语言会同时激活，其实证研究不仅包含词汇层面的研究，而且包含句子层面的研究，这表明不仅词汇加工时会同时激活两种语言，而且句法加工时也会同时激活两种语言。

句法层面的同时激活实证研究主要有跨语言句法启动研究，句法启动意味着被试往往会采用或者重复之前自己所使用过的句法结构或表述方式（Bock，1986）。跨语言句法启动则涉及了"一种语言的句法加工会被之前所呈现的另一种语言相似的句法结构所促进"这样的过程。例如，双语对话过程中，如果一个对话者用被动句式陈述，那么另一个对话者用另一种语言交流时往往也可能采用被动句式。通过探索哪些句法结构可以获得跨语言间的启动，可以获知语言间句法同时激活的机制。

跨语言句法启动效应在不同的任务中被证实，如图片描述、句子补全、句子回忆等，实验中被试往往会根据启动句在目标句中重复词汇、句法结构。Loebell 和 Bock（2003）要求被试听被动句式的句子，然后让被试对图片用另一种语言进行描述，结果发现对图片描述时被试倾向也采用被动句式进行描述，Hartsuiker 等（2004）用同盟者脚本范式，即设计了"假"被试和"真"被试，并让两者轮流对图片描述，不同的是"假"被试和"真"被试所上使用的语言不同，结果发现当"假"被试所描述的句法改变时"真"被试往往也会随之改变。由于同盟者脚本范式具有真实的对话情境优点，故逐渐成为相关研究的经典范式。

双语者句子加工的认知机制的研究多集中在跨语言句法启动的研究，这些研究的句子往往不是语码转换句，但是语码转换的句法选择已经广泛地在语料库研究中进行，并且发现当双语间的句法结构相似时其同时激活的程度高，语码转换就会更易发生（Muysken，2000）。研究者将基于语料库的研究应用到跨语言启动的语言 / 语码转换的句法研究中，以探索句法选择、句法协调效应的认知机制。研究者认为因为跨语言启动反映了语言间句法的同时激活，故可以假设当语言间的语序对等时同时激活的程度更高，那么被试更容易从一种语言转换到另一种语言。Poplack（1980）通过收集纽约的西－英双语者的对话记录，发现了只有1%的语码转换是发生在不同语序的情况中，从而显示了语序一致性对语码转换的重要作用。Poplack（1995）阐述了对等限制性来解释语码转换中语序共享的效应，例如英语及物动词句子只有一种语序（SVO），而荷兰语则有三种语序（SVO、SOV、VSO）。所以根据"对等限制性"荷兰语和英语间及物动词句的语码转换最可能发生在共享的 SVO 语序中。Myers-Scotton（2002）提出的主体语言框架模型对共享语序也有清晰的解释：因为语序共享本质上说明两种语言间的语法匹配，所以语序共享时语码转换句中嵌入语的语序自然地会匹配主体语的语序。

Bock 和 Levelt（1994）认为句子产生包括了功能层面（Functional Level）和位置层面（Positional Level）的加工。功能层面的加工包含词汇通达和将句法类型信息传递给词条，位置层面的加工则对句中各成分进行构建包括层级句法结构（句法树）和线性句法结构（语序）。Bock 和 Levelt 强调功能层面的表征将决定最终的句法结构，如被动句或是主动句，然而双语者构建句子则不仅仅只包含句法结构的构建，因为可能功能结构和层级结构是共享的而语序则并不共享。Shin 等（2007）采用句子回忆方式考查了语序对句法启动的影响，韩语和英语的介宾结构句的语序不同，韩语的宾语作为动作的接受者被置于动词之前，而英语的宾语则置于动词之后。实验中让被试听并记住英语的介宾或者双宾结构的句子，然后再听韩语的介宾或双宾结构的句子，之后完成一个干扰任务后，要求被试回忆之前出现的英语句子，结果显示韩语的双宾结构句并未促使被试将英语的介宾结构句回忆成双宾结构句。故在一定程度上证实了 Bernole 等人的观点（2007）：语序共享是跨语言启动是否产生的重要因素，只有双语者的两种语言间的语序相同时，双语句法表征才能共享。

跨语言句法启动研究从另一种角度看就是句法结构等因素对句间转换影响的研究，既然语序一致性会影响跨语言启动，那么势必也会影响句间语言转换，从而可以假设势必也会影响句内语言转换。徐梦灵（2012）用同盟者脚本技术要求被试对图片进行描述，结果发现了中-英双语者语言产生过程中的句内语码转换多发生在汉语和英语的共享语序上。

综述其上，可以推之语序的一致性也可能会对语言理解过程中的句内转换产生影响。研究一中发现蒙语转换到汉语的句子中，在语码转换的晚期阶段发现了转换代价，假设其原因为：汉语的动词一般位于句子中间承接句子的主语和宾语，而蒙语的动词一般位于句子的末尾，两者的陈述句的语序不同（汉语：SVO；蒙语：SOV），但是汉语的把字句或者被动句与蒙语的陈述句的语序一致（SOV），研究一中采用的汉语把字句因此汉语转换到蒙语的语序是SOV，由于语序共享促进了汉-蒙转换句的句子整合，故未发现转换代价；而蒙语转换到汉语的语序也是SOV，但是由于缺少"把"字这一功能词，并不能引起语序共享从而导致了转换代价。

为了验证这一推测，研究二中汉语句子为一般陈述句其语序是SVO，从而导致汉语转换到蒙语的语序也是SVO，这明显与蒙语的语序不一致。从研究结果中，尤其是ERPs的结果中发现：汉语转换到蒙语的句子（汉-蒙-汉）中，蒙语转换词出现后观测到LAN（左前负波）的成分，一般句法违例的时候会出现这一负波，而且反映了句法的早期加工，即功能层面的加工，该阶段的加工会把词汇的句法信息传递到词条中然后形成初级的句法，但是蒙语动词始终是位于句尾的，而汉-蒙-汉的转换句子中蒙语的动词位于句子中间，因此蒙语动词的句法违例，而且蒙语转换到汉语的句子中从N400成分的地形图中观察到了N400的分布扩展到了左侧前部，类似于LAN成分。这说明当转换词的语序与本语言的语序不一致时会产生冲突，被试可能会将其视为句法违例，研究二中转换后的晚期阶段的指标即LPC成分中，汉-蒙-汉转换句中也发现了转换代价，这与研究一的结果不同，因为汉-蒙-汉转换句的语序是SVO，而汉-汉-蒙转换句的语序是SOV，所以转换词的语序与其本身的语序不一致时就会产生转换代价，因此证实了这一观点：语序一致性对句内语码转换具有重要的影响，语序一致时会促进句中各成分的整合，而语序不一致时整合会产生困难表现出转换代价。

【参考文献】

陈玲俐（2012）. 短语和句子的语义、句法及语境效应研究. 电子科技大学.

李利，莫雷，王瑞明（2011）. 二语词汇熟悉度在双语者语义通达中的调节作用. 心理科学，34（4）：799-805.

刘欢欢，范宁，沈翔鹰，纪江叶（2013）. 认知灵活性对非熟练双语者语言转换的影响———一项ERPs研究. 心理学报，45（6）：636-648.

倪传斌，魏俊彦，徐晓东，肖巍（2015）. 基于句子层面的双语词汇转换研究：来自眼动的证据. 解放军外国语学院学报，38（1）：19-28.

祈志强，彭聃龄，许翔杰，柳恒超（2009）. 汉-英双语者语言产生与理解过程中的切换研究. 心理科学，32：356-359.

田宏杰，闫国利，白学军（2009）. 中文双字词在心理词典中的通达表征. 心理科学，（6）：1302-1305.

徐梦灵（2012）. 句法一致与词序共享对中-英双语者句子产出过程语码转换影响的研究. 宁波大学.

余香莲，任志洪，叶一舵（2015）. 词空格在汉语文本阅读中的作用：基于眼动研究的元分析. 心理科学进展，23（11）：1894-1909.

周晓林，玛依拉·亚克甫，李恋敬，吕建国（2008）. 语言经验可以改变双语者的主导语言. 心理科学，31（2）：266-272.

Altarriba, J., Kroll, J. F., Sholl, A., & Rayner, K.（1996）. The influence of lexical and conceptual constraints on reading mixed-language sentences: Evidence from eye fixations and naming times. *Memory & Cognition*, 24：477-492.

Alvarez, R., Holcomb, P., & Grainger, J.（2003）. Accessing word meaning in two languages: An event-related brain potential study of beginning bilinguals. *Brain and Language*, 87, 290-304.

Basnight-Brown, D. M., & Altarriba, J.（2007）. Differences in semantic and translation priming across languages: The role of language direction and language dominance. *Memory & Cognition*, 35（5）：953-965.

Bernolet, S., Hartsuiker, R. J., & Pickering, M. J.（2007）. Shared syntactic representations in bilinguals: Evidence for the role of word order repetition. *Journal of Experimental Psychology: Learning, Memory, and Cognition*, 18（3）：453-469.

Bock, J. K. (1986). Syntactic persistence in language production. *Cognitive Psychology*, 18: 355-387.

Bock, J. K., & Levelt, W. J. M. (1994). Language production: Grammatical encoding. In M. A. Gernsbacher (Ed.), *Handbook of Psycholinguistics* (pp. 945-984). San Diego, CA: Academic Press.

Bultena, S., Dijkstra, T., & Van Hell, J. G. (2015). Language switch costs in sentence comprehension depend on language dominance: Evidence from self-paced reading. *Bilingualism: Language and Cognition*, 18 (3): 453-469.

Chauncey, K., Holcomb, P. J., & Grainger, J. (2008). Code-switching effects in bilingual word recognition: A masked priming study with event-related potentials. Brain and Language, 105: 161-174.

Connolly, J. F., Phillips, N. A., Stewart, S. H., & Brake, W. G. (1992). Event-related potential sensitivity to acoustic and semantic properties of terminal words in sentences. *Brain & Language*, 43 (1): 1-18.

Costa, A., & Santesteban, M. (2004). Lexical access in bilingual speech production: Evidence from language switching in highly proficient bilinguals and L2 learners. *Journal of Memory and Language*, 50: 491-511.

Dijkstra, A., & Van Heuven, W. J. B. (1998). The BIA model and bilingual word recognition. In J. Grainger & A. Jacobs (Eds.), *Localist Connectionist Approaches to Human Cognition* (pp. 189-225). Hillsdale, NJ: Erlbaum.

Dijkstra, T., Walter, J. B., & van Heuven, W. J. B. (2002). The architecture of the bilingual word recognition system: From identification to decision. *Bilingualism: Language and Cognition*, 5 (3): 175-197.

Donchin, E., & Coles, M. G. (1988). Is the P300 component a manifestation of context updating? *Behavioral and Brain Sciences*, 11: 357-427.

Donkers, F. C., & van Boxtel, G. J. (2004). The N2 in go/no-go tasks reflects conflict monitoring not response inhibition. *Brain and Cognition.*, 56 (2), 165-176.

Duncan-Johnson, C. C., & Donchin, E. (1979). The time constant in P300 recording. *Psychophysiology*, 16 (1): 53-55.

Eva, M. M., Antoni, R. F., & Matti, L. (2008). Event-related potentials in the study of bilingual language processing. *Journal of Neurolinguistics*, 21: 477-508.

Fillmore, L. W. (2005). When learning a second language means losing the first. In M. M. Suárez-Orozco, C. Suárez-Orozco, & D. B. Qin (Eds.), *The New Immigration: An Interdisciplinary Reader* (pp. 289-308). New York: Routledge.

Finkbeiner, M., Almeida, J., Janssen, N., & Caramazza, A. (2006). Lexical selection in bilingual speech production does not involve language suppression. *Journal of Experimental Psychology: Learning, Memory, and Cognition*, 32: 1075-1089.

Grainger, J., & Beauvillain, C. (1987). Language blocking and lexical access in bilinguals. *Quarterly Journal of Experimental Psychology*, 39: 295-319.

Grainger, J., Midgley, K., & Holcomb, P. J. (2010). Re-thinking the bilingual interactive-activation model from a developmental perspective (BIA-d). *Language Acquisition Across Linguistic and Cognitive Systems*, 52: 267-283.

Gullifer, J. W., Kroll, J. F., & Dussias, P. E. (2013). When language switching has no apparent cost: Lexical access in sentence context. *Frontiers in Psychology*, 4(5): 278-291.

Guo, Liu, Misra, & Kroll. (2011). Local and global inhibition in bilingual word production: fMRI evidence from Chinese-English bilinguals. *Neuroimage*, 56(4): 2300-2309.

Harley, T. A. (2001). *The psychology of language from data to theory*. East Sussex, England: Psychology Press.

Hartsuiker, R. J., Pickering, M. J., & Veltkamp, E. (2004). Is syntax separate or shared between languages? Cross-linguistic syntactic priming in Spanish-English bilinguals. *Psychological Science*, 15: 409-414.

Heredia, R. R., & Altarriba, J. (2001). Bilingual language mixing: Why do bilinguals code-switch? *Current Directions in Psychological Science*, 10: 164-168.

Ibáñez, A. J., Macizo, P., & Bajo, M. T. (2012). Language access and language selection in professional translators. *Acta Psychologica*, 135: 257-266.

Inhoff, A. W. (1984). Two stages of word processing during eye fixations in the reading of prose. *Journal of Verbal Learning and Verbal Behavior*, 23: 612-624.

Jackson, G. M., Swainson, R., Cunnington, R., & Jackson, S.R. (2001). ERP correlates of executive control during repeated language switching. *Bilingualism: Language and Cognition*, 4(2): 169-178.

Kaan, E., Harris, A., Gibson, E., & Holcomb, P. J. (2000). The P600 as an index of integration difficulty. *Language and Cognitive Processes*, 15: 159-201.

La Heij, W. (2005). Selection processes in monolingual and bilingual lexical access. In J. Kroll, & A.M.B. De Groot (Eds.), *Handbook of bilingualism: Psycholinguistic approaches* (pp.289-307). New York: Oxford University Press.

Li, X., & Zhou, X. (2010). Who is ziji？ ERP responses to the Chinese reflexive pronoun during sentence comprehension. *Brain Research*, 1331: 96-104.

Linck, J., Kroll, J.F., & Sunderman, G. (2009). Losing access to the native language while immersed in a second language: Evidence for the role of inhibition in second-language learning. *Psychological Science*, 20(12): 1507-1515.

Litcofsky, K. A., & Van Hell, J. G. (2017). Switching direction affects switching costs: Behavioral, ERP and time-frequency analyses of intra-sentential code-switching. *Neuropsychologia*, 97: 112-139.

Litcofsky, K. A., Midgley, K. J., Holcomb, P. J., & Grainger, J. (2009, March). *Exploring language switching with lexical decision and event related potentials*. Poster presented at the *Annual Meeting of the Cognitive Neuroscience Society*, San Francisco, CA.

Litcofsky, K. A. (2013). *Sentential code-switching and lexical triggering: A neurocognitive study*. Unpublished Master's thesis, Pennsylvania State University.

Loebell, H., & Bock, J. K. (2003). Structural priming across languages. *Linguistics*, 41: 791-824.

Meuter, F. I., & Allport, A. (1999). Bilingual language switching in naming: Asymmetrical costs of language selection. *Journal of Memory and Language*, 40: 25-40.

Moreno, E., Federmeier, K., & Kutas, M. (2002). Switching languages, switching palabras (words): An electrophysiological study of code switching. *Brain and Language*, 80: 188-207.

Muysken, P. (2000). *Bilingual speech: A typology of code-mixing*. Cambridge University Press.

Myers-Scotton, C. (2002). *Contact linguistics: Bilingual encounters and grammatical outcomes*. Oxford University Press.

Myers-Scotton, C. (2006). *Multiple voices: An introduction to bilingualism*. Oxford University Press.

Philipp, A. M., Gade, M., & Koch, I. (2007). Inhibitory processes in language switching: Evidence from switching language-defined response sets. European *Journal of Cognitive Psychology*, 19: 395-416.

Huestegge, L. (2015). Language switching between sentences in reading: Exogenous and endogenous effects on eye movements and comprehension. *Bilingualism: Language and Cognition*, 18 (4): 614-625.

Polich, J. (2007). Affective valence and P300 when stimulus arousal level is controlled. *Cognition and Emotion*, 21 (4): 891-901.

Poplack, S. (1980). Sometimes I'll start a sentence in Spanish Y TERMINO EN ESPANOL: Toward a typology of code-switching. *Linguistics*, 18: 581-618.

Poplack, S., & Meechan, M. (1995). Patterns of language mixture: Nominal structure in Wolof-French and Fongbe-French bilingual discourse. In L. Milroy & P. Muysken (Eds.), *One speaker, two languages* (pp. 199-232). Cambridge University Press.

Proverbio, A. M., Leoni, G., & Zani, A. (2004). Language switching mechanisms in simultaneous interpreters: An ERP study. *Neuropsychologia*, 42 (12): 1636-1656.

Rugg, M. D., & Curran, T. (1989). Event-related potentials and recognition memory. *Electroencephalography & Clinical Neurophysiology*, 11 (6): 251-257.

Shin, J. A., & Christianson, K. (2007). *Cross-linguistic syntactic priming in Korean-English bilingual production*. Poster session presented at *the annual CUNY conference on human sentence processing*, La Jolla, CA.

Thomas, M. S. C., & Allport, A. (2000). Language switching costs in bilingual visual word recognition. *Journal of Memory and Language*, 43: 44-66.

Van Der Meij, M., Cuetos, F., Carreiras, M., & Barber, H.A. (2010). Electrophysiological correlates of language switching in second language learners. *Psychophysiology*, 48 (1): 44-54.

Verhoef, K., Roelofs, A., & Chwilla, D. (2009). Role of inhibition in language switching: Evidence from event-related brain potentials in overt picture naming. *Cognition*, 110: 84-99.

Voss, J. L., & Federmeier, K. D. (2011). FN400 potentials are functionally identical to N400 potentials and reflect semantic processing during recognition testing. *Psychophysiology*, 48(4): 532-546.

第七章
双语者的双语优势效应

第一节　抑制的双语优势效应

第二节　任务转换的双语优势效应

第三节　任务转换条件下蒙汉双语者优势效应的 ERPs 研究

第四节　任务转换条件下蒙汉双语者优势效应的 ERPs 研究总讨论

研究者普遍认为双语能力是指习得并使用两种语言的能力，但是这一定义太宽泛了，Harmers（1981）定义了这一概念，他认为双语能力是指能够使用两种语言作为社会交流手段的这类个体的心理状态。一直以来，心理语言学的研究都将双语能力理解为平衡双语能力。

Peal 和 Lambert（1962）对居住在同一城市的英-法双语儿童和英语单语儿童进行了非言语智力测试和言语测试，结果发现双语儿童在所有的测试中比单语儿童表现更好。从此研究者们开始进行有关双语者优势效应的研究。经过多年的研究发现，双语者包括双语婴儿、儿童、青少年、成人、中年人以及老年人，相比于单语者在需要冲突解决以及执行功能参与的认知活动中表现出一定的优势效应，这便是心理学上所说的双语优势效应。

第一节　抑制的双语优势效应

一、行为层面的证据

早期对双语儿童的研究显示双语儿童在需要控制注意和抑制的元语言任务中表现出优势，但基于语法知识的任务，双语和单语儿童表现相似。随后的一系列研究发现，双语儿童能够更好地通过抑制误导信息或干扰信息解决冲突问题。Bialystok 等（1988）使用维度变换卡片分类任务（DCCS），对双语儿童进行研究。维度卡片任务要求儿童对一系列双向刺激（一个刺激对应两种任务）按某一特征（例如颜色）进行分类，然后立即要求他们按照另一特征（例如形状）重新分类，对于3岁儿童而言，难以完成维度改变后的分类任务，但大多数4或5岁儿童能够很好地完成该任务。Bialystok 等（2004）的研究中，汉-英双语学前儿童在 DCCS 任务比英语单语儿童表现更好，这种优势差异大约是一岁，即 4 岁的双语儿童的表现与 5 岁的单语儿童表现相似。而当将这一任务改编为没有分心刺激，无须抑制无关信息时，双语儿童和单语儿童的表现并无差异。

同样的，包含冲突的西蒙任务中，双语儿童比单语儿童更容易完成该任务，这一范式同样用于青年、中年和老年双语者的研究中，其结果依然表现出双语优势（Martin-Rhee & Bialystok，2008）。Costa 等（2008）对青年双语者进行了注意网络任务（ANT）、Flanker 任务测试，并在 Flanker 任务中加入线索提示，结果发现双语者总体反应时更快，冲突效应更小，并且通过线索获利更多，转换代价更小。

对于成年双语者优势效应的研究，研究者使用 Stroop 范式进行了大量研究，Stroop 范式是测量抑制的经典范式，该任务中，被试需对颜色方框以及不同颜色书写体的色词进行颜色命名，颜色方框命名和色词书写体颜色命名间的反应时差异即为 Stroop 效应，Stroop 效应越小说明命名时抑制误导信息的能力越强。Bialystok 等（2008）使用该范式测试了青年和老年双语者，实验包含 4 种条件，命名带颜色的 X 的、命名黑色书写体的色词、命名书写体颜色与色词一致的书写体颜色，命名不同颜色书写体色词的书写体颜色。结果表明，青年被试命名色词更快且双语者和单语者无差异；对于书写体颜色与色词一致的条件，老年双语者反应时更快，有更大的促进效应（一致条件反应时相对更快）；不一致条件下，青年和老年双语者 Stroop 效应更小。

二、神经机制层面的证据

对于单语者的抑制控制的神经机制研究发现，前扣带回皮层及左侧额叶皮层往往在进行需要抑制控制参与的任务中得到明显的激活。例如：Fan 等（2003）比较了 Flanker 任务、西蒙任务及 Stroop 任务的操作表现，在所有的任务中，一致序列的反应总比不一致序列的反应快。Fan 等鉴别出两个显示出同一冲突效应的区域：前扣带回皮层及左侧额叶皮层。Nee 等（2007）检验了不同的冲突任务操作，结果证实了左侧前额叶（腹侧区域）、前扣带回皮层、左侧后部顶叶皮层在抑制 Stroop 冲突的重要性；他们还发现不同的冲突会引发不同的神经反应，基于抑制低概率刺激的反应的冲突解决，右半球的额叶和顶叶区域以及左侧腹侧前额叶皮层和前扣带回皮层被激活。

　　双语者由于两种语言的竞争，因此在图片命名时也需要抑制来自非目标语言的竞争，同样应该会涉及到这一神经网络。Rodriguez-Fornells 等（2005）对德 - 西双语者采用 GO/no-GO 范式对图片名称进行反应，当图片命名所使用的语言以元音开头则反应，若以辅音开头则不反应；实验中一半序列为一致条件即两个语言命名反应相同，都是以元音或都是以辅音开头，一半序列为不一致条件。为了更好对不一致序列反应，双语者必须注意目标语言的语音表征并抑制由非目标语言激活产生的反应趋势。这样的抑制过程激活了左侧背外侧前额叶皮层（BA9/46）以及辅助运动区。Kovelman 等（2008）要求西 - 英双语者和英语单语者判断视觉呈现的句子是否合理。对于双语者，按照呈现的语言不同分成两个区组，句子的难易程度随着语法的复杂性而变化。结果对于复杂的英语句子，双语者和单语者都激活了左侧额下皮层，但是双语者的激活更大，也就是说即使已达到非常熟练的程度，双语者依然付出更多的努力进行抑制控制。

　　随着 L2 的熟练度增加，L1 和 L2 间的竞争加剧，与之相关联的脑区激活也会增加。语言不同，其字母 - 发音映射也不同，因此同样的字母也会产生发音冲突，Nosarti 等（2010）发现学习英语的意大利人，随着英语熟练度的增加，与字母—发音映射相关的左侧额叶区域的激活呈线性增加。与此同时，这个区域也有助于解决词汇间的竞争。这些结果都表明两种语言的使用会增加言语冲突，这促使左侧额叶区域的更大的激活。

第二节　任务转换的双语优势效应

一、行为层面的证据

双语者为了适应不同的谈话场景，或更好地表达自己的想法、意图，经常会交替使用两种不同的语言。因此双语者需要更高的转换能力，以决定何时以及如何在两种语言间转换。Peal 等（1962）认为双语儿童可能在心理灵活性方面存在一定的优势。对于这一能力的考查，主要采用任务转换范式，特别是要求被试对双向刺激根据不同标准分类。当连续按照同一标准分类时，其分类时间相对短，而当转换使用另一维度时，分类时间变长，就会产生局部转换代价（Local Switching Costs）；如果一个区组只进行单一维度的分类，那么相比于进行两个维度分类的区组，其分类时间短，就产生了混合转换代价（Mixing Switching Costs）。

Bialystok 及其同事（2006）要求双语和单语被试根据线索对目标刺激出现的位置做同侧或对侧反应，实验包括单一任务区组和混合任务区组，结果发现混合任务条件下，反应时变慢，双语被试的混合代价比单语被试小。

Prior 和 MacWhinney（2011）使用线索任务转换范式要求单语和双语大学生对刺激进行颜色和形状的分类任务，其结果发现双语者并不存在混合代价的双语优势，而在转换序列中双语者比单语者的反应时快，局部转换代价存在双语优势效应。随后，Prior 和 Gollan（2011）使用线索语言转换范式和线索任务转换对平衡双语者和非平衡双语者进行研究，结果发现日常生活中频繁转换语言的平衡双语者表现出这种转换优势而非平衡双语者则没有，这表明频繁的语言转换可能会影响任务转换。

Martin 等（2011）使用间歇式线索转换任务来测试西-加语双语大学

生与西班牙单语大学生的转换优势。线索为外显的（按颜色分类）或内隐的（转换到另一规则或重复之前的规则）。结果发现无论单语者还是双语者转换都比重复的反应时慢；内隐线索的反应时比外显线索的反应时慢，且双语者在内隐线索条件下反应时比单语者快；同时研究者测量了"重启代价（Restart Cost）"——第一序列的反应时比一个重复线索后的第二序列的反应时要慢，双语者比单语者存在更小的重启代价，但也仅限于内隐线索条件下。这些结果表明双语者在必要时能够更好地维持当前设置、监控转换及对信息刷新。尽管这一任务与 Prior 的研究所使用的任务相似，但是指导语并不相同，且其双语被试所使用的两种语言很相似，这也可能是结果不同的原因。

由于关于任务转换的双语优势研究较少，因此很难确定任务转换的双语效应如何。混合代价及内隐线索条件双语者表现更好表明双语者在监控或设置维持方面存在一定的优势；而 Prior 等的研究则表明双语者有更好的心理灵活性或更好的抑制控制。此外双语者在使用两种语言时可能需要不同的控制过程，因此可能导致不同的加工过程存在优势。

二、神经机制层面的证据

任务转换的神经机制的研究发现，左侧额叶皮层损伤会导致转换代价的增加，故表明左侧额叶皮层损伤会难以记住当前的任务或是难以选择正确的反应。前侧扣带回被切除的病人难以根据线索转换他们移动操作杆的方向。一项关于不同任务转换的脑成像研究元分析（Abutalebi et al., 2001）发现，额叶皮层对任务转换要求的变化更敏感，而当对工作记忆有更复杂要求时，右侧额叶皮层激活；前扣带回皮层则对任务变化、监控和控制错误反应时更为敏感；当根据新任务重新进行刺激-反应联结时顶叶区域被激活。

双语者进行语言转换时是否也会激活相应的这些区域呢？研究发现额叶皮层或顶下皮层损伤的双语病人难以自由地从一种语言转换到另一种语言。例如：Abutalebi 等（2001）曾报道一个亚米尼亚－英－意大利三语病人当命名图片时，难以避免语间的转换，尽管在 L1 命名序列中可以正确命名图片，但是在英语命名序列时他会使用意大利语命名，而意大利语命名序列则使用英语命名。

Abutalebi 及同事（2001）对晚期习得二语的德—法双语者进行语言转换的研究，实验包括单一语言命名条件和双语命名条件，单一语言命名条件下，要求被试根据线索对图片进行 L1 命名或是使用 L1 根据图片产生相应动词；双语命名条件下，被试根据线索对图片进行 L1 或 L2 命名，实验主要比较单一语言命名条件下的 L1 命名和双语命名条件下的 L1 命名，结果发现双语命名条件下左侧额叶、前扣带回、左侧尾状核产生更多的激活。总而言之，这些结果皆表明语言转换导致了额叶和顶叶的激活，这与非言语任务转换激活区域相同。

第三节 任务转换条件下蒙汉双语者优势效应的 ERPs 研究

一、实验1 平衡双语者转换能力的优势效应

（一）目的

采用双线索语言转换和任务转换范式，比较熟练平衡双语者与非熟练非平衡双语者在语言转换和非言语任务转换中的表现，以探索其在言语任务和非言语任务中转换能力方面的优势效应。

(二) 研究方法

1. 被试

选取内蒙古师范大学大三学生 70 名，平衡双语者和非平衡双语者各 35 名。平衡双语者中蒙班 17 名，汉班 18 名。平衡双语者的母语为蒙语，第二语言为汉语，且皆过汉语四级；非平衡双语者的母语为汉语，第二语言为英语，且英语成绩均未过英语四级。平衡双语者的平均年龄为 20.5 岁；非平衡双语者的平均年龄为 21.22 岁。实验结束后皆给予所有被试一定报酬。被试情况如表 7-1。

表 7-1 被试情况表

	平衡双语者	非平衡双语者
平均年龄	20.50	21.22
一语听力熟练度	5.63	6.28
一语口语熟练度	5.57	6.17
一语阅读熟练度	5.51	6.08
一语写作熟练度	5.00	5.56
二语听力熟练度*	5.06	2.75
二语口语熟练度*	4.34	2.83
二语阅读熟练度*	4.91	3.17
二语写作熟练度*	4.12	2.78
语言转换频率*	3.71	1.89
工作记忆容量	17.89	18.14
瑞文推理	53.51	53.40

注 *表明存在显著性差异

被试筛选流程：(1) 语言背景调查：在实验前，对所有被试进行语言背景调查，包括被试的年龄、母语、二语以及三语的习得年龄、使用频率、日常使用情况、采用李克特七级量表对被试的语言听、说、读、写能力自评，汉语四级成绩、二语、三语的相关考试成绩。测查父母受教育的水平。（2）工作记忆容量测试：采用顺序广度任务对被试的工作记忆容量进行测试。顺序广度任务是让被试回忆随机呈现的10到99间的数字序列，数字序列由小呈升序增大，且数字序列中的数字无重复。当连续两个序列存在错误时停止测量。每当正确回忆数字序列中的一个数字时得一分，其总分作为工作记忆容量。（3）进行瑞文标准推理测验：中国修订版本。

2. 实验设计

实验设计为2（双语者类型：平衡双语者、非平衡双语者）×2（任务序列：重复、转换）两因素混合实验设计。其中双语者类型为被试间因素，任务序列为被试内因素。Meiran等（2000）认为当反应到线索出现600ms以后，即RCI大于600ms时，转换代价会趋于为渐进线，转换代价不再减少。因此本实验将RCI设置为1350ms，严格控制任务设置惯性的干扰。

3. 实验材料及任务

（1）语言转换任务：采用双线索范式，实验刺激为阿拉伯数字1~9，要求被试根据线索对呈现的数字采用一语或是二语命名。任务线索是圆形、椭圆形、正方形、长方形。例如圆形和椭圆形要求被试使用第一语言命名，正方形和长方形要求被试使用第二语言命名，线索与任务的对应关系在被试间平衡。

（2）任务转换任务：实验刺激为1、2、3、4、6、7、8、9这八个数字。实验线索为红、黄、绿、蓝色的方块，红色和黄色方块表明下一任务为数字大小判断任务，绿色和蓝色方块表明下一任务为数字奇偶判断，线索预示任务在被试间平衡。实验的任务为数字大小判断和数字奇偶判断任务。数字大小任务要求被试对呈现的数字做大于"5"还是小于"5"的判断；而数字奇偶任务则要求被试对呈现的数字进行是奇数还是偶数的判断。在键盘上贴上相应的标签，如果大于5则按"大"键，如果小于5按"小"键，同样的，奇数按"奇"键，偶数按"偶"键。反应键与任务的对应关系被试间平衡。实验材料由 Photoshop 制成图片，每个刺激图片均为 600×400 像素。实验程序采用 E-Prime 编制。Block 内对应的实验序列伪随机，控制相同任务试次连续重复不超过 3 个，相同靶刺激不能连续重复出现。重复序列和转换序列各半，两个任务也各半，分三次进行，每次 48 个，共 144 个试次。

4. 实验程序

被试坐于距电脑约 70cm 处，要求仔细阅读指导语，并在完全理解指导语后，将双手的食指和中指按照要求放在相应的按键上，然后按键进入练习阶段。首先是单任务的练习，数字大小任务和数字奇偶任务单独各 16 个 Trials，然后是两个任务的转换练习，练习包括 32 个 Trials。实验先呈现注视点"+"350ms，接着空屏 150ms，接着呈现颜色线索 250ms，即 CSI 为 250ms，根据线索提示准备即将进行的任务，然后呈现目标刺激，按照线索提示的任务进行按键反应，反应后给予正确与否的反馈，正确提示"√"，错误提示"×"，反馈呈现 850ms。如此循环，直到正确率达到 90% 后，进入正式实验，正式实验不给予反馈。

（三）结果分析

为了控制教育背景对实验的影响，因此选取的平衡双语者包括了汉班和蒙班的学生，并对两者的语言转换和任务转换的表现进行了比较，结果发现两者在反应时和正确率方面皆无显著差异，故将两者数据合并，共同与非平衡双语者进行比较。

1. 语言转换任务

删除正确率低于 90% 的两名被试。其余被试的数据做如下处理：删除错误及其后一个试次，删除大于 2500ms、小于 250ms 的数据，删除 3 个标准差以上的数据，平均反应时和正确率见表 7-2。

表 7-2 语言转换中平衡和非平衡双语者的反应时（ms）与正确率

组别	平均反应时		正确率	
	转换	重复	转换	重复
平衡双语者	638.05	604.84	0.97	0.98
非平衡双语者	686.19	656.81	0.95	0.97

两因素混合设计方差分析显示，任务序列主效应差异显著 $F(1, 66)=37.608$，$p<0.001$；双语者类型主效应差异显著 $F(1, 66)=4.607$，$p<0.05$；两者交互作用不显著，$F(1, 65)=0.141$，$p>0.05$。

正确率的任务序列主效应差异显著 $F(1, 66)=94.519$，$p<0.001$；双语者类型主效应差异显著 $F(1, 66)=14.471$，$p<0.001$；两者交互作用不显著 $F(1, 64)=3.144$，$p>0.05$。

2. 任务转换

由于有 4 名被试的正确率低于 80%，故删除。其余数据做如下处理：删除错误及其后一个试次，删除大于 2500ms、小于 250ms 的数据，删除 3 个标准差以上的数据。任务转换平衡和非平衡双语者的平均反应时和正确率见表 7-3。

表 7-3 任务转换中平衡和非平衡双语者的反应时（ms）与正确率

组别	平均反应时		正确率	
	转换	重复	转换	重复
平衡双语者	856.91	770.05	0.97	0.98
非平衡双语者	955.99	876.47	0.97	0.97

两因素混合设计方差分析显示，反应时的任务序列主效应差异显著 $F(1, 64)=56.217$，$p<0.001$；双语者类型主效应差异显著 $F(1, 64)=5.103$，$p<0.05$；两者交互作用不显著，$F(1, 64)=0.351$，$p>0.05$。

正确率的任务序列主效应差异不显著 $F(1, 64)=0.983$, $p>0.05$；双语者类型主效应差异不显著 $F(1, 64)=0.252$, $p>0.05$；两者交互作用不显著 $F(1, 64)=0.026$, $p>0.05$。表明不存在速度—准确权衡。

（四）结果讨论

本研究结果表明，在语言转换任务中，平衡双语者的表现要优于非平衡双语者。日常生活中两种类型双语者语言转换频率差距显著，蒙—汉双语者在日常生活中由于不同语言的需要往往会经常转换两种语言，而汉—英双语者在日常生活中由于语言环境的原因往往不经常使用英语，故较少转换这两种语言。因此，平衡双语者表现出语言转换的优势效应。

由于任务转换对工作记忆的要求较高，因此本研究中也对两种双语者的工作记忆容量进行了测试。结果发现，两种类型双语者在工作记忆容量无显著的差异，因此可以认为任务转换中两组被试间存在差异不是由于工作记忆的差异造成的。

任务转换中发现任务序列差异显著，说明尽管线索也是转换的，但是转换序列依然比重复序列的反应时长。两种类型双语者的差异也显著但是与任务序列的交互作用不显著，说明了无论是转换序列还是重复序列，平衡双语者的反应时都比非平衡的双语者短。这个结果与 Prior 等（2010）的结果不同，主要是由于本研究中采用的范式与 Prior 的不同。

本研究中发现无论是转换序列还是重复序列，平衡双语者的反应时都比非平衡的双语者短。可能是由于线索到刺激的时间间隔期间根据线索的提示需要将注意力从上一任务转移到下一任务，或是重新构建下一任务等，也就是说需要一个内源性的准备过程。双线索任务中由于重复序列中线索也是转换的，也需要一定的准备过程，因此平衡双语者无论是转换序列还是重复序列的表现都优于非平衡双语者。对于这一结果的内源性的解释仍需进一步地考查，由于内源性的准备过程是通过线索到刺激的时间间隔

（CSI）进行调节的，当 CSI 为 600ms 后，内源性准备基本完成，转换代价趋于稳定（Meiran et al., 2000），因此实验 2 中我们将操纵 CSI 来进一步考查双语者优势效应的来源。

二、实验 2 转换能力的双语优势效应来源

（一）目的

采用双线索任务转换范式，通过操纵 CSI（线索到刺激出现的时间间隔）比较熟练平衡双语者与非熟练非平衡双语者在不同 CSI 的非言语任务转换中的表现，以探索其转换能力方面的优势效应是否源于内源性的准备。

（二）研究方法

1. 被试

选取方法同实验 1。

2. 实验设计

本实验为 2（双语者类型：平衡双语者、非平衡双语者）×2（任务序列：转换、重复）×2（CSI：0、250、600ms）三因素混合实验设计。双语者类型为被试间因素，其他两个皆为被试内因素。

3. 实验程序

任务转换流程：实验材料、线索、任务、同上。实验先呈现注视点"+"350ms，接着空屏 150ms，接着呈现颜色线索，当 CSI 为 0 时，线索呈现后立即呈现目标刺激，当 CSI 为 600ms 时，线索呈现时间为 600ms。其他同上。区组的顺序在被试间平衡。

（三）结果分析

处理方式同实验 1。平衡和非平衡双语者在不同 CSI 任务转换中的反应时，见表 7-4。

表 7-4　不同 CSI 条件下平衡和非平衡双语者任务转换的反应时（ms）

CSI	转换序列		重复序列	
	平衡双语者	非平衡双语者	平衡双语者	非平衡双语者
0ms	1054.19	1109.92	964.43	1015.74
250ms	856.91	955.99	770.05	876.47
600ms	750.45	748.43	720.72	722.13

三因素混合设计反应时方差分析：双语者类型主效应不显著，$F(1, 65)=2.524$，$p>0.05$；任务序列主效应显著，$F(1, 65)=161.766$，$p<0.001$，$\eta^2=0.717$；CSI 主效应显著，$F(2, 64)=119.322$，$p<0.001$，$\eta^2=0.651$；任务序列与双语者类型的交互作用不显著，$F(2, 64)=0.402$，$p>0.05$；CSI 与双语者类型交互作用显著，$F(2, 64)=3.348$，$p<0.05$，$\eta^2=0.05$；任务序列与 CSI 交互作用显著，$F(2, 64)=28.611$，$p<0.001$，$\eta^2=0.309$；三者交互作用不显著，$F(2, 64)=0.903$，$p>0.05$。对 CSI 与双语者类型交互作用进行简单效应分析得出：CSI=0 时，$F(1, 65)=0.056$，$p>0.05$；CSI=250 时，$F(1, 65)=5.103$，$p<0.05$；CSI=600 时，$F(1, 65)=0.006$，$p>0.05$。

正确率：双语者类型效应不显著，$F(1, 65)=0.035$，$p>0.05$；任务序列主效应显著，$F(1, 65)=13.784$，$p<0.001$；CSI 主效应显著，$F(2, 64)=2.569$，$p>0.05$；所有的交互作用都不显著。

对 RISC 进行独立样本 t 检验：0 到 250ms 的 RISC 不显著，$t(64)=-1.354$，$p>0.05$；250ms 到 600ms 的 RISC 显著，$t(64)=0.852$，$p<0.05$。（RISC1：双语者 =13.7664，单语者 =39.7833；RISC2：双语者 =57.7476，单语者 =38.5594）。

（四）结果讨论

本研究中通过操纵 CSI，设置了三种时间间隔：① 0ms，即线索出现后立即呈现刺激，被试无法进行内源性的准备；②250ms，可以进行内源性准备但是无法准备完成；③600ms，内源性的准备基本可以完成。

实验结果发现，随着 CSI 的增加，无论是转换序列还是重复序列反应时都变短，这表明 CSI 的增加的确会促进被试的内源性的准备。

当 CSI 为 0ms 时，即无法进行内源性的准备时，尽管平衡双语者无论转换序列还是重复序列都比非平衡双语者的反应时快，但是两者未到达显著性。直到 CSI 为 250ms 时，这种显著性才表现出来。而当 CSI 为 600ms 时，由于可以进行充分的准备，这种显著性消失。从这一结果可以看出，平衡双语者的优势效应可能是来源于这一内源性的准备过程。双语者进行转换时可能也需要一种内源性的准备过程，这一观点已经由 Costa 和 Santesteban（2004）的实验间接证实，同时 Verhoef 等（2009）使用 ERPs 技术直接发现了两个与内源性相关的成分。因此，平衡双语者由于需要不断地在语言间进行转换，使得负责内源性准备的机制或大脑的神经网络获得了加强，所以在进行任务转换时平衡双语者可能会表现出一定的优势。

但是，本实验研究只是从行为层面间接地证明了这一假设，由于行为实验的缺陷，无法清楚地了解在进行任务转换时大脑的活动过程。我们将在实验 3 中采用 ERPs 技术探讨两种类型双语者在任务转换中进行内源性准备过程和外源性调节时的大脑活动时间进程。

三、实验 3　转换能力的双语优势效应的 ERPs 实验

（一）目的

使用 ERP 技术考查线索到刺激出现的时间间隔期间（CSI）和刺激出现后的时间间隔期间的大脑活动的信息，以探寻熟练平衡和非熟练非平衡双语者内源性准备和外源性调节的能力。

（二）研究方法

1. 被试

选取方式同实验 1：平衡和非平衡双语者各 11 名。

2. 实验设计

本实验为 2（双语者类型：平衡双语者、非平衡双语者）×2（任务序列：重复、转换）×3（前后脑区：额叶、中央和顶叶）三因素混合实验设计。其中双语者类型为被试间因素，任务序列、前后脑区为被试内因素。为了更好地观察和比较不同线索到刺激的时间间隔中的大脑活动特点，将 CSI 设置为 250ms 和 750ms。

3. 实验程序及实验材料

实验程序、材料同实验 1。

（三）数据记录与分析

1. ERPs 数据记录

脑电数据通过德国 BP 公司生产的 64 导电极帽和脑电记录系统进行收集。记录参考电极为 Reference 点，接地点为 FPz 和 Fz 的中点。在右眼下眼眶处放置电极，记录垂直眼电（VEOG）。所有信号的采样率为 250Hz，滤波带宽为 0.01~40Hz，头皮与电极的接触电阻均小于 5KΩ。

2. ERPs 数据分析

对于每个被试，平均脑电信号只选取正确的 trials，将所有反应错误及错误后的一个 Trial、每个 Block 开始前 2 个 trail、反应时小于 200ms 和大于 3000ms 的数据删除。

连续记录脑电数据，然后将原始数据使用 BP 公司的 Vision analyzer Software 2.0 软件进行离线分析。具体步骤如下：首先，进行转参考操作，将记录参考电极转为 TP9 和 TP10 的平均参考；接着去除眼电伪迹，采用低通 30Hz 进行滤波，然后分别以线索呈现前 200ms 到线索呈现后 1000ms

和刺激出现前200ms到刺激出现后的1000ms为标准进行分段，用-200-0ms作基线矫正。对同类数据进行叠加处理，经过基线矫正和平均后得出每个被试在线索呈现后和刺激呈现后的平均脑电波形。

根据头皮与电极的位置关系，选取几个电极代表脑部的三个区域进行统计分析：额区（Fz、F1、F2）、中央区（Cz、C1、C2）、顶区（Pz、P1、P2）。进行2（双语者类型：平衡双语者、非平衡双语者）×2（任务序列：重复、转换）×3（脑区：额叶、中央、顶叶）三因素方差分析，并进行Geisser-Greenhouse校正。

（四）结果分析

1. 行为数据分析

对22名被试数据进行数据处理，删除小于250ms和2500ms的数据，以及错误的和错误后的下一个trial。CSI为250ms和750ms时平衡和非平衡双语者的平均反应时和正确率见表7-5和表7-6。

表7-5 CSI=250ms时平衡和非平衡双语者的反应时（ms）与正确率

组别	平均反应时		正确率	
	转换	重复	转换	重复
平衡双语者	824.72	790.54	0.97	0.97
非平衡双语者	945.31	885.30	0.95	0.96

表7-6 CSI=750ms时平衡和非平衡双语者的反应时（ms）与正确率

组别	平均反应时		正确率	
	转换	重复	转换	重复
平衡双语者	642.22	617.03	0.96	0.98
非平衡双语者	654.81	637.77	0.97	0.97

（1）CSI为250ms时的行为数据分析：两因素混合设计方差分析显示：

反应时的任务序列主效应显著，$F(1, 20)=13.699$，$p<0.05$；双语者类型主效应边缘显著，$F(1, 20)=4.255$，$p=0.052$；两者交互作用也不显著，$F(1, 20)=0.462$，$p>0.05$。

正确率的任务序列主效应差异不显著 $F(1, 20)=0.357$，$p>0.05$；双语者类型主效应差异不显著 $F(1, 20)=1.328$，$p>0.05$；两者交互作用不显著 $F(1, 20)=0.700$，$p>0.05$。表明不存在速度—准确权衡。

（2）CSI 为 750ms 时的行为数据分析：两因素混合设计方差分析显示：反应时的任务序列主效应显著，$F(1, 20)=14.847$，$p<0.05$；双语者类型主效应不显著，$F(1, 20)=0.130$，$p>0.05$；两者交互作用也不显著，$F(1, 20)=0.552$，$p>0.05$。

正确率的任务序列主效应差异不显著 $F(1, 20)=2.503$，$p>0.05$；双语者类型主效应差异不显著 $F(1, 20)=0.011$，$p>0.05$；两者交互作用不显著 $F(1, 20)=0.901$，$p>0.05$。表明不存在速度—准确权衡。

2. 线索锁时的 ERPs 结果

线索到刺激间的时间间隔分别为 250ms 和 750ms 时 ERPs 示意图，如图 7-1 和图 7-2。从图 7-1 中可以发现线索到刺激间的间隔短时（250ms），线索的 D-Pos 与刺激的 LPC 重合。而图 7-2 中可以看出线索到刺激间的间隔长时（750ms），线索出现后的 400ms 左右出现了一个持续的正波，并在顶区达到最大，这与 Karayanidis 等认为的转换相关的正波（D-Pos）相似；在刺激出现后 250ms 左右出现了明显的负波 N2，350ms 后脑区后部出现了明显的正偏移（LPC）。

（1）CSI 为 250ms 时的线索锁时的 ERPs 分析：即对 D-Pos 的平均波幅进行分析，表 7-7 为平衡和非平衡双语者在 CSI 为 250ms 条件下不同脑区的平均波幅。

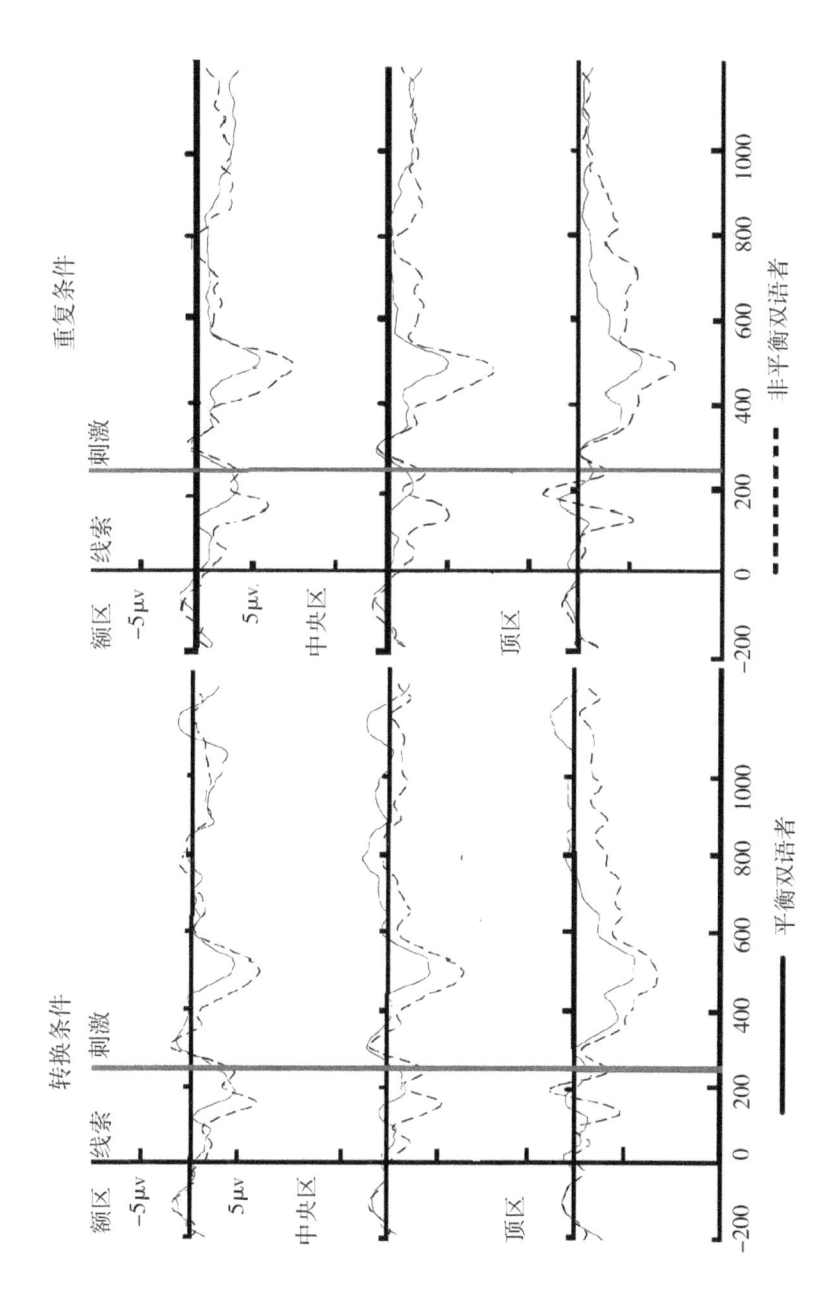

图 7-1 CSI 为 250ms 时平衡双语者和非平衡双语者不同脑区的平均波形图

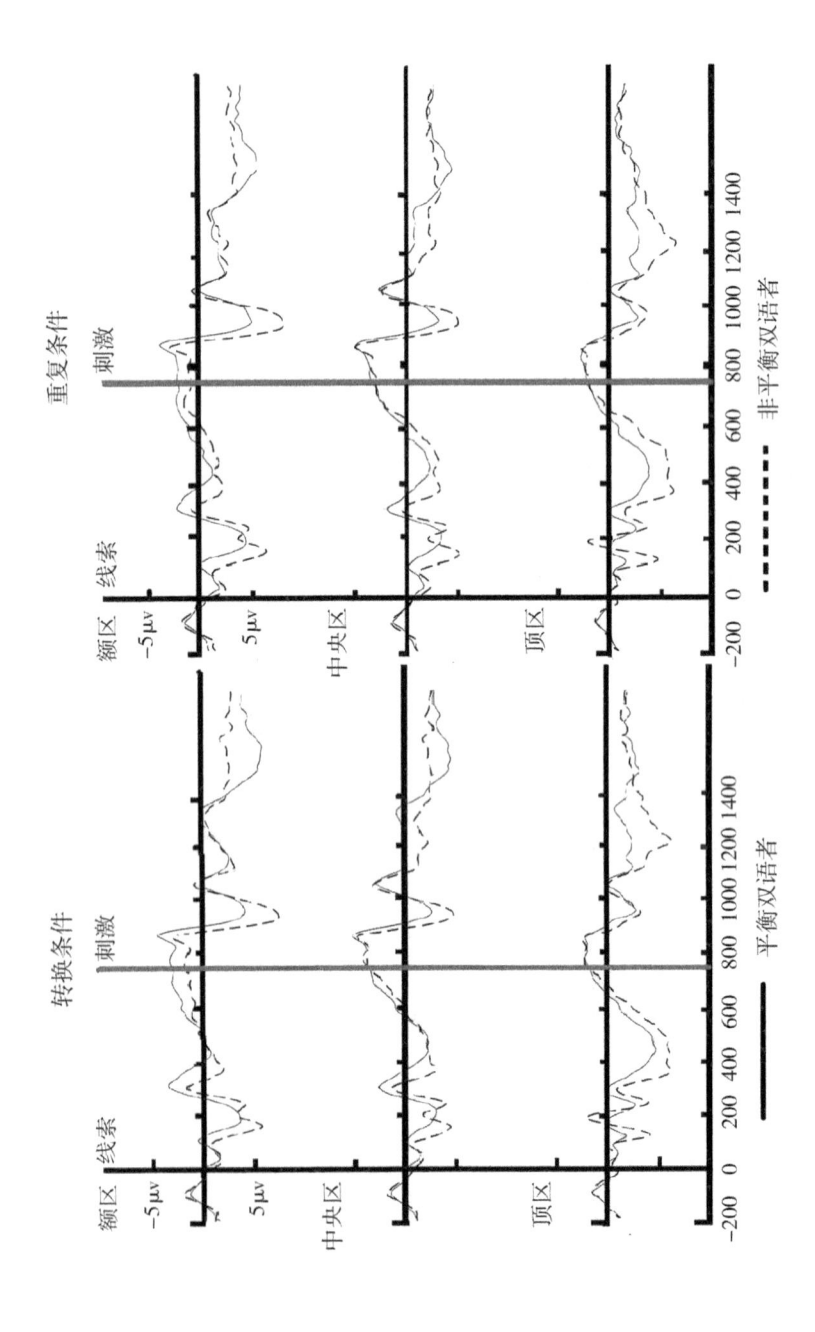

图 7-2 CSI 为 750ms 时平衡双语者和非平衡双语者不同脑区的平均波形图

表 7-7 　CSI=250ms 时平衡和非平衡双语者不同脑区的 D-Pos 平均波幅（μV）

脑区	平衡双语者		非平衡双语者	
	转换	重复	转换	重复
额区	2.37	2.65	4.67	5.02
中央区	2.59	2.43	5.27	5.43
顶区	4.65	4.02	7.03	6.09

三因素方差分析显示：任务序列主效应不显著，$F(1, 20)=0.139$，$p>0.05$；脑区主效应显著，$F(2, 40)=5.218$，$p<0.05$；双语者类型主效应显著，$F(1, 20)=4.945$，$p<0.05$；脑区和任务序列交互作用显著，$F(2, 40)=4.824$，$p<0.05$；其他交互作用不显著。对脑区和任务序列交互作用做进一步的简单效应分析得出：转换序列和重复序列在顶区差异显著，$F(1, 20)=4.633$，$p<0.05$。

（2）CSI 为 750ms 时的线索锁时的 ERPs 分析：表 7-8 为平衡和非平衡双语者在 CSI 为 750ms 条件下不同脑区的平均波幅。

表 7-8 　CSI=750ms 时平衡和非平衡双语者不同脑区的 D-Pos 平均波幅（μV）

脑区	平衡双语者		非平衡双语者	
	转换	重复	转换	重复
额区	-1.13	-0.92	0.09	1.37
中央区	0.42	0.07	1.72	2.44
顶区	3.24	2.17	5.09	4.95

三因素方差分析显示：任务序列主效应不显著，$F(1, 20)=0.094$，$p>0.05$；脑区主效应显著，$F(2, 40)=32.035$，$p<0.001$；双语者类型主效应显著，$F(1, 20)=5.016$，$p<0.05$；脑区和任务序列交互作用显著，$F(2, 40)=22.882$，$p<0.001$；其他交互作用不显著。对脑区和任务序列交互作用做进一步的简单效应分析得出：转换序列和重复序列在额区和顶区

差异显著，$F(1, 20)=5.972$，$p<0.05$；$F(1, 20)=7.052$，$p<0.05$。

3. 刺激锁时的 ERPs 结果

图 7-2 可以看出，CSI 为 750ms 时刺激出现后 250ms 左右出现了 N2，350ms 后脑区后部出现了正偏移（LPC），对 200~300ms、300~500ms 的时间窗的平均波幅分别进行分析。如表 7-9、表 7-10。

表 7-9　CSI 为 750ms 时平衡和非平衡双语者不同脑区的 N2 平均波幅（μV）

脑区	平衡双语者		非平衡双语者	
	转换	重复	转换	重复
额区	3.92	3.93	1.33	1.50
中央区	1.62	1.92	0.41	1.15
顶区	1.38	2.07	1.97	3.33

三因素混合设计方差分析显示：任务序列主效应不显著，$F(1, 20)=3.093$，$p>0.05$；脑区主效应显著，$F(2, 40)=4.27$，$p<0.05$；双语者类型主效应不显著，$F(1, 20)=0.708$，$p>0.05$；脑区与双语者类型交互作用显著，$F(2, 40)=6.332$，$p<0.05$；脑区与任务序列交互作用显著，$F(2, 40)=5.985$，$p<0.05$，其他交互作用皆不显著。对脑区与双语者类型交互作用进行简单效应分析：平衡双语者和非平衡双语者在额区差异显著，$F(1, 20)=4.569$，$p<0.05$；对脑区和任务序列交互作用进行简单效应分析：转换序列和重复序列在顶区差异显著，$F(1, 20)=9.182$，$p<0.05$。

表 7-10　CSI 为 750ms 时平衡和非平衡双语者不同脑区的 LPC 平均波幅（μV）

脑区	平衡双语者		非平衡双语者	
	转换	重复	转换	重复
额区	2.05	2.30	2.77	2.48
中央区	1.61	1.35	4.67	4.01
顶区	2.73	2.18	6.28	5.35

三因素混合设计方差分析显示：任务序列主效应不显著，$F(1, 20)=1.886$，$p>0.05$；脑区主效应显著，$F(2, 40)=7.519$，$p<0.05$；双语者类型主效应显著，$F(1,20)=4.675$，$p<0.05$；脑区和双语者类型交互作用显著，$F(2, 40)=5.758$，$p<0.05$；其他交互作用不显著。对脑区和双语者类型交互作用做进一步的简单效应分析得出：平衡双语者和非平衡双语者在顶区差异最显著，$F(1, 20)=8.169$，$p<0.05$。

（五）讨论

实验3主要通过ERPs技术，考查平衡和非平衡双语者在任务转换中的内源性准备和外源性调节的特点。从实验3的结果可以看出，无论线索到刺激间的时间间隔是长还是短，都可以发现线索出现后的400ms后引发了一个线索相关的ERPs成分——D-Pos（尽管线索到刺激间的时间间隔为250ms时，线索引起的正波和刺激引起的正波重叠）。非平衡双语者的D-Pos的平均波幅显著大于平衡双语者，并且两者的差异在顶区达到最大。这可能说明非平衡双语者在线索到刺激的时间间隔中，需要耗费更大的认知资源根据线索所提供的信息进行任务重构。刺激出现后的250ms左右出现了一个N2，对于N2平均波幅，可以发现在额叶区域非平衡双语者的N2波幅显著地大于平衡双语者；刺激出现后350ms后出现了一个较广泛的正偏移——LPC（晚期正成分），而非平衡双语者的波幅显著大于平衡双语者。

第四节　任务转换条件下蒙汉双语者优势效应的ERPs研究总讨论

一、平衡双语者转换能力的优势效应

　　熟练的平衡双语者最大的特点是在日常生活中可以熟练地运用两种语言，并且可以在两种语言间不断地转换，而不受非目标语言的干扰。于是，研究者采用语言转换范式对这一现象进行研究，结果发现进行转换时要比重复时的反应时慢，表现出一定的转换代价，对于这个转换的来源，大多数研究者认为它源于心理词典外部的语言任务图式之间的竞争（Green，1998），由注意监控系统控制；或是与执行控制机制有密切联系（Hernandez & Kohnert，1999）。尽管这种观点看似不同，但是并不冲突，只是着眼点不同，前者主要从语言转换的具体加工过程入手，后者则从更一般的认知控制机制入手。崔占玲和张积家（2010）根据这两个观点以及任务转换的观点，提出了转换代价来自于内源性准备和外源性调节的观点，尽管这些观点各有不同，但是其共同点都认为语言转换可能是独立于语言功能的另一种机制，需要认知控制机制的参与。

　　语言转换的研究还发现这种转换存在非对称性，即从非熟练的第二语言转换到熟练的第一语言比从熟练一语转换到非熟练二语需要更多的时间。有研究者发现转换代价的非对称性与双语者的第二语言熟练度有关（Costa & Santesteban，2004）。熟练的平衡双语者并无这种转换代价的非对称性特点。Bialystok（2001）认为熟练的或早期的双语者存在一种非特定的控制机制，当在两种语言间转换时，双语者往往会依赖这一控制机制动态地调节他们的注意以协调和管理两种语言，从而很好地解释熟练双语者不存在转换代价非对称性现象，而非熟练双语者却存在；同时她认为由于双语

者在日常生活中需要使用这一控制机制不断地管理两种语言，因此这一控制机制得到了增强，从而使双语者在一般的转换或抑制任务中表现出一定优势。

为了验证这一假设，Prior 和 MacWhinney（2010）使用了单线索任务转换范式对单语和双语大学生进行了非言语的任务转换研究，其结果发现双语者的表现优于单语者，表现出了转换能力方面的优势效应。接着，Prior 等（2011）为了验证转换频率高的平衡双语者相比于转换频率低的非平衡双语者是否存在转换能力方面的差异，使用了语言转换和任务转换进行了相关研究，结果发现日常生活中频繁转换语言的平衡双语者表现出这种转换优势，而非平衡双语者则没有，这表明频繁的语言转换可能会影响任务转换。

但是 Prior 的实验采用的范式存在缺陷，他所采用的单线索范式，易将线索转换和任务转换相混淆。故本实验 1 采用双线索范式对平衡的蒙－汉双语者和非平衡的汉－英双语者进行了语言转换和任务转换的实验研究。

实验 1 的结果发现：平衡的蒙－汉双语者在语言转换和非言语的任务转换中都发现存在优势，但是非平衡的汉－英双语者不存在优势效应，表明语言转换和非言语转换能力之间密切联系。实验 1 中发现，平衡双语者日常生活中语言转换频率明显高于非平衡双语者，而且语言转换任务中，平衡双语者的表现也优于非平衡双语者。由于语言转换任务需要执行系统的参与，因此平衡双语者日常中不断地交替使用两种语言必然会不断地促进其执行功能的提高。Bialystok 等（2006）的研究也发现非平衡双语者在执行功能优势方面弱于平衡双语者。那么，是否在非言语任务中也会表现出转换频率高的平衡双语者优于转换频率低的非平衡双语者？本研究实验 1 的结果证实了这一假设。

实验 1 采用了语言转换和任务转换两种任务，结果显示：平衡双语者在语言任务和非言语任务中能够更有效地转换，提示语言转换的控制和认知控制可能享有共同的机制,日常的双语转换经验可促进一般转换能力的提高。对双语者两种语言间的转换过程的两种观点,一种观点认为在语言转换过程中,涉及到与所选语言相联结的语言表征激活(崔占玲,张积家,2010),而在这一激活过程中往往需要一个内源性准备过程,包括抑制之前的语言图式,激活当前的目标语言图式等,这种内源性准备的研究指标为准备效应,即当增大线索到刺激的时间间隔时,语言转换的表现会得到提高,Costa 和 Santesteban(2004)的实验证实了这一内源性准备的存在。另一观点指出语言转换过程中涉及对另一竞争语言干扰的抑制,这一过程是自下而上的加工,与任务转换中的外源性调节相似。

崔占玲等(2010)认为语言转换和任务转换的实质相同,任务转换的研究中往往区分两种控制类型:内源性和外源性控制。为了分离这两种加工过程,任务转换往往采用线索任务范式,线索出现预示所要操作的任务,进行内源性准备,而刺激本身则引起外源性控制。

基于语言转换和任务转换的密切联系,因此需进一步考查平衡双语者的转换能力优势效应具体体现在内源性准备还是外源性调节,或者两者皆有。

二、双语优势效应来源

内源性加工是一种由内部目标、意图或期望引发的、自上而下的、有目的的、自发性的加工过程;而外源性的加工过程则是由外部刺激引发的、自下而上的、非目的性的、非自发性的加工过程。任务转换中外源性调节的主要研究指标是任务转换中刺激类型的设置,刺激类型分为双向刺激和单向刺激,双向刺激表示每种刺激对应两种或以上任务,单向刺激表示每种刺激只对应一种任务。双向刺激往往会同时激活两种反应联结,必然会引起刺激-反应联结的竞争,因此为了减少这种冲突,我们的反应设置都设成单向设置，即一个反应键只对应一个固定的任务。内源性准备主要通过准备效应进行考查，Roger 和 Monsell（1995）认为内源性准备是时间函数，随着线索呈现到刺激呈现间的时间间隔（CSI）的增加，转换代价会逐渐减少，当 CSI 为 600ms 时基本可以完成内源性准备。因此实验 2 设置不同的 CSI，包括 0ms、250ms、600ms，0ms 时被试无法进行内源性准备，250ms 时被试可以进行但是无法充分完成，而当 600ms 时被试基本完成内源性准备。通过这种方式考查平衡双语者和非平衡双语者在不同的内源性准备状态下表现。

实验 2 结果发现，随着 CSI（线索呈现到刺激呈现间的时间间隔）的增加，重复和转换序列的反应时和错误率显著减少，这一结果与 Monsell 的实验结果不同，主要原因是本实验使用的双线索任务范式，而 Monsell 的实验使用的是单线索任务，双线索任务范式中重复序列的线索也有变化，也需要一个内源性的准备过程，只是相比于转换序列的内源性准备其消耗的认知资源少。虽然与 Monsell 的实验结果的形式不同，但是本实验依然反映出了任务转换的准备效应。

实验 2 中可以看出，当 CSI=0 和 CSI=600ms 时，平衡双语者和非平衡双语者在任务转换中的表现并无显著差异，只有在 CSI=250ms，即能够进行内源性准备但是无法完全准备充分时，平衡双语者的优势效应才体现出来。内源性准备过程中需要进行注意的转移，将当前的反应规则提取到工作记忆中以改变之前的反应规则，以及抑制之前任务设置，并激活当前的任务设置。这一过程与语言转换时选择当前语言的过程相似，可以使用 IC 模型解释，注意监管系统（SAS）类似于执行系统在双语者言语产生起调节作用，注意监管系统需要抑制之前的语言图式，选择目标语言图式，并根据任务目标，以长时记忆为基础进行概念表征，并把概念表征传送到心理词典。由于这一过程需要执行系统的参与，不断的语言转换练习使得这一执行功能增强或是相对应的神经区域得到增强，从而使得平衡双语者进行非语言任务时能够有效地在两种任务间转换。

实验 2 中,我们还可以发现,即使能够充分地进行内源性准备 (*CSI*=600ms),重复序列和转换序列的差异依然存在,这种差异被称为剩余转换代价,Merian(1996)的研究认为准备成分所反映的认知加工是刺激设置的重构,而剩余成分则反映的是反应设置的建构,剩余成分主要是由刺激的启动引起的,即外源性调节。但是 Koch 等人(2006)的研究却认为一定范围内准备时间的延长必然会影响到被试对接下来任务的准备,包括刺激设置和反应设置,也就是线索的准备也会有利于外源性调节。据此我们可知,从行为层面的实验中,无法真正地将内源性准备和外源性调节有效地分离,无法清楚地了解到在内源性准备期间和刺激出现后大脑的具体活动信息,因此必然需要使用 ERPs 技术做进一步的探索。

三、双语优势效应脑电研究

对 ERPs 的分析可以从正负极、潜伏期、波幅等入手,本研究包括由线索引发的线索锁时的 ERPs 和由刺激引发的刺激锁时的 ERPs。前者代表了内源性准备过程的大脑活动特点,后者代表了外源性调节过程中大脑活动特点。

(一)内源性准备 ERPs 成分分析

线索锁时 ERPs 主要通过考查线索出现后的 ERPs 成分,它提供了许多有关内源性准备过程的信息。研究发现相比于重复序列,转换序列在中央 - 顶区存在一个很大的正波。这个正波出现在线索呈现后的大约 400ms,表明了内源性准备过程,Karayanidis 等(2003)认为这个波是 D-Pos。

对于 D-Pos,有研究者认为它是一种类似于 P3b 的成分(Kieffaber & Hetrick,2005)。P3b 的幅度比较大且跨度范围比较广,一般是在刺激出现后 300ms(有时更长)诱发出的一个正成分,通常分布在中央 - 顶区。关于 P3b，Donchin 等（1988）等提出了背景更新（Context Updating）理论模型，解释这一成分产生的心理机制，他认为一定方式贮存在人脑中的环境信息称为表征，表征是人任何时候从事认知活动所必需的信息库，它贮存在记忆中。背景（或工作记忆）指在某一认知过程中，人脑中原有的与认知客体有关的信息，它是表征的一部分。当某一信息出现时，一方面人脑要对之做出反应，另一方面要根据它对主体所从事任务的意义大小，通过将它整合到已有表征中去形成新的表征，对现有背景进行不同程度的修正，以调整应对未来的策略。当环境联系变化时，对现有背景也要不断进行修正。Donchin 认为可能就是与这一修正有关的加工过程产生了 P3b，它的波幅反映了背景修正的量，背景修正越大，P3b 的波幅也越大。Albert Kok（2001）通过对 P3b 波幅大小的综合比较，认为 P3b 的幅值是信息加工容量的指标，反映了受注意和工作记忆联合调控的事件（刺激）分类网络的活动。

P3b 的机制和意义受不同研究任务和刺激材料的影响。在任务转换的研究中，研究者认为它标志着由线索转换引起注意认知加工过程，它的幅度表明进行注意资源分配的程度，幅度越大说明注意资源消耗越大。在转换序列条件下，当线索出现后需要进行一个重构过程（即内源性准备），从而引出一个更大的 P3b 以便能够更有效地选择加工与当前任务相关的信息（Kieffaber & Hetrick，2005）。

从实验 3 中，我们可以看出无论 CSI 为 250ms 还是 750ms，线索出现后 200ms 左右出现了一个较大的正波，研究者们认为这个正波主要是由于线索加工造成的，在 400ms 左右又有一个较大的正波——D-Pos，表明了存在一个内源性的准备过程。这个过程包括转移注意，将当前的任务规则加载到工作记忆中以及改变之前的反应规则，还包括对之前任务设置的抑制和对新任务设置的激活，并为反应做好准备。这些过程受注意和工作记忆联合调控。本研究的 ERPs 结果可以发现，无论 CSI 为 250ms 还是

750ms，非平衡双语者 D-Pos 的平均波幅要显著大于平衡双语者，因此可能说明 CSI 为 250ms 时，无法进行充分准备的状态下，非平衡双语者相比于平衡双语者需要耗费大量的认知或注意资源。但是我们同时也发现 CSI 为 750ms 时，在能够充分准备的时间里，非平衡双语者尽管可以完成内源性准备，但是依然需要消耗大量认知资源才能在行为层面上达到与平衡双语者相似的表现。平衡双语者由于在日常生活中不断地转换语言，在语言转换的过程中，往往需要抑制之前的非目标语言，激活当前目标语言，在这个过程中，注意监控系统需要将注意资源转移到当前的语言任务图式上，抑制与之相竞争的语言图式，为反应输出做好准备。

本研究中，转换序列和重复序列的 D-Pos 的平均波幅的差异并非很大，其原因是本实验中转换和重复的概率相同都是 50%，这可能使得被试对两种序列都进行准备，增加了对重复序列的任务设置的重构，所以减少了转换和重复序列的差异（Brass & von Cramon, 2004）。因此，本实验中无论是行为结果还是 ERPs 结果都发现：转换序列和重复序列条件下，平衡双语者的表现都优于非平衡双语者。

（二）外源性调节 ERPs 成分分析

Rogers 和 Monsell 等认为内源性准备是时间函数，当时间间隔增加时，转换代价就会减少（即转换序列与重复序列的差异减小），但是即使线索到刺激间的时间间隔足够长，转换代价也无法完全消除，会有剩余转换代价。当刺激出现后，刺激会触发被试改变先前的反应规则转换到当前任务的反应规则并执行判断反应，从而完成任务转换，这个过程是自下而上的加工，也称为外源性调节。

任务转换的研究中，研究者发现刺激出现后 300ms 左右会出现一个与转换相关的负波，并且在额－中央区达到最大值（Gajewski et al., 2009），该研究者认为这个与转换相关的刺激锁时的负波就是 N2，这个成分在多个研究中都得到了证实,结果都发现了转换条件下刺激出现后的N2波幅更大。除此之外,还有研究者发现转换序列还会引发一个较晚的正成分(LPC),这个正波在顶区达到最大值。

N2通常是在P3前的一个潜伏期在200~300ms的较大的负波,大量研究发现,不同脑区、不同作业任务或者不同的通道,N2具有不同的表现和意义。

有研究者认为,N2反映了大脑对冲突的加工,既可以由两个外来刺激物之间的特征冲突引起,也可以由外来刺激信息与大脑内部产生的信息之间的冲突引起。它只与冲突有关,而与被加工的刺激是什么关系不大,且不受刺激概率的影响,反映了大脑通过加工信息冲突的过程。

另外,研究者认为N2由刺激启动引起的,本研究中的刺激是双向设置,即一个刺激对于两种任务,因此在刺激启动的过程中,必然会同时激活两种刺激-反应联结,从而引发冲突,而N2则反映了这一冲突过程的监控。

实验3的脑电结果显示,刺激出现后引发了一个明显的N2。对N2的分析发现,平衡双语者和非平衡双语者在额区存在差异,非平衡双语者的N2波幅更大。因此,可以说明相比非平衡双语者,平衡双语者能更好地监控这个由刺激引发的冲突,继而更好地进行后续的认知加工。

此外,我们也可以观察到刺激出现后350ms左右的一个持续的正偏移(LPC)。LPC属于P3家族,因此对于它的解释也是基于P3所反映的基本认知模型。LPC的结果发现,平衡双语者和非平衡双语者依然存在差异,对于LPC,Gajewski等(2009)认为它反映了刺激-反应间的联结的提取或刷新,当刺激对应多个反应联结时,必然会造成刺激-反应联结在提取过程中的困难,被试需要耗费大量的认知资源去解决这个困难,本实验中的刺激是双向刺激,每个刺激对应于两种任务,但是反应设置则是单向设置,每个反应键只对应一个固定的任务,这样就减少这一冲突所造成的提取难度，因此在行为数据中没有观察到两组被试存在差异，但是 ERPs 结果确实存在差异，这可能说明尽管平衡双语者和非平衡双语者在工作记忆容量方面没有差异，但是在需要执行功能参与的工作记忆加工过程中，例如工作记忆中信息的刷新时，可能会表现出一定的优势。因此，从这个观点看，如果进行有关刷新任务的研究，双语者也可能会表现出一定的优势效应。

综上所述，尽管线索和刺激都引发了一个幅度比较大且跨度广泛的正波（线索引发的 D-Pos；刺激引发的 LPC），但是它们的心理机制各有不同。线索出现后，首先需要对线索本身进行加工，此时引发了一个 300ms 之前的正波；接着由于线索的提示作用，被试将注意转移到当前任务，根据线索激活对应的任务规则，更新或抑制之前的任务规则，并为反应做好准备。而在语言转换过程中，外界环境往往可以作为一种线索，例如与之对话的人，根据这个线索，双语者会将注意转移到所需的目标语言上，激活对应的目标语言的语言任务图式，更新或抑制之前的语言任务图式，为对话做好准备。因此，在日常对话中，平衡双语者会不断地练习这种过程，使得在任务转换中进行内源性准备时表现优于非平衡双语者。刺激出现后，由于一个刺激对于两个任务，因此由刺激引发的冲突造成 N2 的出现，然后需要根据刺激–反应联结提取相应的反应规则，以便进行反应选择、执行和完成。语言转换过程中，双语者的两种语言往往会被同时激活，因此必然会造成冲突的产生，而双语者能够非常熟练地不受非目标语言的干扰，就是因为他们可以很好地解决这个冲突，从而很好地提取出目标语言的词汇。因此，当存在冲突干扰的外源性调节时，平衡双语者也能表现出一定的优势效应。

本研究从行为和脑电两个层面发现无论是语言转换还是任务转换熟练的平衡双语者的表现都优于非平衡双语者，表明平衡双语者由于日常生活中不断地转换语言，使得负责语言转换的机制或神经网络得到加强，以至于平衡双语者在同样需要这一机制或神经网络的任务转换中表现出一定的优势效应。本研究结果再次证实了 Bialystok（2001）的观点：熟练的、早期的双语者会对非特定的控制机制进行自动调整，使其在完成一般的转换、抑制任务时显示出优势，说明双语者具有不受特定语言限制的高度灵活的神经控制机制。

【参考文献】

崔占玲，张积家（2010）. 汉-英双语者言语理解中语码切换的机制——来自亚词汇水平的证据. 心理学报，42（2）：173-184.

Abutalebi, J., Cappa, S. F., & Perani, D.（2001）. The bilingual brain as revealed by functional neuroimaging. *Bilingualism: Language and Cognition*，4：179-190.

Barcelo, F. C. A., Perianez, J. A., & Knight, R. T.（2002）. Think differently：A brain orienting response to task novelty. *Neuroreport*，13：1887-1892.

Bialystok, E.（1988）. Levels of bilingualism and levels of linguistic awareness. *Developmental Psychology*，24：560-567.

Bialystok, E.（2001）. *Bilingualism in development: Language, literacy, and cognition.* New York：Cambridge University Press.

Bialystok, E., Craik, F. I. M., & Luk, G.（2008）. Cognitive control and lexical access in younger and older bilinguals. *Journal of Experimental Psychology: Learning, Memory, and Cognition*，34（4）：859-873.

Bialystok, E., Craik, F. I. M., & Ruocco, A. C.（2006）. Dual-modality monitoring in a classification task：The effects of bilingualism and ageing. *The Quarterly Journal of Experimental Psychology*，59：1968-1983.

Bialystok, E., Craik, F. I. M., & Ryan, J.（2006）. Executive control in a modified anti-saccade task：Effects of aging and bilingualism. *Journal of Experimental Psychology: Learning, Memory, and Cognition*，32：1341-1354.

Bialystok, E., & Senman, L.（2004）. Executive processes in appearance reality tasks：The role of inhibition of attention and symbolic representation. *Child Development*，75：562-579.

Bialystok, E., & Craik, F. I. M.（2006）. Levels of bilingualism and levels of linguistic awareness. *Developmental Psychology*, 24: 560-567.

Brass, M., & von Cramon, D. Y. (2004). Decomposing components of task preparation with functional magnetic resonance imaging. *Journal of Cognitive Neuroscience*, 16: 609-620.

Costa, A., & Santesteban, M. (2004). Lexical access in bilingual speech production: Evidence from language switching in highly proficient bilinguals and L2 learners. *Journal of Memory and Language*, 50: 491-511.

Costa, A., Hernandez, M., & Sebastian-Galles, N. (2008). Bilingualism aids conflict resolution: Evidence from the ANT task. *Cognition*, 106: 59-86.

Draganski, B., & May, A. (2008). Training-induced structural changes in the adult human brain. *Behavioural Brain Research*, 192(1): 137-42.

Fan, J., Flombaum, J. I., McCandliss, B. D., Thomas, K. M., & Posner, M. I. (2003). Cognitive and brain consequences of conflict. *Neuroimage*, 18: 42-57.

Gajewski, P. D., Kleinsorge, T., & Falkenstein, M. (2009). Electrophysiological correlates of residual switch costs. *Cortex*, 46(9): 1138-1148.

Green, D. W. (1998). Mental control of the bilingual lexico-semantic system. *Bilingualism: Language and Cognition*, 1: 67-81.

Hamers, J. F. (1981). Psychological approaches to the development of bilinguality. In H. Baetens Beardsmore (Ed.), *Elements of bilingual theory* (pp. 67-81). Brussels: Free University of Brussels.

Hernandez, M., Martin, C., Barcelo, F., et al. (2010). To switch or not to switch: On the impact of bilingualism in task-switching. Manuscript submitted for publication.

Karayanidis, F., Coltheart, M., Michie, P. T., & Murphy, K. (2003). Electrophysiological correlates of anticipatory and poststimulus components of task switching. *Psychophysiology*, 40: 329-348.

Koch, I., & Allport, A. (2006). Cue-based preparation and stimulus-based priming of tasks in task switching. *Memory and Cognition*, 34(2): 433-444.

Luk, G. (2008). *The anatomy of the bilingual influence of cognition: Levels of functional use and proficiency of language*. Unpublished doctoral dissertation, York University, Toronto.

Martin, C. D., Barcelo, F., Hernandez, M., & Costa, A.. (2011). The time course of the asymmetrical "local" switch cost: evidence from event-related potentials. *Biological Psychology*, 86 (3): 210-218.

Martin-Rhee, M. M., & Bialystok, E. (2008). The development of two types of inhibitory control in monolingual and bilingual children. *Bilingualism: Language and Cognition*, 11: 1-13.

Mechelli, A., Crinion, J. T., Noppeney, U., O'Doherty, J., Ashburner, J., Frackowiak, R. S., & Price, C. J. (2004). Neurolinguistics: Structural plasticity in the bilingual brain. *Nature*, 431 (7010): 757.

Meiran, N. (1996). Reconfiguration of processing mode prior to task performance. *Journal of Experimental Psychology: Learning, Memory, and Cognition*, 22: 1423-1442.

Meiran, N., Chorev, Z., & Sapir, A. (2000). Component processes in task switching. *Cognitive Psychology*, 41: 211-253.

Nee, D. E., Wager, T. D., & Jonides, J. (2007). Interference resolution: Insights from a meta-analysis of neuroimaging tasks. *Cognitive, Affective, & Behavioral Neuroscience*, 7: 1-17.

Nosarti, C., Mechelli, A., Green, D. W., & Price, C. J. (2010). The impact of second language learning on semantic and nonsemantic first language reading. *Cerebral Cortex*, 20: 315-327.

Peal, E., & Lambert, W. (1962). The relation of bilingualism to intelligence. *Psychological Monographs: General and Applied*, 76: 1-23.

Prior, A., & Gollan, T. H. (2011). Good language-switchers are good task-switchers: Evidence from Spanish-English and Mandarin-English bilinguals. *Journal of the International Neuropsychological Society*, 17: 682-691.

Prior, A., & MacWhinney, B. (2010). A bilingual advantage in task switching. *Bilingualism: Language and Cognition*, 13: 253-262.

Rogers, R. D., & Monsell, S. (1995). Costs of a predictable switch between simple cognitive tasks. *Journal of Experimental Psychology: General*, 124: 207-231.

Rodriguez-Fornells, A., Vander Lugt, A., & Rotte, M., Biritti, B., Heinze,

H.J., & Münte, T.F. (2005). Second language interferes with word production in fluent bilinguals: Brain potential and functional imaging evidence. *Journal of Cognitive Neuroscience*, 17: 422-433.

Valenzuela, M. J., & Sachdev, P. (2006). Brain reserve and dementia: A systematic review. *Psychological Medicine*, 36: 441-454.

Verhoef, K. M. W., Roelofs, A., & Chwilla, D. J. (2009). Role of inhibition in language switching: Evidence from event-related brain potentials in overt picture naming. *Cognition*, 110 (1): 84-99.